Antonin Artaud
Gesammelte Schriften
in Einzelausgaben

Unter Mitwirkung von Axel Matthes
herausgegeben von Rudolf Wittkopf

Antonin Artaud
Die Tarahumaras
Revolutionäre Botschaften

Aus dem Französischen von
Brigitte Weidmann
Mit einem Exkurs von Stephan Broser

Rogner & Bernhard

Titel der Originalausgaben:
Les Tarahumaras · Messages révolutionnaires

Ausstattung: Claus J. Seitz
Gesetzt aus der Janson-Antiqua
Gesamtherstellung:
Graphische Werkstätten Kösel, Kempten
Printed in Germany
ISBN 3 8077 0043 9

Inhaltsübersicht

Die Tarahumaras

Der Peyotl-Ritus der Tarahumaras

Der Peyotl-Ritus der Tarahumaras

Wie schon gesagt, die Tutuguri-Priester haben mir Ciguris Weg erschlossen, wie mir der *Herr aller Dinge* ein paar Tage zuvor Tutuguris Weg erschlossen hatte. Der *Herr aller Dinge* regelt die äußeren Beziehungen zwischen den Menschen: Freundschaft, Mitleid, Barmherzigkeit, Treue, Ehrfurcht, Freigebigkeit, Arbeit. Seine Macht endet an der Schwelle dessen, was wir hier in Europa unter Metaphysik oder Theologie verstehen, greift aber viel tiefer in den Bereich des inneren Bewußtseins ein als diejenige führender europäischer Politiker. In Mexiko kann keiner initiiert werden, das heißt die Salbung der Sonnenpriester und den Schlag der Ciguri-Priester empfangen, durch den man wie ein Gestirn in den Schatten getaucht und auch wieder aufgenommen wird – wobei es sich um einen Ritus der Nichtswerdung handelt –, wenn ihn vorher nicht das Schwert des alten Indianerhäuptlings berührt hat, der über Krieg und Frieden, Gerechtigkeit, Heirat und Liebe gebietet. Er hat offenbar die Kräfte in der Hand, die die Menschen zur Liebe bewegen oder sie verstören, während die Tutuguri-Priester mit ihrem Mund den Geist anfachen, der sie hervorbringt und im Unendlichen ansiedelt, wo die Seele sie auffangen und wieder in ihr Ich eingliedern muß. Das Wirken der Sonnenpriester kreist um die ganze Seele und hält an den Grenzen des persönlichen Ichs inne, wo der *Herr aller Dinge* in Erscheinung tritt und ihren Widerhall auffängt. Und dort hat mir der alte mexikanische Häuptling den Schlag versetzt, der mir das Bewußtsein wieder erschließen sollte, denn ich hatte wenig Anlagen, die Sonne zu begreifen; auch muß man der hierarchischen Ordnung der Dinge zufolge durch ALLES hindurchgegangen sein, das heißt durch das Vielfältige, welches die Dinge ist, bevor man zum Einfachen des Einen zurückkehrt, welches Tutuguri oder die Sonne ist, um sich dann aufzulösen und kraft dieses geheimnisvollen Reassimilationsvorganges wiederaufzuerstehen. Ich sage kraft einer rätselhaften Reassimilation, die zu Ciguri als einem Mythos des Wiederbeginns gehört, dann kraft der Vernichtung und schließlich der Auflösung im Sieb der letzten Enteignung, wie ihre Priester bei ihrem *Tanz der ganzen Nacht* fortwährend schreien und versichern. Denn er dauert die ganze Nacht, vom Sonnenuntergang bis zur Morgendämmerung, aber er nimmt die ganze Nacht und sammelt sie, wie man allen Saft einer Frucht zu sich nimmt bis zum Quell des Lebens. Und die Tilgung des Besitzes macht vor Gott nicht halt und geht über ihn hinaus; denn was im Ich authentisch das Selbst ist, kann Gott, und vor allem Gott, nicht so nachhaltig in Besitz nehmen, daß es die Idiotie beginge, sich aufzugeben.*

An einem Sonntagmorgen erschloß mir der alte Indianerhäuptling mit einem Schwertstreich zwischen Milz und Herz das Bewußtsein: »Vertrauen Sie mir«, sagte er, »fürchten Sie sich nicht, ich werde Ihnen nichts Böses tun«, und er trat schnell drei, vier Schritte zurück, und nachdem er mit dem Knauf seines Schwertes einen Kreis in der Luft hinter sich gezogen hatte, stürzte er sich auf mich, vorwärts, mit aller Gewalt, wie wenn er mich umbringen wollte. Doch die Spitze des Schwertes streifte mir nur gerade die Haut, so daß ein winziger Tropfen Blut herausspritzte. Es tat überhaupt nicht weh, aber ich hatte tatsächlich den Eindruck, wach zu werden für etwas, zu dem ich bis jetzt keine Anlage gehabt und das ich aus einem falschen Blickwinkel betrachtet hatte, und ich fühlte mich von einem Licht erfüllt, das ich noch nie besessen hatte. Ein paar Tage danach nahm ich eines Morgens in der Dämmerung mit den Tutuguri-Priestern Verbindung auf,

* Dieser Satz des 1943 in Rodez geschriebenen Textes ist von Artaud 1947 in die vorliegende Fassung gebracht worden. *Anm. d. Übers.*

und am übernächsten Tag konnte ich endlich am Ciguri teilnehmen.

»Dich wieder zusammenstücken in der Wesenheit ohne Gott, die dich einverleibt und hervorbringt, als brächtest du dich selbst hervor, und wie du selbst im Nichts und gegen Ihn dich jederzeit hervorbringst.«

Das sind des Indianerhäuptlings eigene Worte, ich gebe sie nur wieder, und zwar nicht so, wie er sie mir gesagt hat, sondern so, wie ich sie in den phantastischen Erleuchtungen des Ciguri *rekonstruiert* habe.

Während sich die Sonnenpriester wie Äußerungen der Stimme Gottes oder seines Wortes verhalten, das heißt wie Äußerungen Jesu Christi, haben mich die Peyotl-Priester am Mythos des Geheimnisses selbst teilnehmen und in die ursprünglichen mythischen Arkana eintauchen lassen; mit ihrer Hilfe bin ich ins Allerheiligste eingetreten und habe die Figur der äußersten Wirkungsweisen geschaut, kraft welcher DER MENSCH ALS VATER, DER WEDER MANN NOCH FRAU IST, alles erschaffen hat. Sicher, ich habe mich nicht sofort in all dem zurechtgefunden und habe eine gewisse Zeit gebraucht, um es zu verstehen, und manche Tanzgebärde, Haltung oder Figur, die die Ciguri-Priester in die Luft zeichnen, als ob sie sie dem Schatten aufzwängen oder aus den Höhlen der Nacht hervorholten, verstehen sie selber nicht mehr, sondern gehorchen dabei einerseits nur noch einer Art von körperlicher Tradition, andererseits den geheimen Befehlen, die ihnen der Peyotl diktiert, den sie als Extrakt zu sich nehmen, bevor sie zu tanzen beginnen, um nach durchdachten Methoden in Trance zu kommen. Ich meine damit, daß sie tun, was die Pflanze ihnen befiehlt, aber daß sie es wie eine Art Lektion wiederholen, der ihre Muskeln gehorchen, die sie aber, wie schon ihre Väter oder die Väter ihrer Väter, nicht mehr verstehen, sobald ihre Nerven entspannt sind. Denn der einzelne Nerv ist in seiner Rolle sowieso überfordert. Das genügte mir nicht, und als der Tanz zu Ende war, wollte ich mehr darüber erfahren. Denn bevor ich am Ciguri-

Ritus, wie ihn die indianischen Priester heute vollziehen, teilnahm, hatte ich im Gebirge viele Tarahumaras befragt und war eine ganze Nacht mit einem sehr jungen Paar zusammen gewesen; der Mann war in diesen Ritus eingeweiht und wußte offenbar über viele seiner Geheimnisse Bescheid. Und er gab mir wunderbare Erklärungen und äußerst genauen Aufschluß über die Art und Weise, wie der Peyotl überall in den Nervensträngen des Ichs die Erinnerung an solche höchsten Wahrheiten wieder wachruft, kraft derer das menschliche Bewußtsein, wie mir gesagt wurde, das Unendliche nicht mehr aus dem Auge verliert, sondern es im Gegenteil wiederfindet. »Dir zu zeigen, worin diese Wahrheiten bestehen«, sagte mir dieser Mann, »kommt mir nicht zu. Doch es kommt mir zu, ihre Wiedergeburt im Geist deines Menschseins zu bewirken. Der menschliche Geist, der böse und krank ist, will von Gott nichts mehr wissen, und uns kommt es zu, seinen Hunger nach Gott zu wecken. Doch gerade jetzt verweigert uns die Zeit selbst das Mittel dazu. Man wird dir morgen zeigen, was wir noch vermögen. Und wenn du dich mit uns bemühen willst, wird es uns vielleicht gelingen, mit Hilfe dieses guten Willens eines Mannes, der vom andern Ufer des Meeres gekommen ist und einer andern Rasse angehört, den Widerstand nochmals zu brechen.« CIGURI ist ein Name, den indianische Ohren nicht gern aussprechen hören. Mein Führer, ein Mestize, der mir bei den Tarahumaras auch als Dolmetscher diente, hatte mir den Wink gegeben, ich solle mich bei ihnen darüber nur vorsichtig und ehrfurchtsvoll äußern, weil sie, sagte er, *Angst davor haben.* Nun, mir wurde jetzt klar, daß ihnen in dieser Hinsicht keine Empfindung fremder sein könnte als Angst, ja daß dieses Wort im Gegenteil das Gefühl für das Heilige in einer Weise in ihnen weckt, die das Bewußtsein des Europäers nicht mehr kennt, und gerade das ist sein ganzes Unglück, denn bei uns hat der Mensch vor nichts mehr Ehrfurcht. Und aus den verschiedenen Haltungen, die der junge Indianer vor meinen Augen einnahm, als ich das

Wort CIGURI aussprach, habe ich viel gelernt, nämlich was das menschliche Bewußtsein vermag, wenn es sich das Gefühl für Gott bewahrt hat. Eine Art Schrecken drückte sich in seiner Haltung tatsächlich aus, das stimmt, aber es war nicht sein eigner, denn dieser Schrecken beschirmte ihn wie ein Schild oder ein Mantel. Was ihn anging, er sah so glücklich aus, wie man es nur in den höchsten Augenblicken des Daseins ist, sein Gesicht ging über vor Freude und Anbetung. So mochten die Erstgeborenen einer Menschheit, die noch in der Wiege lag, gewirkt haben, wenn der Geist des UNERSCHAFFNEN MENSCHEN sich donnernd und flammend über der klaffenden Welt erhob, so mochten die Skelette in den Katakomben gebetet haben, denen nach den Worten der Schrift DER MENSCH selbst erschien.

Er faltete die Hände, und seine Augen leuchteten auf. Sein Gesicht verschloß sich und wurde steinern. Doch je mehr er in sich selbst einkehrte, desto mehr hatte ich den Eindruck, daß er objektiv eine ungewöhnliche Empfindung, die man ihm ansah, ausstrahlte. Er wechselte zwei- oder dreimal den Platz. Und jedesmal wandte er die Augen, die fast starr geworden waren, ab und fixierte einen Punkt neben sich, als ob er sich etwas bewußt machen wollte, vor dem er sich fürchtete. Aber dann merkte ich, daß er einfach fürchtete, es auf Grund irgendeiner Nachlässigkeit an der Ehrerbietung fehlen zu lassen, die er Gott schuldete. Und ich stellte vor allem zwei Dinge fest: erstens, daß der Tarahumara-Indianer seinem Körper nicht den Wert beimißt, den wir Europäer ihm beimessen, und daß er eine ganz andere Auffassung von ihm hat. »Dieser Körper«, scheint er zu sagen, »ist durchaus nicht ich«, und als er sich umdrehte, um etwas neben sich zu fixieren, erforschte und überwachte er gleichsam seinen eignen Körper. »Wo ich Ich bin und was ich bin, sagt mir Ciguri und diktiert es mir, und du, du lügst und bist ungehorsam. Was ich wirklich empfinde, willst du nie empfinden, du vermittelst mir Empfindungen, die dem widersprechen. Du willst nichts, was ich will. Und meistens ist das, was du mir vorschlägst, das Böse. Du bist für mich nur eine vorübergehende Prüfung gewesen und eine Last. Eines Tages werde ich dir befehlen, zu verschwinden, wenn *Ciguri* selbst frei sein wird, aber«, sagt er und bricht plötzlich in Tränen aus, »du sollst nicht ganz verschwinden. Schließlich hat *Ciguri* dich erschaffen, und du hast mir manches Mal Zuflucht gewährt vor dem Sturm, *denn Ciguri würde sterben, wenn er mich nicht hätte.«*

Das zweite, was ich bei diesem Gebet feststellte – denn dieses wiederholte Abstandnehmen von sich selbst und gleichsam neben sich, das ich gerade erlebt hatte und das weit weniger Zeit in Anspruch nahm als meine Beschreibung, war das Gebet, das der Indianer improvisierte, einfach weil der Name *Ciguri* genannt wurde, – zweitens also fiel mir auf, daß der Indianer nicht nur ein Feind seines Körpers ist, sondern offenbar darüber hinaus Gott sein Bewußtsein geopfert hat und daß die regelmäßige Einnahme von Peyotl ihn darin bestärkt. Die Empfindungen, die er ausstrahlte, zogen nacheinander über sein Gesicht hinweg und waren, wie man ihm ansah, *offensichtlich nicht seine eigenen;* er ergriff nicht Besitz von ihnen, identifizierte sich nicht mehr mit dem, was für uns ein persönliches Gefühl ist, oder tat es vielmehr nicht so, wie wir es tun, indem wir aus einer unmittelbaren, blitzartigen Inkubation eine Auswahl treffen. Unter all den Gedanken, die uns durch den Kopf gehen, sind solche, denen wir zustimmen, und solche, denen wir nicht zustimmen. Sobald unser Ich und unser Bewußtsein voll entwickelt sind, hat sich bei dieser ununterbrochenen Inkubationsbewegung ein Rhythmus eingestellt, demgemäß wir unterscheiden und eine natürliche Auswahl treffen, wodurch nur unsere eigenen Gedanken an die Oberfläche unseres Bewußtseinsfeldes treten, während sich der Rest automatisch verflüchtigt. Vielleicht brauchen wir Zeit, um unsere Empfindungen zu beschneiden und unsere eigene Gestalt aus ihnen herauszuarbeiten, aber was wir grundsätzlich von den Dingen halten, ist gleichsam das *Totem* einer unumstößlichen

Grammatik, die ihre Ausdrücke Wort für Wort skandiert. Und wenn unser Ich befragt wird, reagiert es immer gleich: wie einer, der weiß, daß er selbst antwortet und nicht ein anderer. Das gilt nicht für die Indianer.

Nie würde ein Europäer auf den Gedanken verfallen, daß das, was er körperlich gespürt und wahrgenommen hat, daß die Empfindung, die ihn erschüttert, daß die seltsame Idee, die ihm gerade gekommen ist und deren Schönheit ihn hingerissen hat, nicht seine eigne gewesen sei und daß ein andrer all das in seinem eignen Körper gespürt und erlebt habe, sonst hätte er das Gefühl, er sei verrückt, und man wäre versucht, von ihm zu sagen, er sei irre geworden. Der Tarahumara hingegen unterscheidet bei allem, was er denkt, fühlt und hervorbringt, systematisch zwischen dem, was von ihm stammt, und dem, was vom Andern kommt. Der Unterschied zwischen einem Irren und ihm besteht aber darin, daß durch diese innere Arbeit des Trennens und Zuordnens, zu der ihn der Peyotl angehalten hat und die seinen Willen festigt, sein persönliches Bewußtsein erweitert worden ist. Wenn er anscheinend viel besser weiß, was er nicht ist, als was er ist, so weiß er wiederum viel besser, was er ist und wer er ist, als wir selbst wissen, was wir sind und was wir wollen. »Es gibt in jedem Menschen einen alten Widerschein Gottes«, sagt er, »in welchem wir noch immer das Bild dieser Kraft im Unendlichen anschauen können, die uns eines Tages in eine Seele und diese Seele in einen Körper geworfen hat, und der Peyotl hat uns zum Bild dieser Kraft geführt, weil Ciguri uns zu sich zurückruft.«

Was ich an diesem Indianer beobachtete, der schon lange keinen Peyotl mehr genommen hatte, aber in seine Riten eingeweiht war, denn der Ciguri-Ritus ist der höchste der Tarahumara-Religion, machte mich äußerst begierig, alle diese Riten aus der Nähe zu erleben *und zu erreichen, daß ich an ihnen teilnehmen konnte*. Da lag die Schwierigkeit.

Daß mir dieser junge Tarahumara, der sich ohne Scheu ein paar Schritte von mir entfernt ins Gebet versenkte, so freundschaftlich begegnet war, schien mir bereits zu gewährleisten, daß manche Türen sich öffnen würden. Auch hatte ich auf Grund seiner Äußerung über die Hilfe, die man von mir erwartete, den Eindruck, daß meine Zulassung zu den *Ciguri*-Riten zum Teil davon abhing, welche Initiativen ich ergreifen würde angesichts des Widerstandes seitens der Regierung, auf den die Tarahumaras zur Zeit stoßen, wenn sie ihre Riten vollziehen. Diese Regierung ist aus Mestizen gebildet und pro-indianisch, weil das Rote in ihnen stärker ist als das Weiße. Das gilt aber nicht durchweg, und fast alle ihre Vertreter im Gebirge sind Mischlinge. Und sie halten den Glauben der alten Mexikaner für gefährlich. Die gegenwärtige mexikanische Regierung hat im Gebirge Eingeborenenschulen gegründet, in denen die Indianerkinder nach dem Muster der Grundschulen in Frankreich unterrichtet werden, und der mexikanische Erziehungsminister, der mir durch Vermittlung des französischen Ministers einen Passierschein ausgestellt hatte, ließ mich im Gebäude der Tarahumara-Eingeborenenschule wohnen. Ich war dadurch mit dem Direktor dieser Schule bekanntgeworden, dem außerdem noch die Aufsicht über das gesamte Gebiet der Tarahumaras oblag und dem ein berittener Trupp unterstellt war. Noch bevor diesbezüglich irgendwelche Maßnahmen ergriffen worden waren, erfuhr ich, daß man die Absicht habe, das nächste Peyotl-Fest, das in einiger Zeit stattfinden sollte, zu verbieten. Neben dem großen *Fest der Rasse*, an dem das ganze Volk der Tarahumaras teilnimmt und das wie unser Weihnachten zu einem festgesetzten Datum stattfindet, haben die Tarahumaras noch eine Anzahl besonderer Peyotl-Riten. Und sie waren damit einverstanden, mir einen zu zeigen. Die Tarahumara-Religion kennt noch andere Feste, wie es bei uns Ostern, Christi Himmelfahrt, Mariä Himmelfahrt und die Unbefleckte Empfängnis gibt, aber sie haben alle nichts mit Peyotl zu tun, und das große *Ciguri*-Fest findet, soviel ich weiß, jährlich nur einmal statt. Da nimmt man ihn allen uralten, überlieferten Riten gemäß ein. Man nimmt auch an andern Festen Peyotl, aber nur als gelegentliches Adjuvans, wobei nicht mehr darauf geachtet wird, seine Kraft und Wirkung abzustufen. Statt zu sagen, daß man Peyotl einnimmt, sollte ich vielmehr sagen, daß man ihn einnahm, denn die mexikanische Regierung unternimmt alles mögliche, um den Tarahumaras den Peyotl zu entziehen und sie daran zu hindern, sich seiner Wirkung auszusetzen, und die Soldaten, die sie ins Gebirge schickt, haben Weisung, seinen Anbau zu verhindern. Als ich ins Gebirge kam, erlebte ich, wie verzweifelt die Tarahumaras waren, weil die mexikanischen Soldaten gerade ein Peyotl-Feld verwüstet hatten.

Ich führte darüber mit dem Direktor der Eingeborenenschule, in der ich wohnte, ein sehr langes Gespräch. Dieses Gespräch war lebhaft, mühsam, zeitweilig widerwärtig. Der Direktor der Eingeborenenschule, ein Mestize, beschäftigte sich viel eingehender als mit Kultur oder Religion mit seinem Geschlecht, dessen er sich Nacht für Nacht bediente, um die Lehrerin der Schule, auch eine Mestizin, in Besitz zu nehmen. Doch die mexikanische Regierung hat ihrem Programm die Rückkehr zur indianischen Kultur zugrunde gelegt, und der Direktor der Tarahumara-Eingeborenenschule schreckte als Mestize immerhin davor zurück, indianisches Blut zu vergießen. »CIGURI«, sagte ich zu ihm, »ist keine Pflanze, es ist ein Mensch, dem Sie ein Glied abgeschnitten haben, als Sie das Peyotl-Feld vernichten ließen. Und über dieses rote, verstümmelte Glied, das da singt: grün, weiß, lila, wollen alle von Ihnen Rechenschaft fordern. Und sie haben es vor Augen.« Auf meinem Weg durch verschiedene Tarahumara-Dörfer hatte ich bemerkt, daß ein Wind der Revolte durch den Stamm wehte, wenn das rote Glied erschien. Der Direktor der Eingeborenenschule wußte das recht gut, doch er war unschlüssig, welche Mittel er einsetzen sollte, um wieder Ruhe zu schaffen unter den Indianern. »Es gibt nur ein Mittel«, sagte ich ihm, »nämlich daß Sie ihr Herz zu gewinnen suchen. Sie werden Ihnen diese Zerstörung nie verzeihen, aber beweisen Sie ihnen durch eine Tat, die das ganze Gegenteil ist, daß Sie kein Feind Gottes sind. Sie haben hier nur eine Handvoll Leute, und wenn die Indianer revoltieren würden, müßten Sie Krieg gegen sie führen, und selbst mit Ihren Waffen würden Sie den kürzeren ziehen. Außerdem haben die Ciguri-Priester Schlupfwinkel, die Sie nie ausfindig machen können.

Und was würde bei einem solchen Krieg aus Mexikos Rückkehr zur indianischen Kultur, da Sie doch einen Bürgerkrieg entfacht hätten? Von nun an muß dieses Fest bewilligt werden, wenn Sie wollen, daß die Tarahumaras Ihnen erhalten bleiben, und außerdem muß den Stämmen bei ihren Zusammenkünften noch Unterstützung gewährt werden, damit sie spüren, daß Sie ihnen wohlgesinnt sind.«

»Aber wenn sie Peyotl genommen haben, gehorchen sie uns nicht mehr.«

»Es ist mit dem Peyotl wie mit allem Menschlichen. Er ist ein wunderbares magnetisches und alchimistisches Prinzip, sofern man weiß, wie man ihn nehmen muß, das heißt in vorgeschriebenen und nach und nach gesteigerten Dosierungen. Und vor allem sofern man ihn nicht zur Unzeit nimmt und ohne Anlaß. Wenn die Indianer sich wie Verrückte gebärden, nachdem sie Peyotl genommen haben, treiben sie eben Mißbrauch damit, bis sie diesen Punkt eines zügellosen Rausches erreichen, wo die Seele niemand und nichts mehr unterworfen ist. Dann sagen sie aber nicht Ihnen den Gehorsam auf, sondern *Ciguri* selbst, denn Ciguri ist der Gott, der das Richtige vorherweiß, der Gott des Gleichgewichtes und der Selbstbeherrschung. Wer *wahrhaftig* Ciguri getrunken hat, das richtige Maß Ciguris, des MENSCHEN, nicht des unbestimmten GESPENSTES, der weiß, wie die Dinge beschaffen sind, und kann nicht mehr den Verstand verlieren, weil Gott in seinen Nerven ist, und von da her lenkt er sie.

Ciguri trinken bedeutet aber gerade, die Dosis nicht überschreiten, denn Ciguri ist das Unendliche, und das Geheimnis der therapeutischen Wirkung der Heilmittel ist an die Menge gebunden, in der unser Organismus sie aufnimmt. Das Notwendige überschreiten bedeutet, die Wirkung STÖREN.

Gott, so sagen die Überlieferungen der Tarahumara-Priester, verschwindet sofort, wenn man ihn zu sehr berührt, und an seiner Stelle erscheint der Böse Geist.«

»Sie werden morgen abend eine Familie von Ciguri-Priestern kennenlernen«, sagte mir der Direktor der Eingeborenenschule. »Sagen Sie ihnen, was Sie mir jetzt gesagt haben, und ich bin überzeugt, daß es uns auch diesmal und vielleicht besser als die letzten Male gelingt, die Einnahme von Peyotl zu regeln. Sagen Sie ihnen auch, daß dieses Fest bewilligt wird, daß wir unser Bestes tun wollen, um ihnen ihre Zusammenkünfte zu ermöglichen und daß wir ihnen zu diesem Zweck die notwendigen Pferde und Lebensmittel zur Verfügung stellen.«

Ich ging also am nächsten Abend in das kleine Indianerdorf, wo mir, so war mir gesagt worden, der Peyotl-Ritus gezeigt werden sollte. Er begann nach Einbruch der Dunkelheit. Der Priester kam mit zwei Gehilfen, einem Mann und einer Frau, sowie zwei kleinen Kindern. Er zog auf der Erde eine Art großen Halbkreis, in dessen Innerem seine Gehilfen agieren sollten, und schloß diesen Halbkreis mit einem dicken Balken, auf den ich mich setzen durfte. Rechts war der Kreisbogen von einer Art Austritt in Form einer Acht begrenzt, der für den Priester, wie ich merkte, das Allerheiligste darstellte. Links war die Leere: da hielten sich die Kinder auf. Ins Allerheiligste wurde der alte hölzerne Topf mit den Peyotl-Wurzeln gestellt, denn die Priester verfügen bei ihren besonderen Riten nicht über die ganze Pflanze, oder verfügen zumindest heute nicht mehr darüber.

Der Priester hatte einen Stock und die Kinder Stäbchen in der Hand. Der Peyotl wird nach einer gewissen Anzahl von Tanzfiguren eingenommen, sobald die in ihn Eingeweihten durch religiösen Vollzug des Ritus erreicht haben, daß Ciguri gewillt ist, in sie einzugehen.

Ich merkte, daß die Gehilfen nur mühsam in Bewegung kamen, und hatte den Eindruck, sie würden nicht tanzen oder schlecht tanzen, wenn sie nicht wüßten, daß Ciguri zu einem bestimmten Zeitpunkt in sie niederfahren werde. Denn der Ciguri-Ritus ist ein Schöpfungsritus, der zeigt, wie die Dinge in der Leere *sind* und wie die Leere im Unendlichen ist, wie dann die Dinge aus dem Unendlichen heraus in die Wirklichkeit traten und geschaffen wurden. Und er ist in dem Augenblick zu Ende, wo sie auf Befehl Gottes in einem Körper Sein gewonnen haben. Das war's, was die beiden Gehilfen tanzten, doch vorher gab es eine lange Diskussion.

»Wir können Gott nicht mehr begreifen, wenn er nicht vorher unsere Seele berührt hat, unser Tanz wird nichts weiter sein als eine Fratze, und das GESPENST«, riefen sie, »das GESPENST, das CIGURI verfolgt, wird hier wieder geboren werden.«

Der Priester zögerte lange, bis er sich entschloß, doch dann holte er ein Beutelchen hervor, das er auf der Brust trug, und schüttete den Indianern eine Art weißes Pulver in die Hände, das sie sofort hinunterschluckten.

Darauf begannen sie zu tanzen. Als ich ihre Gesichter sah, nachdem sie dieses Peyotl-Pulver genommen hatten, begriff ich, daß sie mir etwas zeigen würden, was ich noch nie erlebt hatte. Und ich nahm meine ganze Aufmerksamkeit zusammen, damit mir nichts entging von dem, was ich sehen sollte.

Die beiden Gehilfen kauerten sich auf die Erde, einer dem andern gegenüber wie zwei leblose Kugeln. Aber der alte Priester mußte selber auch von dem Pulver genommen haben, denn es hatte sich seiner ein Ausdruck bemächtigt, der nichts Menschliches hatte. Ich sah, wie er sich reckte und aufrichtete. Seine Augen blitzten auf, und allmählich bemächtigte sich seiner ein Ausdruck ungewöhnlicher Autorität. Er schlug mit dem Stock zwei- oder dreimal dumpf auf die Erde, trat dann in die 8, die er auf der rechten Seite des rituellen Feldes gezogen hatte. Da schienen die Gehilfen aus ihrer leblosen Kugel herauszutreten. Der Mann schüttelte zuerst den Kopf und schlug mit den Handflächen auf die Erde. Die Frau bewegte den Rücken. Dann spuckte der Priester aus: nicht Speichel, sondern seinen Atem. Er stieß seinen Atem geräuschvoll zwischen den Zähnen hervor. Und unter Einwirkung dieses Lungenstoßes wurden der Mann und die Frau im gleichen Augenblick lebendig und erhoben sich völlig. An der Art nun, wie sie einander gegenüberstanden, an der Art vor allem, wie beide im Raum standen, als hätten sie in den Taschen der Leere und in den Gräben des Unendlichen gestanden, begriff man, daß sie überhaupt nicht mehr ein Mann und eine Frau waren, sondern zwei Prinzipien: das männliche, mit offenem Mund, mit schnalzendem, rotem, glühendem, blutigem Zahnfleisch, gleichsam zerklüftet von den Zahnwurzeln, in diesem Augenblick durchscheinend, wie Befehle; das weibliche, zahnlose Larve mit von der Feile durchbohrten Backenzähnen, wie eine Ratte in der Falle, eingezwängt in ihre eigene Brunst, auf der Flucht, herumwirbelnd vor dem struppigen Mann; und man begriff auch, daß sie sich eine Weile betrachten und bekriegen, dann aber aufeinanderprallen, sich wie die Dinge rasend ineinander versenken würden, daß sie sich vor dem *zudringlichen* und *schuldigen* Auge Gottes, der durch das, was sie tun, ja immer mehr verdrängt wird, schließlich vermischen. »Denn *Ciguri*«, sagen sie »war *der Mensch*, DER MENSCH gleichsam AUS SICH SELBST, ER SELBST *entwarf* SICH im Raum, als Gott ihn ermordete.«

Genau das spielte sich ab.

Doch eins fiel mir vor allem auf an der Art und Weise, wie sie sich bedrohten, voreinander flohen, aufeinanderprallten und schließlich einig wurden, daß sie zusammengehörten. Nämlich daß diese Prinzipien sich nicht im Körper befanden, daß es ihnen nicht gelang, den Körper zu berühren, sondern daß sie wie zwei körperlose Ideen beharrlich außerhalb des Seins schwebten, seit eh und je SEINE Widersacher, und sich andererseits *ihren eignen*

Körper schufen, einen Körper, in dem sich die Vorstellung von Materie kraft Ciguri verflüchtigt hat. Ich erinnerte mich, als ich ihnen zusah, an alles, was mir ganz verschiedene Dichter, Professoren und Künstler, die ich in Mexiko kennengelernt hatte, über die indianische Religion und Kultur gesagt hatten, und an das, was ich in all den Büchern, die man mir lieh, über die metaphysischen Traditionen der Mexikaner gelesen hatte.

»Der Böse Geist«, sagen die eingeweihten Ciguri-Priester, »hat nie glauben können und glauben wollen, daß Gott unzugänglich ist und nicht ausschließlich ein Wesen und daß es noch mehr als das Wesen gibt in der unerforschlichen Wesenheit Gottes.«

Gerade das aber zeigte mir jetzt dieser Peyotl-Tanz.

Denn mir war, als sähe ich bei diesem Tanz den Punkt, an dem das universale Unbewußte krankt. Und daß es außerhalb von Gott ist. Der Priester berührte mit der rechten Hand bald seine Milz, bald seine Leber, während er mit dem Stock in der linken auf die Erde klopfte. Jeder solchen Berührung antworteten der Mann und die Frau mit einer fernen Gebärde bald verzweifelter, stolzer Bejahung, bald wütender Verneinung. Doch als der Priester, der jetzt seinen Stock mit beiden Händen hielt, ein paarmal rasch hintereinander klopfte, gingen sie rhythmisch aufeinander zu, wobei sie mit angewinkelten Ellbogen und gefalteten Händen zwei lebendiggewordene Dreiecke bildeten. Gleichzeitig zogen ihre Füße Kreise auf dem Boden und etwas wie die Glieder eines Buchstabens, ein S, ein U, ein J, ein V. Ziffern, bei denen hauptsächlich die Form der 8 immer wiederkehrte. Ein- oder zweimal trafen sie nicht zusammen, sondern gingen mit einer Art Gruß aneinander vorbei. Beim dritten Mal wurde ihr Gruß bestimmter. Beim vierten Mal nahmen sie sich bei den Händen, drehten sich umeinander, und die Füße des Mannes schienen auf dem Boden die Stellen zu suchen, wo die Füße der Frau aufgetreten waren.

Das taten sie insgesamt achtmal. Nach dem vierten

Mal aber ging von ihren Gesichtern, die jetzt einen lebendigen Ausdruck hatten, ein stetiges Strahlen aus. Beim achten Mal blickten sie zum Priester hinüber, der daraufhin mit gebieterischer, drohender Miene am äußersten Ende des Allerheiligsten Aufstellung nahm, wo die Dinge mit dem Norden in Verbindung treten. Und er zog mit seinem Stock eine große 8 in die Luft. Der Schrei aber, den er dabei ausstieß, war dazu angetan, *das Kindbett finsterer Schrecken des Toten, der schwarz ist von alter Sünde,* wie das alte vergrabene Gedicht der Yucatan-Mayas sagt, in Aufruhr zu versetzen; und ich kann mich nicht erinnern, zeit meines Lebens etwas vernommen zu haben, das so nachhaltig und offensichtlich dargetan hätte, bis in welche Tiefen der menschliche Wille dringt, um zutage zu fördern, was er vorausweiß von der Nacht. Und er schien im Unendlichen und wie im Traum die Materie wiederzusehen, aus der Gott das Leben hat entstehen lassen. Dieser Schrei des Priesters unterstrich gleichsam die Spur des Stockes in der Luft. Während der Priester auf diese Weise schrie, wechselte er seinen Standort, und wieder zog er mit seinem ganzen Körper in der Luft und mit den Füßen auf der Erde die Form einer Acht, bis er sie im Süden geschlossen hatte.

Der Tanz ging zu Ende. Die beiden Kinder, die sich die ganze Zeit über auf der linken Seite des Kreises aufgehalten hatten, fragten, ob sie gehen könnten, und der Priester machte mit seinem Stock ein Zeichen, sie sollten sich davonmachen und verschwinden. Aber keins von beiden hatte Peyotl genommen. Sie deuteten etwas wie eine Tanzgebärde an, ließen es dann sein und verschwanden so, wie man nach Hause geht.

*

Ich habe bereits zu Beginn dieses Berichtes gesagt: all das genügte mir nicht. Ich wollte mehr erfahren über den Peyotl. Ich ging auf den Priester zu und befragte ihn:

»Unser letztes Fest«, sagte er mir, »hat nicht stattfinden

können. Wir sind niedergeschlagen. Wir nehmen jetzt Ciguri nicht mehr anläßlich der Riten, sondern wie ein Laster. Bald wird unsere ganze Rasse krank sein. Die Zeit ist zu alt geworden für das Sein. Sie kann uns nicht mehr ertragen. Was tun, was soll aus uns werden? Schon lieben die Unsern Gott nicht mehr. Ich bin Priester, ich habe es ja spüren müssen. Siehst du, ich bin ganz verzweifelt darüber.«

Ich sagte ihm, was mit dem Direktor der Eingeborenenschule abgesprochen worden war und daß ihr nächstes großes Fest diesmal stattfinden könne.

Ich sagte ihm auch, ich sei nicht aus Neugier zu den Tarahumaras gekommen, sondern um eine Wahrheit wiederzufinden, die den Menschen in Europa entgeht und die seine Rasse bewahrt hatte. Da faßte er volles Vertrauen und sagte mir wunderbare Dinge über das Gute und das Böse, über Wahrheit und Leben.

»Alles, was ich sage, kommt von Ciguri«, sagte er mir, »und von Ihm habe ich es erfahren.

Die Dinge sind nicht so, wie wir sie sehen und wie wir sie meistens empfinden, sondern so, wie Ciguri sie uns lehrt. Das Böse, der Böse Geist hat sie schon lange gepackt, und ohne Ciguri kann der Mensch nicht zur Wahrheit zurückkehren. Am Anfang waren sie wahr, aber je älter wir werden, desto falscher werden sie, weil das Böse sich immer mehr in ihnen festsetzt. Die Welt war am Anfang ganz und gar wirklich, sie hallte im menschlichen Herzen wider und mit ihm zusammen. Jetzt ist das Herz nicht mehr dabei, und die Seele auch nicht, weil Gott sich daraus zurückgezogen hat. Die Dinge sehen bedeutete, das Unendliche sehen. Wenn ich jetzt das Licht betrachte, habe ich Mühe, an Gott zu denken. Und doch hat Er, Ciguri, alles erschaffen. Aber das Böse ist in allen Dingen, und ich, ein Mensch, ich kann mich nicht mehr rein fühlen. Da ist etwas Schreckliches in mir, das steigt auf und kommt nicht aus mir, sondern aus der Finsternis, die ich in mir habe, in der die Seele des Menschen nicht mehr weiß, wo das *Ich* beginnt und wo es endet und was ihm ermöglicht hat, als der zu beginnen, als welcher er sich begreift. Und das sagt mir *Ciguri*. Bei Ihm weiß ich nichts mehr von Lüge und verwechsle *das, was* in jedem Menschen wirklich *will*, nicht mehr mit dem, was nicht will, sondern das Wesen des bösen Willens nachäfft. Und bald wird nichts mehr dasein außer dem«, sagte er und trat ein paar Schritte zurück: »die obszöne Fratze dessen, der zwischen Sperma und Kacke grinst.«

Diese Worte des Priesters, die ich da wiedergegeben habe, sind vollkommen authentisch; ich habe sie für so wichtig und so schön gehalten, daß ich mir nicht gestattet habe, etwas an ihnen zu ändern, und wenn es nicht absolut wörtlich ist, werde ich doch kaum davon abweichen, denn man kann sich denken, daß ich darüber erstaunt war, und meine Erinnerungen sind diesbezüglich nach wie vor äußerst genau. Übrigens, es sei wiederholt, hatte er gerade Peyotl genommen, und so überraschte mich seine Hellsichtigkeit keineswegs.

Als dieses Gespräch zu Ende war, fragte er mich, ob ich Ciguri selber kosten und mich so der Wahrheit, die ich suchte, nähern möchte.

Ich sagte ihm, das sei mein größter Wunsch und ich hätte den Eindruck, daß man all das, was uns entgeht und von dem uns die Zeit und die Dinge immer mehr entfernen, ohne Hilfe des Peyotl nicht erreichen könne.

Er schüttete mir eine Dosis vom Umfang einer frischen Mandel in die linke Hand, »ausreichend«, sagte er, »um Gott zwei- oder dreimal wiederzusehen, denn Gott zu kennen vermag man nie. Um in seine Gegenwart einzugehen, muß man sich mindestens dreimal unter Ciguris Einfluß begeben, doch was man einnimmt, darf jeweils nicht größer sein als eine Erbse.«

Ich blieb also noch ein, zwei Tage bei den Tarahumaras, um den Peyotl richtig kennenzulernen, und ich müßte ein dickes Buch schreiben, wenn ich von allem berichten wollte, was ich unter seinem Einfluß gesehen und empfunden habe und was die Priester, ihre Gehilfen und Familien mir noch darüber sagten. Ich hatte aber eine Vision, die mich tief beeindruckte und die von dem Priester und seiner Familie für *echt* befunden wurde, sie bezog sich offenbar auf den, der *Ciguri* sein soll und Gott ist. Doch dahin kommt man nur, wenn man durch Zerrissenheit und Angst hindurchgegangen ist, und danach hat man das Gefühl, man sei gleichsam vom andern Ufer der Dinge zurückgekehrt und *zurückgeflutet*, und man versteht die Welt, die man gerade verlassen hat, nicht mehr.

Ich sage: *zurückgeflutet* vom andern Ufer der Dinge und als wenn einem eine schreckliche Kraft gewährt hätte, wieder an das *heimzufallen*, was am andern Ufer ist. Man spürt den Körper nicht mehr, den man gerade verlassen hat und der einem in seiner Begrenztheit Sicherheit gab, dafür ist das Glücksgefühl, dem Unbegrenzten anzugehören, viel stärker als wenn man sich selbst gehört, denn man begreift, daß das, was das Selbst war, aus dem Kopf dieses Unbegrenzten, des Unendlichen, stammt und daß man es bald erblicken wird. Man fühlt sich wie in einer brausenden Woge, von der ununterbrochen nach allen Seiten ein Prasseln ausgeht. Dinge, gleichsam aus dem hervorgegangen, was die eigne Milz, die eigne Leber, das eigne Herz oder die eignen Lungen waren, lösen sich unausgesetzt ab und platzen in dieser Atmosphäre zwischen Gas und Wasser, die die Dinge aber offenbar an sich zieht und ihnen befiehlt, sich zu sammeln.

Was aus meiner Milz oder aus meiner Leber kam, hatte die Form von Buchstaben eines uralten, geheimnisvollen Alphabetes, das von einem riesigen, aber grauenhaft zusammengepreßten, stolzen, *unlesbaren* Mund gekaut wurde, der seine Unsichtbarkeit eifrig hütete; und diese Zeichen wurden kreuz und quer durch den Raum gefegt, während mir war, als stiege ich in ihm auf, aber nicht ganz von selbst. Mit Hilfe einer ungewöhnlichen Kraft. Doch viel freier, als wenn ich auf der Erde allein war.

Dann erhob sich plötzlich etwas wie ein Wind, und die Räume wichen zurück. Auf der Seite, wo meine Milz war, tat sich eine ungeheure Leere auf, die sich graurosa färbte wie das Meeresufer. Und tief in dieser Leere wurde der Umriß einer gestrandeten Wurzel sichtbar, etwas wie ein J mit drei Ästen am oberen Ende, und darüber ein E, traurig und glitzernd wie ein Auge. Flammen drangen dem J aus dem linken Ohr, zogen hinter ihm vorbei und schienen alle Dinge nach rechts zu treiben, auf die Seite, wo meine Leber war, aber ein ganzes Stück über ihr. Dann sah ich nichts mehr, und alles verging, oder ich verging und kehrte in die gewöhnliche Wirklichkeit zurück. Jedenfalls hatte ich offenbar Ciguris Geist selbst erblickt. Und ich glaube, das sollte einer *gemalten* transzendentalen Vorstellung letzter und höchster Wirklichkeit objektiv entsprechen; und die Mystiker machen wohl ähnliche Zustände und Bilder durch, bevor sie der Formel gemäß die allerletzte Glut und Zerrissenheit erreichen, wonach sie wahrscheinlich unter der Umarmung Gottes zusammenbrechen wie Nutten in den Armen ihres Zuhälters.

Das hat mich auf ein paar Gedanken über die psychische Wirkung des Peyotl gebracht.*

Der Peyotl führt das Ich zu seinen wahren Quellen zurück. Wenn man einen solchen visionären Zustand erfahren hat, ist es ausgeschlossen, daß man wie zuvor die Lüge mit der Wahrheit verwechselt. Man hat gesehen, woher

* Ich möchte damit sagen, daß der Peyotl, wenn sie sich noch einmal und zum letzten Mal meinem Denken aufdrängen, daß ER sich nicht zu diesem stinkenden geistigen Stoffwechsel hergibt, denn die MYSTIK ist immer nur eine Kopulation gewesen, sehr gekonnte und raffinierte Heuchelei, gegen die der PEYOTL insgesamt Protest erhebt, denn bei ihm ist DER MENSCH allein und fiedelt verzweifelt die Musik seines Skelettes, ohne Vater, Mutter, Familie, Liebe, Gott oder Gesellschaft.

Und keine Wesen, die ihn begleiten. Und das Skelett ist nicht aus Knochen, sondern aus Haut, wie wandelnde Lederhaut. Und man geht von der Tagundnachtgleiche zur Sonnenwende, packt sich selber sein Menschsein auf. *(Diese Anmerkung Artauds zu dem 1943 geschriebenen Text stammt aus dem Jahr 1947. Anm. d. Übers.)*

man kommt und wer man ist, und man zweifelt nicht mehr an dem, was man ist. Es gibt keine Emotion und keinen äußeren Einfluß mehr, die einen davon ablenken könnten.

Und die ganze Kette geiler Trugbilder, die das Unbewußte projiziert, kann den wahren Atem des MENSCHEN nicht mehr schikanieren, und zwar einfach deshalb, weil der Peyotl DER MENSCH ist, der nicht geboren, sondern ANGEBOREN ist, und weil mit ihm das gesamte atavistische und personale Bewußtsein wachgerufen und untermauert wird. Es weiß, was ihm bekommt und was ihm nichts nützt: also auch, welche Überlegungen und Empfindungen es ohne Gefahr, ja *mit Vorteil* aufnehmen kann und welche seiner Bewegungsfreiheit abträglich sind. Es weiß vor allem, bis wohin sein Wesen reicht und bis wohin *es noch nicht gegangen ist* ODER NICHT DAS RECHT HAT, ZU GEHEN, WEIL ES SONST INS UNWIRKLICHE, TRÜGERISCHE, UNERSCHAFFNE, UNBEREITETE VERSINKT.

Seine Träume für Realitäten halten – der Peyotl wird einen nie so absinken lassen –, heißt Wahrnehmungen, die man unbeständigen, rohen, noch unreifen, aus dem halluzinatorischen Unbewußten noch nicht aufgetauchten Niederungen entliehen hat, mit den Bildern und Emotionen des Wahren verwechseln. Denn im Bewußtsein ist das *Wunderbare*, mit ihm gelangt man über die Dinge hinaus. Und der Peyotl sagt uns, wo es sich befindet und nach welchen ungewöhnlichen Konkretionen eines atavistisch verdrängten und *verstopften* Atems das Phantastische seine Phosphoreszenzen, sein Aufstäuben im Bewußtsein entwickeln und erneuern kann. Und dieses Phantastische ist von edler Abkunft, seine Unordnung ist nur Schein, in Wirklichkeit gehorcht es einer Ordnung, die sich im Geheimen und auf einer Ebene herausbildet, die das normale Bewußtsein nicht erreicht, die wir aber mit Ciguris Hilfe erreichen und die das eigentliche Geheimnis aller Poesie ist. Doch es gibt im menschlichen Wesen eine andere Ebene, jene düstere, formlose, in die das Bewußtsein nicht eingedrungen ist, sondern von der es je nach den Umständen wie von einer ungeklärten Fortsetzung oder einer Drohung umringt ist. Eine Ebene, die gleichfalls abenteuerliche Empfindungen, Wahrnehmungen freisetzt. Das sind die schamlosen Trugbilder, die das kranke Bewußtsein befallen. Es gibt sich ihnen hin und geht völlig in ihnen auf, wenn es nicht etwas findet, was es davor zurückhält. Und der Peyotl ist die einzige Schranke, auf die das Böse in diesem Bereich des Schreckens stößt.

Auch ich habe falsche Empfindungen und Wahrnehmungen gehabt, und ich habe an sie geglaubt. In den Monaten Juni, Juli, August und noch bis in den vergangenen September hinein habe ich geglaubt, ich sei von Dämonen umgeben, und es kam mir so vor, als sähe ich sie, als nähme ich wahr, wie sie sich um mich scharten. Um sie zu verjagen, wußte ich mir nicht anders zu helfen, als indem ich bei jeder Gelegenheit über allen Stellen meines Körpers oder des Raumes, wo ich sie zu entdecken glaubte, das Kreuz schlug. Ich schrieb auch auf irgendwelche Papierfetzen oder Bücher, die mir gerade in die Hand kamen, Beschwörungen, die sowohl in literarischer als auch in magischer Hinsicht nicht viel taugten, denn was man in diesem Zustand schreibt, ist nur noch Bodensatz, Verzerrung oder vielmehr *Nachahmung* der erhabenen Einsichten des Lebens. Ende September sind diese bösen Ideen, diese falschen Ideen, diese in sich selbst nicht stichhaltigen, zwanghaften Wahrnehmungen allmählich verschwunden, im Oktober blieben sie fast völlig aus. Seit dem 15. oder 20. November habe ich gespürt, daß wieder Energie und Klarheit in mich einkehrten. Ich habe vor allem gespürt, daß mein Bewußtsein endlich frei war. Keine irrige Empfindung mehr. Keine böse Wahrnehmung. Jetzt kommt langsam, aber unaufhaltsam ein immer stärkeres Gefühl der Sicherheit, der inneren Gewißheit in mir auf.

Sollte es in letzter Zeit vorgekommen sein, daß ich mich wie gewisse Kranke gebärdet habe, die an *religiösem Wahn* leiden, so sind das nur noch Überbleibsel bedauernswerter Gewohnheiten, die ich angenommen hatte, weil ich an manches glaubte, was nicht existierte. Wie das zurückströmende Meer vermischte Reste auf dem Sand ablagert, die dann die Winde wegfegen, habe ich seit ein paar Wochen meine ganze Willenskraft darauf geworfen, mich dieser geringfügigen Überbleibsel zu entledigen. Und ich stelle fest, daß sie sich Tag für Tag mehr verlieren.

Auf eins aber haben mich die Peyotl-Priester in Mexiko hingewiesen, und die geringe Menge Peyotl, die ich genommen habe, hat es mir bewußt gemacht. Nämlich daß in der Leber des Menschen jene geheime Alchimie und jene Arbeit im Gange ist, vermöge derer das Ich jedes Individuums auswählt, was ihm paßt, es sich zu eigen macht oder ablehnt unter den Empfindungen, Emotionen, Wünschen, die das Unbewußte in ihm formt und aus denen sich sein Verlangen, seine Anschauungen, sein wahrer Glauben und seine *Ideen* zusammensetzen. An dieser Stelle wird das Ich bewußt, entfaltet sich seine Urteilsfähigkeit und das außerordentliche Unterscheidungsvermögen seiner Organe. Weil *Ciguri* an dieser Stelle das, was ist, von dem, was nicht ist, zu trennen sucht. Die Leber ist also offenbar der organische Filter des *Unbewußten.*

Ich habe ähnliche metaphysische Vorstellungen in den Werken der alten Chinesen gefunden. Und ihnen zufolge ist die Leber der Filter des Unbewußten, die Milz hingegen der physische Respondent des Unendlichen. Das ist übrigens ein anderes Problem.

Doch damit die Leber ihre Funktion erfüllen kann, muß zumindest der Körper gut genährt sein.

Man kann einem Menschen, der seit sechs Jahren in einer Irrenanstalt eingesperrt ist und sich seit drei Jahren nicht mehr sattgegessen hat, eine *okkulte* Beugung des Willens nicht zum Vorwurf machen. Manchmal bekomme ich monatelang nicht ein einziges Stück Zucker oder Schokolade. Und was die Butter angeht, weiß ich überhaupt nicht mehr, wie lange ich schon keine mehr gegessen habe.

Ich bin nach Tisch jedesmal noch hungrig, weil die Rationen jetzt bekanntlich zu knapp sind.

Und vor allem fehlt es an Brot. Vorgestern, am Freitag, habe ich ein Stück Schokolade bekommen, seit acht Monaten hatte ich keine Schokolade mehr gegessen. Ich gehöre nicht zu denen, die sich durch irgend etwas abhalten lassen, ihre Pflicht zu tun, aber man soll mir wenigstens nicht mangelnde Energie vorwerfen in einer Zeit wie dieser, wo die zur Erneuerung der Energie unerläßlichen Bestandteile in der Nahrung, die uns allen vorgesetzt wird, nicht mehr enthalten sind. Und vor allem soll man mich nicht wieder mit Elektroschocks behandeln wegen Schwächen, die ich, und das weiß man sehr wohl, mit meinem eigenen Willen, mit meiner Einsicht und meinem Verstand überwinden kann. Genug, genug und nochmal genug mit diesem Bestrafungstrauma.

Jede Behandlung mit Elektroschocks hat mich in ein Entsetzen gestürzt, das jeweils mehrere Stunden anhielt. Und ich war vor jeder weiteren Behandlung ganz verzweifelt, denn ich wußte, daß ich nun wieder das Bewußtsein verlieren und einen ganzen Tag lang mitten in mir selbst ersticken würde, ohne daß es mir gelang, mich wiederzuerkennen, obwohl ich jeweils genau wußte, daß ich irgendwo war, aber weiß der Teufel wo, und als ob ich *tot* wäre.

Wir sind mit alledem weit entfernt von der Heilung durch Peyotl. Der Peyotl *festigt,* soviel ich gesehen habe, das Bewußtsein und verhindert, daß es sich verirrt und falschen Eindrücken erliegt. Die mexikanischen Priester haben mir genau die Stelle auf der Leber gezeigt, wo *Ciguri,* wo der Peyotl diese synthetische Konkretion erzeugt, die das Gefühl für das Wahre und das Verlangen nach ihm bleibend im Bewußtsein behält und diesem die Kraft verleiht, sich dem Wahren hinzugeben und dabei automatisch das übrige abzuwehren.

»Es ist gleichsam«, haben mir die Tarahumaras gesagt, »als kehrte das Skelett von einst zurück vom DÜSTEREN RITUS, NACHT, DIE AUF NACHT STÖSST.«

Postskriptum

Der Peyotl-Ritus ist in Rodez geschrieben worden, im ersten Jahr meines Aufenthaltes in dieser Irrenanstalt, nach bereits sieben Jahren Internierung, davon drei in Einzelhaft mit täglichen, systematischen Vergiftungen. Er stellt meine erste Anstrengung dar, nach sieben Jahren gänzlicher Entfremdung und Kastration wieder zu mir zurückzufinden. Ein gerade Vergifteter, *den man eingesperrt und dem man traumatische Verletzungen zugefügt hat, erzählt Erinnerungen an die Zeit vor seinem Tod. Das soll klarmachen, daß der Text noch nicht viel mehr als ein Stammeln sein kann. Außerdem ist dieser Text im stupiden Geisteszustand des* Konvertiten *geschrieben worden, den die Behexungen der Pfaffenbrut, die sich seine vorübergehende Schwäche zunutze machte, im Zustand der Sklaverei festhielten.*

Ivry-sur-Seine, 10. März 1947

Ich habe den Peyotl-Ritus im Zustand der Bekehrung geschrieben, mit bereits hundertfünfzig oder zweihundert frischen Hostien im Leib,

daher dann und wann mein Wahn, was Christus und das christliche Kreuz angeht.

Denn nichts kommt mir jetzt finsterer, todesträchtiger vor als das schichtende, bornierte Zeichen des Kreuzes,

nichts pornographischer in seiner Erotik als Christus, diese schändliche sexuelle Verkörperung aller falschen Seelenrätsel, aller Körperschlacken, die in den Verstand sikkern, weil sie auf der Welt zu nichts mehr nutz und nur noch Stoff für faule Witze sind und deren ganz niederträchtige Machenschaften magischer Masturbation die elektrische Haftentlassung auslösen.*

Paris, 23. März 1947

* Wortspiel mit *rebut* (Schlacke) und *rébus* (fauler Witz). *Anm. d. Übers.*

Von einer Reise ins Land der Tarahumaras

Das Gebirge der Zeichen

Das Land der Tarahumaras ist voller Zeichen, Formen, natürlicher Bildnisse, die offenbar nicht vom Zufall geschaffen worden sind, wie wenn die Götter, die man hier überall spürt, durch diese seltsamen Signaturen, die auf Schritt und Tritt der Gestalt des Menschen nacheifern, ihre Macht hätten bekunden wollen.

Sicher, es gibt Stellen auf der Erde, wo die Natur in einer Art vernünftigen Laune menschliche Formen aus dem Stein gehauen hat. Doch hier liegt der Fall anders: die Natur hat sich nämlich *im gesamten geographischen Bereich einer Rasse äußern wollen.*

Und es ist seltsam, daß alle, die hier durchkommen, ihre Sinne verschließen, wie von einer unbewußten Lähmung geschlagen, und von nichts eine Ahnung haben. Wenn die Natur in einer seltsamen Laune plötzlich den Körper eines Menschen zeigt, der auf einem Felsen gemartert wird, denkt man vielleicht zuerst, das sei nur eine Laune, eine Laune, die nichts zu bedeuten habe. Wenn sich aber, während man Tag für Tag im Sattel sitzt, der gleiche vernünftige Zauber wiederholt und *die Natur beharrlich dieselbe Idee anschaulich macht;* wenn die gleichen feierlichen Formen wiederkehren; wenn Häupter bekannter Götter auf den Felsen erscheinen und ein Todesmotiv frei wird, für das beharrlich der Mensch herhalten muß – und der gevierteilten Gestalt des Menschen antworten *lichter gewordene* Gestalten, die sich mehr von der versteinernden Materie gelöst haben, Götter, die ihn seit eh und je gemartert haben; – wenn ein ganzes Land auf der Erde eine Philosophie entwickelt, die derjenigen der Menschen entspricht; wenn man weiß, daß die ersten Menschen eine Zeichensprache hatten, und man diese Sprache gigantisch vergrößert auf den Felsen wiederfindet, kann man wirklich nicht mehr glauben, das sei eine Laune, eine Laune, die nichts zu bedeuten habe.

Sofern die Rasse der Tarahumaras vorwiegend aus Ureinwohnern besteht und, wie sie behauptet, vom Himmel in die Sierra gefallen ist, könnte man sagen, sie sei in eine *schon vorbereitete Natur* gefallen. Und diese Natur hat in menschlichen Formen denken wollen. Wie sie Menschen *entwickelt* hat, hat sie auch Felsen *entwickelt*.

Diesen nackten Menschen, der gemartert wurde, habe ich an einen Stein genagelt gesehen, und über ihm machten sich Gestalten zu schaffen, die die Sonne zu Dunst auflöste; aber ich weiß nicht, was für ein optisches Wunder bewirkt hat, daß der Mensch darunter ganz blieb, obwohl er im selben Licht war.

Wer von uns besessen war, das Gebirge oder ich selbst, das weiß ich nicht, aber ein ähnliches optisches Wunder hat sich auf dieser Rundfahrt durchs Gebirge wenigstens einmal täglich vor meinen Augen ereignet.

Ich bin vielleicht mit einem Körper geboren worden, der so gequält und trügerisch ist wie das ungeheure Gebirge; aber mit einem Körper, dessen Besessenheiten zu etwas nutze sind: und im Gebirge habe ich gemerkt, daß die *Besessenheit, zu zählen*, zu etwas nutze ist. Kein Schatten, den ich nicht gezählt hätte, wenn ich merkte, daß er sich um etwas drehte; und oft bin ich gerade durch Addition von Schatten wieder auf seltsame Brennpunkte gestoßen.

Ich habe im Gebirge einen nackten Menschen gesehen, der sich aus einem großen Fenster lehnte. Sein Kopf war nur ein großes Loch, etwas wie ein kreisförmiger Hohlraum, in dem abwechselnd und je nach der Tageszeit die Sonne oder der Mond erschienen. Sein rechter Arm war ausgestreckt wie ein Balken, und der linke auch wie ein Balken, aber tief in den Schatten getaucht* und angewinkelt.

* *noyée d'ombre;* vgl. *en ombres* (schattenhaft) im Brief an J. Paulhan vom 4. 2. 1937, S. 278; *en ombre* ist in der Heraldik eine Farbe, die so dünn aufgetragen wird, daß das Wappenfeld

Man konnte seine Rippen zählen, sieben an der Zahl auf jeder Seite. Wo der Nabel war, schimmerte ein glänzendes Dreieck, woraus bestand es? Ich kann es nicht sagen. Wie wenn die Natur diesen Teil des Gebirges gewählt hätte, um ihre verborgenen Feuersteine bloßzulegen.

Aber obwohl sein Kopf leer war, verliehen ihm die gezackten Felsränder rundherum einen ausgeprägten Gesichtsausdruck, den das Licht von Stunde zu Stunde leicht veränderte.

Dieser nach vorn gereckte, von einem Lichtstreifen gesäumte Arm wies keinen gewöhnlichen Weg ... Und ich suchte, was er anzeigte!

Es war kurz vor zwölf Uhr mittags, als ich dieser Erscheinung begegnete; ich war zu Pferd und kam schnell voran. Immerhin konnte ich feststellen, daß es sich nicht um die Umrisse einer Skulptur handelte, sondern um ein ganz bestimmtes Lichterspiel, das mit dem Relief der Felsen *zusammenwirkte.*

Diese Figur war den Indianern bekannt; sie schien mir in ihrem Aufbau, in ihrer Gliederung demselben Prinzip unterworfen, dem dieses ganze zerstückelte Gebirge unterworfen war. In Richtung des Armes lag ein Dorf mit einem Felsengürtel rundherum.

Und ich sah, daß die Felsen alle die Form eines Busens mit zwei vollkommen ausgeprägten Brüsten hatten.

Ich sah, daß der gleiche Fels, der zwei Schatten auf den Boden warf, achtmal wiederkehrte; ich sah zweimal den gleichen Tierkopf sein eigenes Bildnis im Rachen herumtragen und hinunterschlingen; ich sah hoch überm Dorf eine Art riesigen phallischen Zahn mit drei Steinen auf der Spitze und vier Löchern in der Außenfläche; und ich sah alle diese Formen ihrem Prinzip gemäß allmählich in Realität übergehen.

durchschimmert; *ombre du soleil* ist eine Darstellung der Sonne als Scheibe, ohne Gesicht. Heraldische Fachausdrücke bei der Beschreibung dieser Erscheinung sind auch *barre* (Balken) und *nombril* (Nabelstelle des Schildes). *Anm. d. Übers.*

Mir war, als ob da überall eine Geschichte von Geburt im Krieg geschrieben stände, eine Geschichte von Schöpfung und Chaos, mit all diesen Körpern von Göttern, die wie Menschen gebildet waren, und diesen zerstückelten menschlichen Statuen. Keine Form, die unversehrt gewesen wäre, kein Körper, der nicht frische Spuren eines Gemetzels aufwies, keine Gruppe, deren trennenden Hader ich nicht entziffern mußte.

Ich habe Menschen wiedergefunden, die im Stein versunken, halb von ihm aufgezehrt waren, und weiter oben im Fels andere Menschen, die sich bemühten, sie hinunterzustoßen. Anderswo hielt, riesig, ein Standbild des Todes ein kleines Kind in der Hand.

Es gibt in der Kabbala eine Musik der Zahlen, und diese Musik, die das stoffliche Chaos auf seine Prinzipien zurückführt, erklärt mittels einer Art grandioser Mathematik, wie die Natur angeordnet ist und die Geburt der Formen lenkt, die sie aus dem Chaos hervorlockt. Und alles, was ich sah, schien mir einer Ziffer unterworfen. Die Statuen, die Formen, die Schatten ergaben immer wiederkehrend die Zahl 3, 4, 7, 8. Die zerstückelten Frauenbüsten waren 8 an der Zahl; der phallische Zahn hatte, wie schon gesagt, drei Steine und vier Löcher; die Gestalten, die sich zu Dunst auflösten, waren 12 an der Zahl, usw. Ich wiederhole, man kann sagen, diese Formen seien natürlich, meinetwegen; aber daß sie sich wiederholen, ist nicht natürlich. Und noch weniger natürlich ist, daß die Tarahumaras die Formen ihres Landes in ihren Riten und Tänzen wiederholen. Und diese Tänze hat nicht der Zufall geschaffen, sondern sie sind derselben geheimen Mathematik, demselben Interesse am subtilen Spiel der Zahlen unterworfen, dem die Sierra insgesamt unterworfen ist.

Diese bewohnte Sierra, in deren Felsen ein metaphysischer Geist weht, haben die Tarahumaras mit Zeichen übersät, mit vollkommen bewußten, vernünftigen und verabredeten Zeichen.

An allen Wegbiegungen sieht man Bäume, in die *mit*

Absicht die Form von Kreuzen oder Wesen eingebrannt worden ist, und oft sind es Doppelwesen, die sich gegenüberstehen, wie um die wesentliche *Dualität* der Dinge auszudrücken; und ich habe diese Dualität auf ihr Prinzip zurückgeführt gesehen, ein Zeichen in Form eines *H* mit einem Kreis ringsherum, das offenbar mit einem glühenden Eisen in eine große Kiefer gebrannt worden war; andere Bäume trugen Lanzen, Kleeblätter, von Kreuzen eingefaßte Akanthusblätter; da und dort, in Senkungen und engen Felsschächten, bildeten sich Linienreihen aus ägyptischen Henkelkreuzen; und auf den Haustüren der Tarahumaras stand das Zeichen der Maya-Welt: zwei sich gegenüberliegende Dreiecke, deren Spitzen durch einen Balken verbunden sind; und dieser Balken ist der Lebensbaum, der durch die Mitte der Realität führt.

So rufen auf dem Weg durchs Gebirge diese Lanzen, diese Kreuze, diese Kleeblätter, diese Blätterherzen, diese zusammengesetzten Kreuze, diese Dreiecke, diese Wesen, die sich gegenüberstehen und sich ansehen, um ihren ewigen Krieg, ihre Trennung, ihre Dualität auszudrücken, seltsame Erinnerungen in mir wach. Mir fällt plötzlich ein, daß die Geschichte Sekten kannte, die diese selben Zeichen aus Jade geschnitzt, schmiedeeisern oder ziseliert in Felsgestein inkrustierten. Und ich glaube allmählich, daß diese Symbolik eine Lehre verbirgt. Und ich finde es seltsam, daß das primitive Volk der Tarahumaras, dessen Riten und Denken älter sind als die Sintflut, bereits im Besitz dieser Lehre gewesen ist, lange bevor die Gralssage auftauchte, lange vor Gründung der Sekte der Rosenkreuzer.

Der Peyotl-Tanz

Der körperliche Einfluß hielt noch immer an. Diese Erdumwälzung, die mein Körper war ... Nach achtundzwanzig Tagen Warten war ich noch nicht in mich zurückgekehrt; – man müßte sagen: in mich *hinausgetreten*. In mich, in dieses zerbröckelnde Gefüge, dieses Stück schadhafte Erdgeschichte.

Träge, wie Erde mit ihren Felsbrocken sein kann; – und all die Risse, die durch aufgetürmte sedimentäre Schichten laufen. Mürbe, jawohl, das war ich, nicht teilweise, sondern insgesamt. Seit ich zum erstenmal in Berührung gekommen war mit diesem furchtbaren Gebirge, das Schranken aufgebaut hatte vor mir, davon bin ich überzeugt, weil es mich nicht hereinlassen wollte. Und mir erscheint das Übernatürliche, seit ich dort oben gewesen bin, nicht mehr als etwas so Außerordentliches, daß ich nicht sagen könnte, ich sei im buchstäblichen Sinn des Wortes *verzaubert* gewesen.

Gehen war für mich nicht mehr gehen; sondern spüren, *wo* mein Kopf war. Versteht man das? Glieder, die eins nach dem andern gehorchen und die man eins nach dem andern vorwärtsbewegt; und dieses Sich-Aufrechthalten über dem Erdboden, an dem man festhalten muß. Denn der Kopf, überbordend von Wellen und nicht mehr Herr seiner Strudel, der Kopf spürt alle Strudel unten in der Erde, die ihn verstören und ihn hindern, sich aufrechtzuhalten.

Achtundzwanzig Tage dieses lastenden Einflusses, wo ich ein Klumpen unverbundener Organe war, denen ich, so schien es mir, zusah wie einer riesigen Eislandschaft, die gerade auseinanderbricht.

Der Einfluß war also da, so entsetzlich, daß ich mehr als Mut brauchte, um vom Haus des Indianers bis zu einem nur ein paar Schritte entfernten Baum zu gehen, ich mußte alles aufbieten, was ich an wirklich *verzweifeltem* Willen besaß. Denn von so weit hergekommen sein, endlich an der Schwelle einer Begegnung und vor dieser Landschaft stehen, von der ich soviele Offenbarungen erwartete, und mich so verloren fühlen, so verwüstet, so abgetakelt! Hatte ich jemals Freude kennengelernt, war auf der Welt je eine Empfindung gewesen außer Angst oder unerbittlicher Verzweiflung; hatte ich je einen andern Zustand erlebt als den dieses rissigen Schmerzes, der mich jede Nacht heimsuchte? Gab es für mich etwas, das nicht fast Agonie war, und konnte ich nicht wenigstens zu einem Körper kommen, bloß zu einem Menschenkörper, der nicht mein lebenslängliches Kreuz tragen mußte?

Es war wirklich eine Willensanstrengung nötig, damit ich glauben konnte, irgend etwas werde sich ereignen. Und warum das alles? Wegen eines Tanzes, wegen eines Ritus ausgestorbener Indianer, die nicht einmal mehr wissen, wer sie sind oder woher sie stammen, und die uns auf unsere Fragen mit Geschichten antworten, deren Zusammenhang und Geheimnis ihnen abhanden gekommen sind.

Nach Strapazen, die so grausam waren, daß ich, es sei wiederholt, wirklich annehmen muß, daß man mich verzaubert hat und daß diese Zersetzung und diese Erdumwälzungen, Schranken, die spürbar in mir angewachsen waren, auf einem ausgeklügelten, verabredeten Plan beruhten, nach diesen Strapazen hatte ich eine der letzten Stellen auf der Erde erreicht, wo es den Tanz der Heilung durch Peyotl noch gibt, jedenfalls die Stelle, wo er erfunden worden ist. Und was nur, welche falsche Vorahnung, welche trügerische, erlogene Eingebung veranlaßte mich, davon irgendeine Art von Befreiung meines Körpers zu erhoffen und auch, und vor allem, eine Kraft, eine Erleuchtung, die die ganze Weite meiner inneren Landschaft hatte, welche gerade in diesem Augenblick, ich spürte es, außerhalb aller Dimensionen lag?

Vor achtundzwanzig Tagen hatte diese unerklärliche Marter ihren Anfang genommen. Und zwölf Tage saß ich jetzt in diesem abgelegenen Erdenwinkel, in dieser Abgeschiedenheit des ungeheuren Gebirges, und wartete darauf, daß meine Zauberer guten Willens wurden.

Warum erreichte ich jedesmal, wenn ich wie jetzt das Gefühl hatte, in einen entscheidenden Abschnitt meines Lebens zu treten, ihn nie als ein ganzes Wesen? Warum dieses grauenhafte Gefühl eines Verlustes, eines versäumten Gewinnes, eines mißglückten Ereignisses? Sicher, ich werde sehen, wie die Zauberer ihren Ritus vollziehen; doch inwiefern würde mir dieser Ritus nützen? Ich werde sie sehen. Ich werde belohnt werden für diese große Geduld, in der ich mich bis jetzt durch nichts hatte abschrecken lassen. Nichts: weder durch den entsetzlichen Weg, noch durch die Reise mit einem klugen, aber verstimmten Körper, den man mitschleifen muß, den man fast umbringen müßte, damit er nicht revoltiert; noch durch die Natur mit ihren jähen Gewittern, die uns in ihre Netze aus Blitzen verstricken; noch durch diese lange, von Krämpfen durchzogene Nacht, in der ich gesehen hatte, wie ein junger Indianer, der träumte, sich mit einer Art feindseligen Besessenheit genau an den Stellen kratzte, wo diese Krämpfe durch mich hindurchgingen, – und er sagte, er, der mich erst am Abend zuvor kennengelernt hatte: »Ah, alles Übel, das ihm zustoßen kann, soll ihm zustoßen.«

Peyotl, das wußte ich, ist nicht für die Weißen bestimmt. Man mußte um jeden Preis verhindern, daß ich Heilung erlangte durch diesen Ritus, der eine Einflußnahme auf die Natur der Geister selbst ermöglichen sollte. Und ein Weißer ist für diese Roten Männer einer, den die Geister verlassen haben. Was ich aus dem Ritus an Nutzen zog, ging ihnen, diesen einsichtigen Doubles des Geistes, verloren.

Verloren sie selber die gleiche Menge an Geistern. Die gleiche Menge Geister wäre dann nicht mehr von Nutzen.

Und dann das Problem mit dem *Tesguino*, diesem Alkohol, der acht Tage in Krügen eingeweicht werden muß; – und es gibt nicht soviel Krüge und auch nicht soviel Arme, die bereit sind, den Mais zu zerstoßen.

Haben die Peyotl-Zauberer den Alkohol getrunken, sind sie nicht mehr zu gebrauchen, und es muß alles von neuem vorbereitet werden. Als ich ins Dorf kam, war gerade ein Mann gestorben, der diesen Stämmen angehörte, und deshalb mußten der Ritus, die Priester, der Alkohol, die Kreuze, die Spiegel, die Raspeln, die Krüge und das ganze ungewöhnliche Drum und Dran des Peyotl-Tanzes zu seinem Nutzen eingesetzt werden, für ihn, den Verstorbenen. Weil er tot war, konnte sein Double nicht warten, bis man diese bösen Geister in die Flucht geschlagen hatte.

Und nachdem ich achtundzwanzig Tage gewartet hatte, mußte ich auch noch eine ganze Woche lang eine unwahrscheinliche Komödie über mich ergehen lassen. Es begann im ganzen Gebirge ein lebhafter Austausch von Boten, die angeblich zu den Zauberern geschickt wurden. Doch als die Boten aufgebrochen waren, tauchten plötzlich die Zauberer selbst auf und wunderten sich, daß nichts bereit war. Und ich merkte, daß man mich zum Narren gehalten hatte.

Man brachte Priester zu mir, die durch den Traum heilen und sprechen, nachdem sie geträumt haben.

»Die von *Ciguri* (Peyotl-Tanz) nicht gut«, sagte man mir. »Sie *nützen* nichts. Nimm die da.« Und man schubste Greise auf mich zu, die sich plötzlich wie wild gebärdeten und dabei unter ihren Umhängen seltsam mit Amuletten klapperten. Und ich sah, daß ich es mit Schwindlern zu tun hatte, nicht mit Zauberern. Übrigens erfuhr ich, daß diese falschen Priester enge Freunde des Toten waren.

Eines Tages flaute dieses Brodeln ab, ohne Geschrei, ohne Verhandlungen, ohne neue Versprechungen von meiner Seite. Als wenn all das zum Ritus gehört und das Spiel lange genug gedauert hätte.

Natürlich war ich nicht um malerischer Erinnerungen willen mitten ins Gebirge dieser Tarahumara-Indianer vorgestoßen. Ich hatte genug gelitten, meine ich, um mit ein bißchen Realität belohnt zu werden.

Aber als es Abend wurde, überkam meine Augen eine Vision.

Ich hatte die Geburt Christi von Hieronymus Bosch vor mir, in der richtigen Anordnung, das alte Wetterdach mit den Bretterlücken vorm Stall, den Strahlenkranz des königlichen Kindes auf der linken Seite, zwischen dem Vieh, die verstreuten Bauernhöfe, die Hirten; und im Vordergrund andere Tiere, die blöken; und auf der rechten Seite die königlichen Tänzer. Die Könige mit ihren Spiegelkronen auf dem Haupt und ihrem rechteckigen Purpurumhang über dem Rücken, rechts im Bild, wie die Heiligen drei Könige von Hieronymus Bosch. Und plötzlich, als ich mich umdrehte, bis zum letzten Augenblick im Zweifel, ob meine Zauberer eintreffen würden, sah ich sie, auf gewaltige Stöcke gestützt, aus dem Gebirge heruntersteigen, und ihre Frauen mit den großen Körben, und die Gehilfen, bewehrt mit Kreuzen, die nach allen Seiten wie Rutenbündel oder Bäume aufragten, und Spiegel, die wie Himmelssplitter in diesem ganzen Pomp aus Kreuzen, Spießen, Schaufeln und entästeten Baumstämmen funkelten. Und all diese Menschen brachen fast zusammen unter der Last dieser ungewöhnlichen Gerätschaften, und die Frauen der Zauberer stützten sich wie ihre Männer auf gewaltige Stöcke, die sie um Kopfeslänge überragten.

Holzfeuer loderten rundum zum Himmel empor. Unten hatten die Tänze schon begonnen; und ich fühlte angesichts dieser Pracht, die endlich Wirklichkeit geworden war, dieser phantastischen Pracht, strahlend wie Stimmen in einem erleuchteten unterirdischen Raum, daß meine Mühe nicht umsonst gewesen war.

Dort oben, an den Abhängen des mächtigen Gebirges, die sich zum Dorf hin stufenweise senkten, hatte man einen Kreis auf der Erde gezogen. Schon brauten die Frauen, vor ihren *metates* (Steinkrügen) kniend, mit einer Art gewissenhafter Brutalität den Peyotl. Die Gehilfen machten sich daran, den Kreis festzustampfen. Sie stampften ihn sorgfältig in allen Richtungen; und in der Mitte des Kreises zündeten sie einen Holzstoß an, in den von oben der Wind hineinfuhr mit seinen Wirbeln.

An diesem Tag hatte man zwei Zicklein geschlachtet. Und jetzt sah ich auf einem entästeten Baumstrunk, der ebenfalls kreuzförmig zugehauen war, Lungen und Herz der Tiere im Nachtwind zittern.

Daneben war noch ein anderer entästeter Baumstrunk, und das Feuer, das in der Mitte des Kreises brannte, lockte jeden Augenblick zahllose Glanzlichter aus ihm hervor, etwas wie eine Feuersbrunst, die man durch sehr dicke, übereinandergeschichtete Gläser betrachtet. Ich ging näher heran, um festzustellen, was es mit diesem Brennpunkt auf sich hatte, und entdeckte ein unwahrscheinliches Gespinst von Glöckchen, teils aus Silber, teils aus Horn, die an Lederriemen festgebunden waren und ihrerseits darauf warteten, beim Ritus mitzuwirken.

Dort, wo die Sonne aufgehen sollte, richteten sie zehn Kreuze auf, die ungleich hoch, aber alle symmetrisch angeordnet waren; und an jedem Kreuz wurde ein Spiegel befestigt.

Achtundzwanzig Tage dieses schrecklichen Wartens mündeten jetzt nach gefährlicher Entziehung in einen Kreis, der von Wesen bewohnt war, die hier durch zehn Kreuze vertreten wurden.

Zehn, zehn an der Zahl, wie die unsichtbaren Herren des Peyotls in der Sierra.

Und unter diesen zehn: das männliche Prinzip der Natur, das die Indianer *San Ignacio* nennen, und dazu das weibliche, *San Nicolas*!

Um diesen Kreis herum eine geistig gemiedene Zone, in die sich kein Indianer wagen würde: es wird berichtet, daß Vögel, die sich in diesen Kreis verirren, herabstürzen, und daß schwangere Frauen spüren, wie ihre Leibesfrucht sich auflöst.

Im Kreis dieses Tanzes liegt eine Geschichte der Welt beschlossen, zwischen zwei Sonnen, derjenigen, die untergeht, und derjenigen, die aufgeht. Und wenn die Sonne untergeht, treten die Zauberer in den Kreis, und der Tänzer mit den sechshundert Glöckchen (dreihundert aus Horn und dreihundert aus Silber) stößt im Wald seinen Coyotenschrei aus.

Der Tänzer tritt hinein und wieder heraus, verläßt aber den Kreis nicht. Er rückt entschlossen ins Übel vor. Er stürzt sich hinein mit einer Art gräßlichem Mut, in einem Rhythmus, der mehr als den Tanz, der die Krankheit wiederzugeben scheint. Und man hat den Eindruck, daß er abwechselnd aus einer Bewegung, die irgendwelche dunklen Verlockungen beschwört, auftaucht und wieder in ihr verschwindet. Er tritt hinein und wieder heraus: *»heraustreten ins Tageslicht«*, wie das *Ägyptische Totenbuch* im ersten Kapitel vom Double des Menschen sagt. Denn dieser Vorstoß in die Krankheit ist eine Reise, ein *Hinabsteigen* um WIEDER INS TAGESLICHT HERAUSZUTRETEN. – Er dreht sich rundherum in Richtung der Flügel des Hakenkreuzes, immer von rechts nach links und von oben.

Er hüpft herum mit seinem Glöckchenschwarm, einem Klumpen verstörter Bienen gleichsam, die alle durcheinander in prasselnder, wilder Unordnung aneinanderhängen.

Zehn Kreuze im Kreis und *zehn* Spiegel. *Ein* Balken, darauf *drei* Zauberer. *Vier* Gehilfen (*zwei* männliche und *zwei* weibliche). Der epileptische Tänzer und *ich selbst*, für den der Ritus vollzogen wurde.

Zu Füßen jedes Zauberers *ein* Loch, auf dessen Boden das Männliche und das Weibliche der Natur, vertreten durch die hermaphroditischen Wurzeln des Peyotls (Peyotl sieht bekanntlich wie ein gemischt männliches und weibliches Geschlecht aus), in der Materie, das heißt im Konkreten schlummern.

Und das mit einer umgekehrten hölzernen oder irdenen Schale zugedeckte Loch stellt annähernd die Weltkugel vor. Auf der Schale raspeln die Zauberer die Vermischung oder Entzweiung der beiden Prinzipien, und sie raspeln sie im Abstrakten, das heißt im Prinzip. Während darunter diese beiden Prinzipien verkörpert in der Materie, das heißt im Konkreten ruhen.

Und die ganze Nacht über stellen die Zauberer die verlorenen Beziehungen wieder her, mit Dreiecksgebärden, die die Luftperspektiven seltsam schneiden.

Zwischen *zwei* Sonnen *zwölf* Zeiten in *zwölf* Phasen. Und alles, was um den Holzstoß herumquirlt, macht innerhalb der heiligen Grenzen des Kreises die Runde: der Tänzer, die Raspeln, die Zauberer.

Zwischen den einzelnen Phasen haben die Zauberer Wert darauf gelegt, den körperlichen Beweis dieses Ritus, der Wirksamkeit des Verfahrens zu erbringen. Da stehen sie feierlich, rituell, priesterlich in einer Reihe auf ihrem Balken und wiegen ihre Raspel wie ein Kind. Welche Idee eines vergessenen Zeremoniells verleiht ihnen das Gespür für diese Verbeugungen, diese Bücklinge, diesen Rundgang, bei dem sie ihre Schritte zählen, sich angesichts des Feuers bekreuzigen, sich gegenseitig grüßen und heraustreten?

Sie stehen also auf und machen die beschriebenen Bücklinge, teils wie Männer mit Krücken, teils wie verstümmelte Automaten. Sie durchmessen den Kreis. Aber sobald sie den Kreis durchschritten haben, kaum einen Meter außerhalb, sind diese Priester, die zwischen zwei Sonnen wandeln, plötzlich wieder Menschen geworden, das heißt gemeine Organismen, die gewaschen werden, die dieser Ritus reinwaschen soll. Sie benehmen sich wie Brunnenbauer, diese Priester, wie eine Art Arbeiter der Finsternis, die geschaffen sind, um zu pissen und sich zu entleeren. Sie pissen, furzen und entleeren sich mit schrecklichem Gedonner; und wenn man sie so hört, sollte man glauben, sie hätten im Sinn gehabt, den echten Donner herabzuwürdigen und auf *ihr gemeines Bedürfnis* einzuschränken.

Von den drei Zauberern, die anwesend waren, hatten zwei, die beiden kleineren, untersetzteren, seit drei Jahren das Recht, mit der Raspel umzugehen (denn das Recht, mit der Raspel umzugehen, kann erworben werden, worauf übrigens der ganze Adel der Peyotlzauberer-Kaste bei den Tarahumara-Indianern beruht); und der dritte seit zehn Jahren. Und gerade der im Ritus erfahrenste, es muß gesagt werden, pißte am schönsten und furzte am eifrigsten und am lautesten.

Er war es auch, der mit dem Stolz einer solchen groben Reinigung ein paar Augenblicke später auszuspucken begann. Er spuckte aus, nachdem er wie wir alle Peyotl getrunken hatte. Denn als die zwölf Phasen des Tanzes abgeschlossen waren und die Morgenröte anbrach, reichte man uns den zerstoßenen Peyotl, der wie eine Art dünne Schlammbrühe aussah; und vor jedem wurde ein neues Loch gegraben, das den Auswurf unserer Münder aufnehmen sollte, die jetzt heilig geworden waren, weil Peyotl durch sie hindurchgegangen war.

»Spuck aus«, sagte der Tänzer zu mir, »aber möglichst tief in die Erde hinein, denn kein einziges Teilchen von *Ciguri* darf je wieder an die Oberfläche kommen.«

Und der im Dienst ergraute Zauberer spuckte am reichlichsten, und sein Rotz war besonders zäh und dick. Und die anderen Zauberer und der Tänzer versammelten sich rund um das Loch und bewunderten ihn.

Nachdem ich ausgespuckt hatte, brach ich vor Müdigkeit zusammen. Der Tänzer ging ununterbrochen vor mir auf und ab, drehte sich und schrie rein zum Spaß, weil er gemerkt hatte, daß sein Schrei mir gefiel.

»Steh auf, Mensch, steh auf«, brüllte er bei jeder Kehrtwendung, die er machte, obwohl sie gar nicht mehr nötig waren.

Wach und taumelnd wurde ich zu den Kreuzen geführt, zum Zweck der endgültigen Heilung, bei der die Zauberer die Raspel auf dem Kopf des Kranken selbst vibrieren lassen.

Dann nahm ich am Ritus des Wassers, der Schläge auf den Schädel, an dieser Art wechselseitiger Heilung teil, die man sich mitteilt, und an unmäßigen Waschungen.

Sie sprachen seltsame Worte über mir und bespritzten mich mit Wasser; dann bespritzten sie sich gegenseitig ausgiebig, denn die Mischung aus Maisalkohol und Peyotl machte sie allmählich albern.

Und mit diesen letzten Gebärden war der Peyotl-Tanz zu Ende.

Der Peyotl-Tanz lebt von der Raspel, diesem von Zeit getränkten Holz, das die geheimen Salze der Erde gespeichert hat. Auf diesem Stab, der gespannt und wieder gekrümmt wird, beruht die Heilwirkung dieses Ritus, der überaus kompliziert und steinalt ist und wie ein Tier im Wald verfolgt werden muß.

Es gibt im mexikanischen Hochgebirge einen Winkel, wo diese Raspeln offenbar im Überfluß vorhanden sind. Da ruhen sie und warten, bis der Mensch, der dafür prädestiniert ist, sie entdeckt und *ans Tageslicht hervorholt.*

Für jeden Tarahumara-Zauberer, der stirbt, ist die Trennung von seiner Raspel weitaus schmerzlicher als die Trennung von seinem Körper; und seine Nachkommen, seine Freunde tragen die Raspel weg und begraben sie in diesem heiligen Winkel im Wald.

Wenn ein Tarahumara-Indianer sich berufen fühlt, mit der Raspel umzugehen und zu heilen, hält er sich drei Jahre hintereinander um Ostern herum eine Woche lang im Wald auf.

Man sagt, daß da der unsichtbare Herr des Peyotls samt seinen neun Ratgebern mit ihm spricht und ihm das Geheimnis weitergibt. Und er kehrt mit der gebührend eingeweichten Raspel zurück.

Aus einem Holz geschnitzt, das aus der warmen Erde kommt, grau wie Eisenerz, weist sie in ihrer ganzen Länge Kerben und an den beiden Enden Zeichen auf, vier Dreiecke mit einem Punkt für das männliche Prinzip der Natur und zwei Punkten für das vergöttlichte weibliche.

Soviel Einschnitte, wie der Zauberer Jahre alt war zum Zeitpunkt, wo er das Recht, zu raspeln, erworben hat, wo er Lehrmeister geworden ist, der selber die Exorzismen anwendet, die die Elemente vierteilen.

Und gerade in diesem Punkt ist es mir nicht gelungen, dieser rätselhaften Überlieferung auf den Grund zu gehen. Denn die Peyotl-Zauberer scheinen nach Ablauf der drei Jahre, in denen sie sich in den Wald zurückziehen, wirklich etwas erworben zu haben.

Es ist dies ein Geheimnis, das die Tarahumara-Zauberer bis auf den heutigen Tag sorgfältig gehütet haben. Was sie sich zusätzlich angeeignet, was sie, könnte man sagen, *wiedergewonnen* haben, davon scheint ein Tarahumara-Indianer, der nicht der Aristokratie der Sekte angehört, nicht die geringste Ahnung zu haben. Und die Zauberer schweigen sich darüber vollkommen aus.

Wie lautet das einzigartige Wort, der verlorene Spruch, den der Herr des Peyotls ihnen mitteilt? Und warum brauchen sie drei Jahre, bis sie mit der Raspel umgehen können, auf welcher die Tarahumara-Zauberer, das muß man schon sagen, sich recht eigenartigen *Auskultationen* überlassen?

Was haben sie also dem Wald entrissen und was *gibt ihnen der Wald so langsam preis*?

Was hat man ihnen eigentlich mitgeteilt, was nicht im Zeremoniell des Ritus enthalten ist und weder die bohrenden Schreie des Tänzers, noch sein Tanz, der hin und her schwingt wie eine Art epileptisches Pendel, noch der Kreis, noch der Holzstoß in der Mitte des Kreises, noch die Kreuze mit ihren Spiegeln, in denen die verzerrten Köpfe der Zauberer bald anschwellen, bald in den Flammen des Holzstoßes verschwinden, noch der sprechende Nachtwind, der die Spiegel behaucht, noch der Gesang der Zauberer, die ihre Raspel wiegen, dieser erstaunlich verwundbare und verhaltene Gesang, erklären können?

Sie hatten mich hingelegt, unmittelbar auf die Erde, am Fuß des riesigen Balkens, auf welchem sich die drei Zauberer zwischen den einzelnen Tänzen niederließen.

Hingelegt, damit der Ritus auf mich falle, damit das Feuer, die Gesänge, die Schreie, der Tanz und sogar die Nacht wie ein beseeltes menschliches Gewölbe über mir lebendig würden. Da war also dieses rollende Gewölbe, diese stoffliche Anordnung von Schreien, Akzenten, Schritten, Gesängen. Doch darüber hinaus, über alles hinaus, immer wieder dieser Eindruck, daß sich hinter all dem noch etwas anderes verbarg, mehr als all das und etwas jenseits davon: *die Hauptsache.*

Ich habe auf diese gefährlichen Auflösungen, die der Peyotl offenbar hervorruft und die ich zwanzig Jahre lang mit anderen Mitteln erzielt hatte, nicht mit einemmal verzichtet, habe nicht zu Pferd gesessen mit einem Körper, der sich selbst entrissen war und den die Entziehung, der ich mich ausgesetzt hatte, von da an seiner wesentlichen Reflexe beraubte; ich war nicht dieser steinerne Mensch gewesen, der zwei Männer brauchte, damit er aufs Pferd hochkam, und den man aufs Pferd setzte und wieder herunterholte wie einen kaputten Automaten, – und wenn ich oben war, legte man mir die Hände auf die Zügel und mußte mir sogar noch die Finger um die Zügel schließen, denn ich selber konnte, das war nur allzu offensichtlich, nicht mehr frei über sie verfügen, ich hatte diese unüberwindliche Feindseligkeit der Organe, als *ich* nicht mehr weiter wollte, nicht mit dem Geiste besiegt, um dann eine Sammlung antiquierter Bilderbogen nach Haus zu tragen, aus denen unsere Zeit, darin einem umfassenden System getreu, höchstens Ideen für Plakate und Modelle für ihre Modeschöpfer anfertigen würde. Von nun an mußte dieses Etwas, das hinter dieser lastenden Zermalmung vergraben war und die Morgenröte der Nacht gleichmacht, mußte dieses Etwas ans Licht geholt werden und zu etwas *dienen,* mußte gerade durch *meine Kreuzigung* zu etwas dienen.

Damit, das wußte ich, war das Geschick meines Körpers unwiderruflich verknüpft. Ich war auf alle Brandmale gefaßt und wartete darauf, daß die Verbrennung ihren Anfang nehme, ein Feuer vor Augen, das bald überall sein wird.

Brief an Henri Parisot

Rodez, den 7. September 1945

Mein lieber Henri Parisot,
ich habe Ihnen vor mindestens 3 Wochen zwei Briefe geschrieben, um Ihnen zu sagen, Sie sollten die Reise ins Land der Tarahumaras *veröffentlichen, aber noch einen Brief anstelle der* Ergänzung zur Reise *aufnehmen, wo ich Idiot gesagt habe, ich hätte mich zu Jesus Christus bekehrt, während ich Christus doch immer am allermeisten verabscheut habe und diese Bekehrung nur das Ergebnis einer grauenhaften Behexung gewesen ist, die bewirkt hat, daß ich mein eignes Wesen vergessen und hier in Rodez unter dem Vorwand der Kommunion eine grauenhafte Menge Hostien geschluckt habe, die mich möglichst lange oder gar für immer in einem Sein festhalten sollten, das nicht mein eignes ist. Dieses Sein besteht darin, daß man sich im Geist in den Himmel erhebt, statt leibhaftig immer tiefer in die Hölle hinabzufahren, das heißt ins Geschlecht, die Triebkraft allen Lebens. Wo doch das, was Christus darstellt, das Sein ins Empyreum der Wolken und Gase entrückt, worin es sich seit unvordenklichen Zeiten auflöst. Die Himmelfahrt besagten Jesu Christi vor 2000 Jahren ist nichts weiter gewesen als der Aufstieg in einer unendlichen Vertikalen, wobei er eines Tages den Geist aufgegeben hat und den Menschen alles, was von ihm stammt, als Grundlage jeder Libido wieder ins Geschlecht geraten ist. Vom Schlage dieses Jesus Christus soll es noch einen andern geben, der aber, weil ihm der Mensch zu gering war, nie auf die Erde herabgekommen, sondern als sogenannte Immanenz Gottes in den Abgründen des Unendlichen geblieben ist und angeblich wie ein über sich selbst meditierender Buddha hartnäckig wartet, bis das* Sein *so vollkommen ist, daß er her-*

unterkommen und sich in ihm einrichten kann, die gemeine Finte eines Feiglings und faulen Sackes also, der offenbar das Sein, das ganze Sein nicht auf sich hat nehmen wollen, sondern die Absicht gehabt hat, es einem andern aufzubürden, um diesen andern dann daraus zu vertreiben, diesen Schmerzensmann, und ihn in die Hölle zurückzuschicken, sobald er in den Halluzinationen seines Leidens das Sein SEINES *Schmerzes in ein Paradies verwandelt und alles schön zurechtgemacht hat für diesen faulen, niederträchtigen Aasfresser namens Gott und Jesus Christus. Ich bin einer dieser Schmerzensmänner, ich bin der Erste dieser Schmerzenreichen, in den Gott herunterfahren möchte, wenn ich tot bin, aber ich habe 3 Töchter, das sind 3 weitere, und ich wünsche Ihnen, Herr Henri Parisot, daß Sie auch einer sind, im Geist, denn neben Gott und Christus gibt es Engel, die dasselbe im Schilde führen und sich seit eh und je das Bewußtsein all derer aneignen wollen, die geboren sind, denn sie halten sich für etwas lediglich Angeborenes. – Womit ich Ihnen sagen möchte, daß ich bei den Tarahumaras nicht Jesus Christus gesucht habe, sondern mich selbst, mich, Herrn Antonin Artaud, geboren den 4. September 1896 in Marseille, rue du Jardin des Plantes Nr. 4, aus einer Gebärmutter, in der ich nichts zu schaffen hatte und mit der ich schon vorher nie etwas zu schaffen hatte, denn es gehört sich schließlich nicht, geboren zu werden, indem man kopuliert und 9 Monate lang durchs Häutchen, durchs glitzernde Häutchen, das ohne Zähne verschlingt, wie die* UPANISCHADEN *sagen, masturbiert wird, und ich weiß, daß ich anders geboren wurde, durch meine Werke, und nicht von einer Mutter, doch die* MUTTER *hat mich haben wollen, und Sie sehen an meinem Leben, was daraus geworden ist. – Ich bin nur aus meinem Schmerz geboren worden, könnten Sie das doch auch, Herr Henri Parisot. Und diesen Schmerz hat die Gebärmutter offenbar für gut befunden, 49 Jahre sind es nun her, denn sie hat ihn unter dem Vorwand der Mutterschaft für sich haben und sich um ihrer selbst willen von ihm ernähren wollen. Und dieser Jesus Christus ist dieser von einer Mutter Geborene der mich auch für sich hat haben wollen und das lang vor der Zeit und der Welt und ich bin nur ins mexikanische Hochgebirge gegangen um Jesus Christus loszuwerden wie ich eines Tages nach Tibet zu gehen gedenke um mich Gottes und seines heiligen Geistes zu entleeren. Werden Sie mir dahin folgen? Veröffentlichen Sie diesen Brief anstelle der* Ergänzung *und schicken Sie mir, bitte, die* Ergänzung *zurück.*

Mit herzlichen Grüßen Antonin Artaud

Tutuguri

Tutuguri

Zum äußeren Glanz der Sonne geschaffen, ist *Tutuguri* ein schwarzer Ritus.
Der Ritus der schwarzen Nacht und des *ewigen* Todes der Sonne.
Nein, die Sonne wird nicht mehr wiederkehren,
und die sechs Kreuze des Kreises, den das Gestirn durchqueren muß, sind in Wirklichkeit nur da, um ihm den Weg zu versperren.
Denn man weiß kaum, man weiß hier in Europa überhaupt nicht, was für ein schwarzes Zeichen das Kreuz ist,
weiß kaum um »*des Kreuzes Speichelkraft*«, und was für ein Speichelfluß über die Worte des Denkens das Kreuz ist.
In Mexiko gehören Kreuz und Sonne zusammen, und die hüpfende Sonne ist dieser gewundene Satz, der sechs Takte braucht, um ans Licht zu kommen,
das Kreuz ist ein gemeines Zeichen, die Materie muß es verbrennen,
warum gemein,
weil die Zunge, die sein Zeichen einspeichelt, gemein ist,
und warum speichelt sie sein Zeichen ein?
Um es zu salben.
Kein heiliges, geweihtes Zeichen, das nicht gesalbt wäre.
Ist aber die Zunge, wenn sie es salbt, nicht selber spitz?
Versetzt sie sich nicht zwischen die vier Himmelsrichtungen?
Also muß die Sonne, wenn sie erscheint, über die sechs Punkte des gemeinen Satzes springen, den es zu retten gilt, und wird aus ihm eine Art Übertragung auf der Ebene des Blitzes machen.
Denn die Sonne erscheint wirklich auf gleicher Höhe mit den Kreuzen, aber wie ein blitzender Ball,

von dem man weiß, daß er nicht verzeihen wird?
Daß er was nicht verzeihen wird?
Die Sünde des Menschen und des Dorfes ringsum,
und deshalb sieht man, wie sich ein paar Wochen vor dem Ritus die ganze Rasse der Tarahumaras reinigt, saubere weiße Gewänder anzieht und sich wäscht.
Und schließlich bricht der Tag des Ritus und der blitzenden Erscheinung an.
Da werden sechs Männer in ihren weißen Gewändern flach auf den Boden gelegt, sechs Männer, die als die reinsten des Stammes gelten.
Und jeder, so glaubt man, ist ein Kreuz geworden.
Eins dieser Kreuze aus zwei Balken, die mit einem schmutzigen Strick zusammengebunden sind.
Und ein siebenter Mann steht aufrecht, ein Kreuz auf die Lenden gebunden, in den Händen ein sonderbares, aus Holzlamellen verschiedener Länge zusammengesetztes Musikinstrument
mit einem Klang zwischen Glocke und Kanone.
Und an einem bestimmten Tag, im Morgengrauen, beginnt der siebente Tutuguri den Tanz, schlägt mit einem tiefschwarzen Roheisenschlegel auf eine Lamelle.
Dann sieht man die Männer der Kreuze, wie aus dem Boden geschossen, im Kreis vorwärtshüpfen, und jeder muß sich siebenmal um sein Kreuz drehen, ohne den großen Kreis zu sprengen.
Ich weiß nicht, ist es, weil Wind aufkommt,
oder kommt Wind aus dieser Musik von einst, die heute noch fortlebt,
doch man fühlt sich wie von einem Nachthauch gepeitscht, von einem Atem, der aus den Grüften einer getilgten Menschheit steigt, die hier ihr Antlitz enthüllt,
ein bemaltes Antlitz,
ein grinsendes Gesicht ohne Erbarmen.
Ohne Erbarmen, weil die Gerechtigkeit, die es bringt, nicht von dieser Welt ist.
Sei rein und keusch,

scheint es zu sagen.
Sei auch unberührt.
Oder ich öffne dir meine Hölle.
Und die Hölle öffnet sich auch.
Das Hackbrett des siebenten Tutuguri wird von einem schrecklichen Reißen geschüttelt: es ist der Krater eines Vulkans auf dem Höhepunkt seines Ausbruchs.
Die Lamellen scheinen zu splittern unter den Klängen wie ein von der Axt eines phantastischen Holzfällers zerschmetterter Wald.
Und plötzlich tritt das Erwartete ein:
fliederfarbene Schwefeldämpfe steigen geballt aus einem Punkt des Kreises auf,
den die sechs Männer
gezogen haben,
den die sechs Kreuze
umschlossen haben,
und unter den Dämpfen hat sich
plötzlich
eine Flamme, eine Riesenflamme entzündet,
und diese Riesenflamme *kocht.*
Sie kocht mit unerhörtem Tosen. Ihr Inneres schwillt an von Gestirnen, von weißglühenden Korpuskeln; als wenn die Sonne bei ihrem Aufzug ein Himmelssystem mit sich führte.
Und jetzt hat die Sonne Aufstellung genommen.
Sie hat in der Mitte des Himmelssystems Gestalt angenommen. Sie hat sich mit einem Mal gleichsam ins Zentrum einer kolossalen Explosion gestellt.
Denn die Korpuskeln, blitzend wie Soldaten einer kriegführenden Armee, haben sich aufeinandergestürzt und sind dabei explodiert.
Da ist die Sonne rund geworden. Und man sieht, denn jetzt bricht die Morgendämmerung an, wie ein Feuerball genau in der Achse der natürlichen Sonne aufsteigt und von Kreuz zu Kreuz hüpft.
Die sechs Männer haben die Arme ausgebreitet, nicht so,

daß ein Kreuz entsteht, sondern mit den Händen nach vorn, als wenn sie den Ball auffangen wollten, der jedes eingerammte Kreuz umkreist und sich noch immer verweigert.
Denn das Hackbrett ist ein Wind, es ist gleichsam der Boden eines Windes geworden, auf dem eine Armee ausgezeichnet vorrücken könnte.
Und tatsächlich.
Von dort, wo das Tosen und das Nichts aufeinanderstoßen, denn so groß ist das Tosen,
daß vor ihm
nur das Nichts
eintreten kann,
von dort also lebhaftes Stampfen. Skandierter Rhythmus einer marschierenden Armee oder Galopp eines verstörten Angriffs.
Der Feuerball hat die sechs Kreuze verbrannt; die sechs Männer, wohl ahnend, was kommt, mit vorgestreckten Händen, sind alle sechs
erschöpft, haben Schaum vorm Mund.
Und das Tosen des Galopps wird immer schlimmer.
Und am Horizont der Kreuze wird etwas wie ein scheuendes Pferd sichtbar, das näherkommt,
auf ihm ein nackter Mann,
denn der getrommelte Rhythmus war 7.
Nun gibt es aber nur sechs Kreuze.
Und im hölzernen Hackbrett des siebenten Tutuguri
noch immer ein Vorspiel aus Nichts
noch immer dieses Vorspiel aus Nichts:
dieser hohle Takt,
ein hohler Takt,
etwas wie erschöpfende Leere zwischen den scharfkantigen Holzlamellen,
Nichts, das den Rumpf des Mannes beschwört,
den zerstückelten Körper des Mannes
in der Wut (nein: in der Glut)

der Dinge im Innern.
Da, wo unterhalb des Nichts
das Tosen der großen Glocken im Wind,
der Streit der Schiffskanonen,
das Wogengebell in den Stürmen südlicher Winde
zur Wahl stehn;
kurz, das näherkommende Pferd trägt den Rumpf eines
Mannes,
eines nackten Mannes, der
nicht etwa ein Kreuz schwenkt,
sondern einen Eisenholzstab,
und der von einem gigantischen Hufeisen festgehalten wird,
das seinen ganzen Körper umklammert,
seinen Körper, zerschnitten von einem blutigen Striemen
und das Hufeisen ist da
wie die Kiefer eines Halseisens,
das den Mann gepackt hielte
um den Striemen seines Blutes.

Ivry-sur-Seine, 16. Februar 1948

Drei in »El Nacional« erschienene Texte über die Tarahumaras

Das Land der Heiligen drei Könige

Habe ich nicht schon irgendwo gehört, die Maler der Frührenaissance hätten das Blau ihrer Landschaften und die unermeßlich tiefen Hintergründe, mit denen sie ihre Darstellungen der Geburt Christi schmücken, nicht aus Italien, sondern aus Mexiko?

Im Land der Tarahumaras erweisen sich die unwahrscheinlichsten Legenden als Realität. – Wenn man in dieses Land kommt und Götter auf den Berggipfeln sieht, Götter mit einem verkürzten Arm auf der linken Seite und einem Hohlraum auf der rechten Seite, die sich rechts vornüberneigen, und wenn man sich bückt und unter sich das Getöse eines Wasserfalls anschwellen hört, und über dem Wasserfall den Wind, der von Gipfel zu Gipfel jagt; und wenn man höhersteigt, bis man um sich herum einen unermeßlichen Kreis von Gipfeln entdeckt, kann man nicht mehr daran zweifeln, daß man auf einen jener neuralgischen Punkte der Erde gestoßen ist, wo das Leben seine ersten Wirkungen gezeigt hat.

Die italienischen Maler der Frührenaissance waren in eine geheime Wissenschaft eingeweiht, die die moderne Wissenschaft noch nicht in vollem Umfang wiederentdeckt hat, und zu dieser Wissenschaft gehörte in großen Epochen auch die Kunst.

Das Blau der tiefen Hintergründe im mexikanischen Hochgebirge ruft nach Ideen und klaren Formen, es legt dem Geist gleichsam die Erinnerung an eine Wissenschaft nahe, die mit dem Auftreten der Heiligen Drei Könige zusammenhängt!!!!

Piero della Francesca, Lucas van Leyden, Fra Angelico, Piero di Cosimo und Mantegna haben nicht etwa aus Religiosität soviele Darstellungen der Geburt Christi gemalt. Sondern weil sie sich der Tradition gemäß mit dem Wesentlichen befaßten, weil sie auf der Suche waren nach den Geheimnissen des Lebens, und dank dieser natürlichen Besessenheit großer Geister vom Wie und Warum der Prinzipien und ursprünglichen Explosionen der Natur, die in der *heidnischen Weihnachtsgeschichte* Ausdruck gefunden haben.

Wenn sich später die Religion dieser Prinzipien bemächtigt hat und die Völker so schwach gewesen sind, sich von den Prinzipien abzuwenden und die Religion anzuhimmeln, so spricht das gegen die stumpfsinnigen, fanatisierten Völker, aber es spricht nicht gegen die Prinzipien. – Im Tarahumaragebirge ist alles Ausdruck des Wesentlichen, das heißt der Prinzipien, nach denen die Natur entstanden ist; und alles lebt nur um dieser Prinzipien willen: die Menschen, die Gewitter, der Wind, die Stille, die Sonne.

Wir sind weit entfernt von der kriegslüsternen, zivilisierten Gegenwart der modernen Welt, die nicht kriegslüstern, obwohl zivilisiert ist, sondern kriegslüstern, *weil zivilisiert:* das ist die Meinung der Tarahumaras. Und ihre Legenden oder vielmehr *ihre Überlieferungen* berichten (denn es gibt bei ihnen keine Legenden, also Ammenmärchen, sondern Überlieferungen, die vielleicht unwahrscheinlich sind, deren Realität die Ermittlungen der Gelehrten aber allmählich erweisen), diese Überlieferungen also berichten, an den Stämmen der Tarahumaras sei eine Menschenrasse vorbeigezogen, die ihnen das Feuer gebracht, drei Meister oder drei Könige gehabt habe und in Richtung des Polarsterns gewandert sei.

Und wie die Wissenschaft ihre Größen hat: Newton, Darwin, Kepler, Lavoisier usw., haben die Kulturen in geistiger und gesellschaftlicher Hinsicht auch ihre Größen: Odin, Rama, Fu-Hi, Lao-Tse, Zoroaster, Konfuzius; und es sieht ganz so aus, als ob hinter der Legende von den Heiligen drei Königen eine Wanderung innerhalb der geographischen Linie der großen Sonnentradition steckt, eine Wanderung überallhin, wo der wissenschaftliche Sonnenkult seine Pyramiden und seine mit mathematischer Genauigkeit ausgerichteten Altäre verbreitet hat, eine Wanderung dreier Kulturbringer, die in eine transzendierende Astronomie eingeweiht waren, deren Gesetze mit denjenigen der Maya-Astronomie Ähnlichkeit hatten.

Wenn man weiß, daß sich der astronomische Sonnenkult auf der ganzen Welt durch Zeichen geäußert hat und daß diese Zeichen die gleichen sind wie diejenigen einer uralten und sehr vollkommenen Wissenschaft, die in der absurden Sprache Europas UNIVERSALE ESOTERIK genannt wird; und von diesen Zeichen: dem Henkelkreuz, dem Hakenkreuz, dem Doppelkreuz, dem großen Kreis mit einem Punkt in der Mitte, den beiden sich gegenüberliegenden Dreiecken, den drei Punkten, den vier Dreiecken in den vier Himmelsrichtungen, den zwölf Tierkreiszeichen usw. usw. wimmelt es im Orient wie in Mexiko auf den Tempeln und in den Handschriften, aber nie habe ich gesehen, daß es *in der Natur* von ihnen wimmelt wie im Innern des Tarahumaragebirges; – wenn man das weiß und wenn man plötzlich in ein Land kommt, das buchstäblich von diesen Zeichen heimgesucht ist, und wenn man sie in den Gebärden und Riten einer Rasse wiederentdeckt, wenn Männer, Frauen und Kinder dieser Rasse sie als Stickerei auf ihren Umhängen tragen, dann ist man so verwirrt, wie wenn man auf den Ursprung eines Mysteriums gestoßen wäre.

Wenn man nun aber noch bedenkt, daß die Sierra Tarahumara die Gegend ist, wo man urtümliche Skelette riesiger Menschen gefunden hat, und daß zur Stunde, wo ich das schreibe, noch immer solche Funde gemacht werden, verlieren viele Legenden ihre märchenhaften Züge und werden Realitäten. – Mit einer Realität, die ihre vielleicht übermenschlichen, aber natürlichen Gesetze besaß, hat die Renaissance des 16. Jahrhunderts gebrochen; und der Humanismus der Renaissance hat den Menschen nicht größer, sondern kleiner gemacht, weil er sich nicht mehr zur Natur erhoben, sondern sie auf sein eigenes Format zurückgeführt hat, und durch die ausschließliche Hochschätzung des Menschlichen ist das Natürliche verlorengegangen.

Damals hat sich die astronomische Erkenntnis der Natur, deren Leben sich um die Sonne dreht, zur Geheimlehre entwickelt; aber die Primitiven von Florenz, Assisi, Como usw. waren in diesen magischen Naturalismus eingeweiht, der überall derselbe ist und dessen Überlieferung unaufhaltsam vom Morgenland zum Abendland wandert.

In ihren Darstellungen der Geburt Christi und der Heiligen drei Könige haben diese Maler ein Mysterium des Lebens zum Ausdruck gebracht, und sie haben es als Söhne einer Zeit zum Ausdruck gebracht, in der die Kunst in erster Linie Dienerin einer Wissenschaft war; das ist auch der Grund, warum ihre Bilder mit den Gefühlsfibern der Seele, zugleich aber mit der tiefen rationalen Einsicht des Geistes gelesen werden können. Eine Farbe, die das Herz entzückt, entspricht einer genauen, wissenschaftlichen Vibration, bei der man wieder auf die Urzahlen stößt.

Nach alledem ist es mir mehr als seltsam vorgekommen, daß das Land, in dem die Überlieferung der Heiligen drei Könige als Feuerbringer in der Gestalt der Felsen, in der Kleidung der Menschen und in ihren sakralen Riten noch lebendig ist, auch das Land ist, dessen Farbgetöse und grandiose Vibration der Natur mit der zwanghaftesten Eindringlichkeit an eine ganze Epoche der Malerei erinnert, deren große Männer von den gleichen Zeichen, den gleichen Formen, den gleichen Einsichten, den gleichen Geheimnissen besessen waren.

Die Natur hat die Tänzer in ihrem Kreis hervorgebracht, wie sie den Mais in seinem Kreis hervorbringt und die Zeichen in den Wäldern.

Eine Urrasse

Bei den Tarahumaras betritt man eine ungeheuer anachronistische Welt, die eine Herausforderung für unsere Zeit darstellt. Ich möchte aber sagen, daß da unsere Zeit Pech hat und nicht die Tarahumaras. Die Tarahumaras bezeichnen, fühlen, betrachten sich, um einen heute völlig ungebräuchlichen Ausdruck zu verwenden, als Urrasse und stellen das in jeder Hinsicht unter Beweis. Eine Urrasse, heutzutage weiß kein Mensch mehr, was das ist, und wenn ich die Tarahumaras nicht gesehen hätte, wäre ich vielleicht der Meinung, hinter diesem Ausdruck sei ein Mythos verborgen. Doch in der Sierra Tarahumara werden viele der uralten großen Mythen wieder Gegenwart.

Die Tarahumaras glauben nicht an Gott, und es gibt das Wort »Gott« gar nicht in ihrer Sprache; aber sie verehren ein transzendentes Prinzip der Natur, welches männlich und weiblich ist, *wie es sich gehört*. Und dieses Prinzip tragen sie wie initiierte Pharaonen auf dem Kopf. Ja, diese Art Binde mit zwei Spitzen, die sie sich ums Haar schlingen, will besagen, daß sie das Bewußtsein einer erhabenen natürlichen Zuchtwahl noch im Blut haben; daß sie sich, und zwar zu Recht, als Rasse fühlen, die den männlichen und weiblichen Urkräften verbunden ist, mit denen die Natur gearbeitet hat.

So tragen auch die in die echten Überlieferungen ihrer Vorfahren initiierten Chinesen zwei Zöpfe im Rücken. Und auch die Steinskulpturen von Moses haben zwei Hörner, unter denen sich die Stirn vorwölbt, eins für das Männliche, rechts, das andere für das Weibliche, links; und manche Tarahumaras tragen ihr Haar sogar zurückgestrichen, wie Hörner. Und man wird dabei nicht nur an die Skulpturen von Moses, sondern auch an gewisse Masken der Mayas oder Totonaken erinnert, die auf der Stirn zwei

Spitzen oder zwei Löcher haben, aber in vertikaler Richtung, gleichsam ein Anklang an ein versteinertes Augenfenstersystem.

Viele Tarahumara-Indianer behaupten, weil sie entweder nichts sagen wollen oder weil sie vergessen haben, was das bedeutete, diese Anordnung sei zufällig, und die Binde sei dazu da, das Haar festzuhalten. Doch ich habe Tarahumaras gesehen, deren Stirnbinde so genäht war, daß die Spitzen herunterhingen; ich habe vor allem gesehen, wie die Peyotl-Priester im Augenblick, wo sie diesen seinem Wesen nach männlichen und weiblichen Ritus vollzogen, ihren europäischen Hut zu Boden warfen und die Binde mit den zwei Spitzen wieder anlegten; wie wenn sie durch diese Gebärde hätten bedeuten wollen, daß sie den Kreis der Natur mit den magnetischen Polen betraten.

Diese Rasse hat unbestreitbar eine Initiation erfahren: wer den Kräften der Natur nah ist, teilt ihre Geheimnisse. Diese Initiation ist aber gewissermaßen zweischneidig. Denn daß die Tarahumaras körperlich so kräftig sind wie die Natur, ist nicht mit ihrer im materiellen Sinn naturnahen Lebensweise zu erklären, sondern damit, daß sie aus demselben Stoff gemacht sind wie die Natur und daß sie, wie alle echten Offenbarungen der Natur, aus einer Urmischung hervorgegangen sind.

Es ist sozusagen das Unbewußte in der Natur, das bei ihnen nicht nur die Abnutzung durch Strapazen, sondern auch die natürlichen Entartungen eines erhabenen Prinzipes ausgleicht, mit denen sie alle auftretenden Schwächen begründen. Ihre Initiation stellen sie einerseits durch die Zeichen unter Beweis, die sie wie besessen an Bäume und Felsen verschwenden, andererseits macht sie sich in ihren körperlichen Leistungen geltend, in ihrer bewundernswürdigen Widerstandskraft gegen Strapazen, in ihrer Verachtung des körperlichen Schmerzes, des Leidens, der Krankheiten.

Man hat unrecht, wenn man behauptet, die Tarahumaras hätten keine Kultur, damit beschränkt man Kultur auf rein körperliche Bequemlichkeiten, auf materielle Annehmlichkeiten, die die Rasse der Tarahumaras von jeher verachtet hat.

Die Tarahumaras, die nicht wissen, wie Metalle verarbeitet werden, die immer noch mit Spießen und Pfeilen umgehen, die mit behauenen Baumstrünken pflügen, die in Kleidern auf dem Boden schlafen, haben nämlich einen überaus hohen Begriff von der philosophischen Triebkraft der Natur. Und sie fassen die Geheimnisse dieser Triebkraft in die Vorstellung der Urzahlen, genau wie Pythagoras. Im Grunde verachten die Tarahumaras das Leben ihres Körpers und leben nur kraft ihrer Ideen; ich meine, in einem fortwährenden, gewissermaßen magischen Austausch mit dem höheren Leben dieser Ideen.

Vor jedem Tarahumara-Dorf steht ein Kreuz, das von Kreuzen in den vier Himmelsrichtungen des Gebirges umgeben ist. Es handelt sich nicht um das Kreuz Christi, das katholische Kreuz, sondern um das Kreuz des im Raum gevierteilten Menschen, des Menschen, der mit ausgebreiteten Armen unsichtbar an die vier Himmelsrichtungen genagelt ist. Damit bringen die Tarahumaras eine wirksame geometrische Weltanschauung zum Ausdruck, die mit der Gestalt des Menschen selbst verbunden ist.

Das heißt: Hier ist der geometrische Raum lebendig, er hat das Beste hervorgebracht, nämlich den Menschen.

Der Stein, den jeder Tarahumara bei Todesstrafe zu Füßen des Kreuzes, an dem er vorbeigeht, niederlegen muß, ist kein Aberglaube, sondern ein Bewußtwerden.

Das heißt: Versieh die Stelle mit einem Zeichen. Leg dir Rechenschaft ab. Mach dir die Kräfte des Lebens in seiner Widersprüchlichkeit bewußt, denn ohne dieses Bewußtsein bist du tot.

Die Tarahumaras fürchten aber nicht den Tod des Körpers; der Körper, sagen sie, ist geschaffen, um zu verschwinden; was sie fürchten, ist der geistige Tod, und sie fürchten ihn nicht im katholischen Sinn, obwohl die Jesuiten da vorbeigekommen sind.

Es gibt bei den Tarahumara-Indianern auch die Tradition der Seelenwanderung, und sie fürchten nichts so sehr wie den Sturz ihres Doubles im Jenseits. Sich nicht bewußt machen, was sein Double darstellt, bedeutet, daß man Gefahr läuft, es zu verlieren. Bedeutet, daß jenseits des physikalischen Raumes eine Art abstrakter Sturz droht, ein Umherirren des entkörperlichten menschlichen Prinzips in den erhabenen Bereichen der Planeten.

Das Böse ist ihnen zufolge nicht die Sünde. Für die Tarahumaras gibt es keine Sünde: das Böse ist der Verlust des Bewußtseins. Denn die tiefen philosophischen Probleme zählen für die Tarahumaras mehr als die Gebote unserer abendländischen Moralität.

Die Tarahumaras sind von der Philosophie besessen; sie sind von ihr so besessen, daß es an physiologische Behexung grenzt; es gibt bei ihnen keine Gebärde, die umsonst ist; keine Gebärde, die nicht einen unmittelbaren philosophischen Sinn hat. Die Tarahumaras werden genau so Philosophen, wie ein kleiner Junge groß wird und zum Mann heranwächst; sie sind geborene Philosophen.

Und die Binde mit den beiden Spitzen im Rücken bedeutet, daß ihre Rasse ursprünglich männlich und weiblich ist, doch diese Binde hat noch einen andern Sinn: einen augenscheinlich historischen Sinn. Die *Puranen* überliefern die Erinnerung an einen Krieg, den sich das Männliche und das Weibliche in der Natur geliefert haben, und die Menschen haben einmal an diesem Krieg teilgenommen, bei dem die Kräfte der beiden gegensätzlichen Prinzipien sich bekämpften. Und die Anhänger des Männlichen in der Natur hißten die weiße Farbe, diejenigen des Weiblichen die rote Farbe; und von diesem esoterischen, heiligen Rot haben die Phönizier, die auf der Seite der weiblichen Rasse waren, die Vorstellung ihres Purpurs abgeleitet und daraus ein Gewerbe entwickelt.

Wenn nun die Rasse der Tarahumaras bald eine weiße und bald eine rote Binde trägt, so will sie damit nicht die Dualität der beiden widersprüchlichen Kräfte bestätigen, sondern bedeuten, daß *innerhalb* der Tarahumara-Rasse das Männliche und das Weibliche in der Natur gleichzeitig vorhanden sind und daß die Tarahumaras aus ihren vereinten Kräften Nutzen ziehen. Kurz, sie tragen ihre Philosophie auf dem Kopf, und diese Philosophie vereinigt das Wirken der beiden feindlichen Kräfte in einem gottähnlichen Gleichgewicht.

Der Ritus der Könige von Atlantis

Am 16. September, dem Tag des mexikanischen Unabhängigkeitsfestes, habe ich in Norogachic, tief in der Sierra Tarahumara, den Ritus der Könige von Atlantis gesehen, den Platon im *Kritias* beschreibt. Platon spricht von einem seltsamen Ritus, den die Könige von Atlantis vollzogen, wenn ihre Rasse in eine verzweifelte Lage geraten war.

Wie mythisch die Existenz von Atlantis auch sein mag, Platon beschreibt die Bewohner von Atlantis als eine Rasse magischen Ursprungs. Bei den Tarahumaras, die meiner Meinung nach die direkten Nachkommen der Bewohner von Atlantis sind, gibt es noch heute diesen Kult magischer Riten.

Wer mir das nicht glaubt, soll in die Sierra Tarahumara gehen: er wird erleben, daß in diesem Land, in dem Gestalt und Schichtung der Felsen etwas Märchenhaftes haben, die Legende Realität wird, und daß für Realität außerhalb dieses Märchenhaften kein Platz ist. Ich weiß, daß das Leben der Indianer dem Geschmack der heutigen Welt nicht entspricht; doch wir können angesichts einer solchen Rasse einen Vergleich ziehen, der zeigt, daß gerade das moderne Leben in gewisser Hinsicht im Rückstand ist, daß also nicht die Tarahumara-Indianer im Rückstand sind in bezug auf die Gegenwart.

Sie wissen, daß jeder Fortschritt, jede Erleichterung, die durch das Vorherrschen einer rein materiellen Zivilisation erreicht wird, auch einen Verlust, einen Rückschritt mit sich bringt.

Man kann also sagen, daß das Problem des Fortschritts sich angesichts jeder authentischen Tradition nicht stellt. Echte Traditionen kennen keinen Fortschritt, weil sie den äußersten Punkt aller Wahrheit darstellen. Und der einzige Fortschritt, der zu verwirklichen ist, besteht darin, daß

Form und Kraft dieser Traditionen bewahrt werden. Die Tarahumaras haben es verstanden, über Jahrhunderte hinweg ihre Vitalität zu bewahren.

Also, um auf Platon und die echten esoterischen Traditionen zurückzukommen, die in seinen Schriften enthalten sind, ich habe im Tarahumara-Gebirge den Ritus dieser sagenhaften, verzweifelten Könige gesehen.

Platon erzählt, daß sich die Könige von Atlantis bei Sonnenuntergang vor einem geopferten Stier versammelten. Und während Diener den Stier in Stücke zerlegten, hoben andere die Stücke auf und gossen das Blut in Schalen. Die Könige tranken dieses Blut und berauschten sich, wobei sie eine Art düstere Melodie sangen, bis am Himmel nichts mehr als der Kopf der sterbenden Sonne und auf der Erde nichts mehr als der Kopf des geopferten Stieres war. Dann streuten die Könige sich Asche aufs Haupt. Ihre düstere Melodie wechselte, und sie bildeten gleichzeitig einen engeren Kreis. Jede Anrufung der Sonne wurde eine Art bitterer Vorwurf, wirkte wie eine öffentliche Buße, wie Gewissensbisse, die die Könige in allseitigem Einverständnis bis zum Augenblick, wo die Nacht voll hereingebrochen war, zum Ausdruck brachten.

So etwa beschreibt Platon diesen Ritus. Die Indianer nun führten kurz vor Sonnenuntergang einen Ochsen auf den Dorfplatz von Norogachic, und nachdem sie ihm die Beine gefesselt hatten, fingen sie an, ihm die Brust aufzuschlitzen. Das frische Blut wurde in großen Krügen aufgefangen. Ich werde das schmerzliche Grinsen des Ochsen, als ihm das Messer eines Indianers die Eingeweide zerfetzte, nicht so bald vergessen. Die *matachines*-Tänzer* versammelten sich vor dem Stier, und als er ganz tot war, begannen sie mit ihren Blumentänzen.

Die Indianer tanzen nämlich zu diesem Gemetzel Blumentänze, Libellentänze, Vogeltänze und Tänze vieler an-

* *Matachines:* Schlächter. Bezeichnung sowohl für den Ritus selbst als auch für diejenigen, die ihn vollziehen. *Anm. d. Übers.*

derer Dinge, und es war wirklich ein seltsamer Anblick, als zwei Indianer auf den toten Stier stiegen, das Blut heraussprudeln ließen und ihn mit Axthieben in Stücke hackten, während die anderen Indianer, als Könige verkleidet und mit einer Spiegelkrone auf dem Kopf, ihre Libellentänze, Vogeltänze, Windtänze, Tänze der Dinge und Blumentänze aufführten.

Am Tanz der *matachines* kann ein ganzes Dorf teilnehmen; aber es gibt in allen Phasen des Tanzes einen König. Und die Könige der *matachines* lösen einander ab. Jeder tanzt seiner Stimmung gemäß.

An diesem Tag gab es nur einen einzigen Musiker; er saß auf dem Boden und spielte Geige. Doch das vollzählige Orchester bestand aus einer Gitarre, einer kleinen Trommel, Glöckchen und Eisenstäben. Die kleine Trommel ist ein Musikinstrument, das im Krieg verwendet wird; ihr Klang hallt von Gipfel zu Gipfel.

Die Könige des Tanzes tragen eine Spiegelkrone, die dreieckige Freimaurerschürze und einen großen rechteckigen Umhang über der Schulter. Sie haben auch besondere Hosen an, die etwas unterhalb der Knie in ein Dreieck auslaufen.

Bei den *matachines* handelt es sich nicht um einen sakralen Ritus, sondern um einen profanen Volkstanz, den die Spanier nach Mexiko gebracht haben, doch die Tarahumaras haben ihn auf indianische Weise umgeformt, er ist von ihrem Geist geprägt. Sogar wenn diese Tänze im Grunde die Bewegung der äußeren Natur nachahmen: den Wind, die Bäume, einen Ameisenhaufen, einen reißenden Fluß, bekommen sie bei den Tarahumaras einen ganz und gar kosmogonischen Sinn, und mir war, als hätte ich es mit Planetenameisen zu tun und sähe ihrem Gewimmel im Takt einer Sphärenmusik zu.

Sie tanzen zum Klang einer kindlichen, raffinierten Musik, die nichts ist für europäische Ohren: man hört scheinbar immer den gleichen, immer im selben Rhythmus skandierten Ton; doch mit der Zeit wecken diese stets identischen Töne und dieser Rhythmus in uns etwas wie eine Erinnerung an einen großen Mythos; sie beschwören das Bewußtsein einer geheimnisvollen, verwickelten Geschichte.

Der Vortänzer verrenkte sich in einem bestimmten Rhythmus, und sein Tanz ahmte die Gangart einer winzigen, torkelnden Ameise nach; der Tänzer sackte zusammen, wand sich mit den unregelmäßigen Bewegungen eines zu stark aufgeblähten Frosches; in der rechten Hand hielt er geschickt einen Flaschenkürbis voller Ringe hartgewordener Raupen, die die Konsistenz von Glas gewonnen hatten, und die linke Hand spielte mit einem Blumenfächer.

Die Musik der Tarahumaras läßt eine sehr beschränkte Anzahl von Rhythmen erkennen, die sich endlos wiederholen. Und jedesmal, wenn der Rhythmus sich ändert, wechselt der Vortänzer seinen Standort, verläßt er den Platz, wo er sich bewegt und verrenkt hat, und umkreist die andern Tänzer.

Diese Tänzer sind in zwei Gruppen aufgeteilt, und jeder einzelne, einer nach dem andern, zeigt dem Vortänzer sein Gesicht. Er zeigt es wie ein gewappneter Ritter mit dem Glanz des in seine Rüstung gehüllten antiken Kriegers, dann dreht er sich wieder in die entgegengesetzte Richtung. Wenn der Vortänzer alle Tänzer umkreist hat, kehrt er stampfend auf seinen Platz zurück. Und eine Phase des Tanzes ist zu Ende. Doch andere schließen sich an, und das Toben nimmt wieder zu und dauert eine ganze Nacht, vom Augenblick, wo die Sonne untergeht, bis zur Morgenröte, ohne daß die Tänzer jemals müde würden.

In einer Reihe stehend und schräg gegen die Wand gelehnt, also nicht mit dem Rücken zur Wand, sondern so, daß bald die linke, bald die rechte Seite sichtbar ist, stoßen ein paar junge Männer ab und zu einen eisigen Schrei aus, der ähnlich klingt wie ein Jagdhorn im Wald, und ihre Stimme erinnert an den schmerzlichen Schrei einer Hyäne, eines kranken Hundes oder eines Hahnes, dem man den Hals umdreht. Sie stoßen diesen Schrei nicht ununterbrochen, sondern in gewissen Abständen aus; er geht von

Mund zu Mund wie eine menschliche Tonleiter, die im Dunkeln etwas von einer Anrufung hat.

So tanzten sie bis zum Sonnenuntergang, und während sie tanzten, sammelten andere Indianer Stück für Stück den Stierkadaver auf, und gerade im Augenblick, als nur noch der Kopf auf dem Boden lag, ging am Himmel der Kopf der Sonne unter. Da hielten die Vortänzer inne, und die andern Tänzer bildeten einen Kreis um sie. Und sie stimmten alle wieder eine Art düstere Melodie an. Eine Melodie der Gewissensbisse, der religiösen Buße, eine geheime Anrufung irgendwelcher dunkler Mächte, irgendeines *Jenseits*, das gegenwärtig war.

Dann gingen sie und ließen sich vor einem großen Feuer nieder, das sich an einer vom vorigen Schauplatz weit entfernten Stelle befand, verborgen und unzugänglich wie die Nacht selbst, denn der zweite Teil des Ritus sollte dartun, daß er geheim war. In diesem Augenblick nun setzte man ihnen die Schalen mit frischem Blut vor. Und der Tanz, der die ganze Nacht dauern sollte, begann von neuem.

Die Stücke des Ochsens waren in vier Schüsseln gesammelt worden, und über den Schüsseln bildeten die Frauen ein großes Kreuz. Alle tranken von dem warmen Blut und hüpften immer und immer wieder wie Frösche herum. Manchmal schliefen alle. Dann stimmte die Geige ihre Melodie an, und der Tanz setzte wieder ein. Und die Männer, die sich ab und zu unter die andern mengten, stießen diesen erstickten Schakalsschrei aus.

Soll man doch halten was man will von dem Vergleich, den ich da ziehe. Da Platon nie in Mexiko war und ihn die Tarahumara-Indianer nie gesehen haben, muß man jedenfalls zugeben, daß die Idee dieses sakralen Ritus aus der gleichen mythischen, prähistorischen Quelle kommt. Und das habe ich hier andeuten wollen.

Ein in »Voilà« erschienener Text

Die Rasse der ausgestorbenen Menschen

Im Norden Mexikos, achtundvierzig Stunden von Mexiko-Stadt entfernt, gibt es eine reinblütige indianische Rasse, die Tarahumaras. Da leben vierzigtausend Menschen in einem Zustand wie vor der Sintflut. Sie stellen eine Herausforderung dar für diese Welt, in der nur soviel von Fortschritt geredet wird, weil man wahrscheinlich keine Hoffnung mehr hat, Fortschritte zu machen.

Diese Rasse, die körperlich degeneriert sein müßte, wehrt sich seit vierhundert Jahren gegen alles, was ihr gefährlich werden könnte: gegen die Zivilisation, die Vermischung mit anderen Rassen, den Krieg, den Winter, die wilden Tiere, die Stürme und den Wald. Im Winter lebt sie, allen medizinischen Theorien zum Trotz, nackt in ihrem vom Schnee blockierten Gebirge. Sie praktiziert den Kommunismus, und zwar aus einem Gefühl spontaner Solidarität heraus.

So unglaublich das scheinen mag, die Tarahumara-Indianer leben, als ob sie schon gestorben wären ... Sie nehmen die Realität nicht wahr und ziehen magische Kräfte aus der Verachtung, die sie der Zivilisation entgegenbringen.

Von irgendeinem Wandertrieb gepackt, kommen sie manchmal in die Städte, um zu sehen, sagen sie, *wie die Menschen sind, die sich getäuscht haben.* In den Städten leben, heißt für sie: sich täuschen.

Sie kommen mit Frau und Kind, über ungangbare Pfade, auf die sich nicht einmal Tiere wagen.

Wenn ich sehe, wie sie unbeirrt ihren Weg entlangziehen, durch Wildbäche, über absackenden Erdboden, durch dichtes Unterholz, über Felstreppen und senkrechte Wände, drängt sich mir der Gedanke auf, daß sie noch über die natürliche Schwerkraft der ersten Menschen verfügen.

*

Auf den ersten Blick ist das Land der Tarahumaras unzugänglich. Kaum ein paar unkenntliche Trampelpfade, die alle zwanzig Meter vom Erdboden verschluckt zu werden scheinen. Wenn man kein roter Mann ist, muß man haltmachen, sobald die Nacht hereingebrochen ist. Denn nur ein roter Mann kann dann noch erkennen, wo man den Fuß hinsetzen darf.

Wenn die Tarahumaras in die Städte herabkommen, betteln sie. Auf eine faszinierende Weise. Sie bleiben vor den Haustüren stehen und zeigen sich mit dem Ausdruck tiefster Verachtung im Profil. Sie sehen aus, als wollten sie sagen: »Du bist reich und bist ein Hund, ich tauge mehr als du, ich spucke auf dich.«

Ob man ihnen etwas gibt oder nicht, sie ziehen sich immer nach der gleichen Zeitspanne zurück. Sie danken nicht, wenn man ihnen etwas gibt. Demjenigen etwas zu geben, der nichts hat, halten sie nämlich nicht nur für eine Pflicht, sondern für ein Gesetz körperlicher Gegenseitigkeit, das die Weiße Welt gebrochen hat. Ihre Haltung scheint auszudrücken: »Indem du dem Gesetz gehorchst, erweist du dir selbst eine Wohltat, ich habe dir also nicht zu danken.«

Mit dem Geld, das sie auf diese Weise erbettelt haben, kaufen sie sich Lebensmittel für den Rückweg, denn im Wald der Tarahumaras wäre Geld sowieso zu nichts gut.

Dieses Gesetz körperlicher Gegenseitigkeit, das wir Barmherzigkeit nennen, ist für die Indianer etwas Selbstverständliches und hat nichts mit Mitleid zu tun. Wer nichts besitzt, weil er eine Mißernte gehabt hat, weil ihm der Mais verbrannt ist, weil ihm sein Vater nichts hinterlassen hat oder aus welchem Grund auch immer, wofür er sich nicht zu rechtfertigen braucht, findet sich bei Sonnenaufgang bei denen ein, die etwas haben. Auf der Stelle bringt ihm die Herrin des Hauses alles, was sie hat. Niemand blickt auf, weder der Gebende noch der Empfangende. Nachdem der Bettler gegessen hat, zieht er weiter, ohne zu danken, ohne jemanden anzusehen.

*

Das ganze Leben der Tarahumaras dreht sich um den erotischen Peyotl-Ritus.

Die Peyotl-Wurzel ist hermaphroditisch. Sie hat bekanntlich die Form eines sowohl männlichen wie weiblichen Geschlechtes. Auf diesem Ritus beruht das ganze Geheimnis dieser wilden Indianer. Seine Kraft wird, wie mir schien, durch eine Raspel symbolisiert, eine Art krummgebogenes, mit Kerben bedecktes Holz, aus welchem die Peyotl-Zauberer mit Stäbchen ganze Nächte lang ein rhythmisches Schnarren hervorlocken. Doch am seltsamsten ist die Art und Weise, wie diese Zauberer auserwählt werden. Eines Tages fühlt sich ein Indianer *berufen*, mit der Raspel umzugehen. Er macht sich auf die Suche nach ihr in einem heiligen Winkel des Gebirges, wo seit Jahrtausenden eine unwahrscheinliche Sammlung von Raspeln ruht, die von anderen Zauberern vergraben worden sind. Sie bestehen aus Holz, dem Holz der warmen Erde, wie sie sagen. Der Tarahumara verbringt dann drei Jahre in dieser Raspelpflanzung, kehrt nach Ablauf des dritten Jahres zurück und ist im Besitz dessen, was das Wesen des Ritus ausmacht.

So lebt dieses seltsame Volk, auf das keine Zivilisation jemals Einfluß haben wird.

John Forester

Ergänzung zur Reise ins Land der Tarahumaras

Das menschliche Bewußtsein ist berechtigt, sich viele Fragen zu stellen, und ich habe mir überall, wo ich gerade war, so manche Frage gestellt bis zu jener äußersten Prüfung, wo es kein Bewußtsein und keine Frage mehr gibt, nur noch eine unbeschreibliche, einzige Flamme, die jedesmal aus dem Geist Gottes hochschießt, wenn Sein Herz wachsam wird.

Denn wer das Geistige in den Dingen mit dem Herzen antreibt, stößt auf einen Punkt, zum Beispiel beim Peyotl der Tarahumaras, wo jede Wahrnehmung sich wie ein Gespinst zum Kreuz entfaltet und zu zerreißen droht, so daß man nicht mehr weiß, ob es aus dem eignen Herzen stammt, dieses Kreuz, oder aus dem Herzen jenes Andern, der dann nicht mehr der Andere, *ein* Anderer ist, sondern DER DORT, der einzige Flammenspender, dessen Zunge den Geschmack am Sprechen durchdringt und sammelt, wenn das Herz, das wie ein Double schlug, seinen SCHÖPFER wiedererkennt!

Wenn es aber weder Gott gibt noch ein Problem, dann gibt es auch kein Herz mehr, das die durchdringende Wahrnehmung wahrnimmt oder zerreißt und *sich selbst* beim Wahrnehmen zum Kreuz zerreißt.

Weil ich in meiner Umgebung so oft gesehen habe, daß die Menschen lügen, lügen in bezug auf das, was uns Idee sein läßt, auf die stumpfsinnige Weigerung, bis zu den Ideen vorzustoßen, habe ich das Bedürfnis gehabt, den Menschen zu verlassen und dorthin zu gehen, wohin ich endlich mit meinem Herzen vorstoßen kann, mit diesem ganzen Herzen, das angesichts meines wachsamen Bewußtseins die Emotionen von Bildern auffängt und ausräumt, welche ihm vom kreisförmigen Absoluten zufließen, und dieses Stromgespinst durchdringt meine Wirbelsäule und wird dann vom Herzen in einem Krampf wie ein Meer zum Sonnengeflecht zurückgeworfen.

Was das Ich ist, weiß ich nicht. Das Bewußtsein? eine grauenhafte Verstoßung des Namenlosen, des ungenügend Verflochtenen, denn das ICH erscheint, wenn das Herz es endlich geknüpft, aus diesem und jenem, gegen dieses und *für* jenes auserwählt, *herausgelöst* hat, durch das ewige Kalkül des Grauens hindurch, dessen sämtliche Nicht-Ichs, Dämonen, mein zukünftiges Wesen anfallen, jenes Wesen, das unablässig vor meinen Augen scheitert, solange Gott mein Herz nicht mit seinem Schlüssel aufgeschlossen hat.

Man sieht Gott, wenn man es wirklich will, und Gott sehen bedeutet, daß man sich nicht zufrieden gibt mit der kleinen Enklave irdischer Empfindungen, die immer nur noch ein bißchen hungriger machen nach einem Ich, das von dieser Welt fortwährend ermordet, und nach einem umfassenden Bewußtsein, das von ihr fortwährend getäuscht wird.

Einst bin ich Gott fern gewesen, aber nie habe ich mich auch meinem eignen Bewußtsein so fern gefühlt, und ich habe eingesehen, daß es weder Bewußtsein noch Sein ohne Gott gibt und daß der Mensch, der meint, er sei noch lebendig, nie mehr in sich zurückkehren kann.

So habe ich, nach Gott strebend, die Tarahumaras wiederentdeckt.

Die erhabenste Idee des menschlichen Bewußtseins und seiner Entsprechungen im Weltall: des Absoluten, der Ewigkeit, des Unendlichen, sie ist noch lebendig in dieser alten indianischen Rasse, die behauptet, sie hätte die Sonne empfangen, um sie denen, die es verdienten, weiterzureichen, und die in den Ciguri-Riten noch über die Organe Zugang hat zu dem Beweis, der unserem von der unreinen Schar der Lebewesen abgestoßenen Wesen die Gewißheit gibt, mit diesem Jenseits der körperlichen Wahrnehmung, wohin das Herz des Göttlichen uns glühend ruft, in Verbindung zu stehen.

Ich weiß nicht, inwieweit alle Einweihungslehren der

Erde, deren einzige Quelle ich kenne, und sie heißt Jesus Christus, die Behauptung aufstellen, Sonnen erkannt zu haben, von der ersten bis zur sechsten, aber man darf wohl sagen, daß die Tarahumaras in Mexiko noch nicht von der ersten abgestiegen sind, denn sie haben in ihrem Innern das feurige Bild dieses Quells bewahrt, den sie den Sohn Gottes nennen. – Eines Tages, berichten die Tutuguri-Priester, ist der große himmlische Heiler erschienen, wie aus den offenen Lippen der Sonne geboren, der Begehrenden, Seines Vaters in der Ewigkeit. Und Er war Selbst diese Sonne und hatte das erste Kreuz in der Hand, und Er klopfte; und andere Sonnenkreuze und Sonnendoubles wurden aus Ihm geboren und entströmten Ihm bei jeder Silbe, die dieser Mund himmlischer Kreuze der Unermeßlichkeit als Lichthostien einprägte.

An die sechsmal klopfte das Lichterkreuz, und die Sonne hüpfte auf in den Räumen. Und die letzte war unvergänglich und rein und wie man sie heute noch sieht über Land und Meer, aber bei der ersten war sogar die Nacht ins Licht zurückgekehrt, denn der Sohn des Begehrenden, der bis zu seinem Vater aufgestiegen war, hatte mit Ihm zusammen seinen Gang in der Ewigkeit wiederaufgenommen.

Das also ist die wahre Geschichte von Jesus Christus, wie sie uns die Lehren des Frühchristentums der Katakomben überliefert haben, und ich habe mich vergewissern wollen, ob die heutigen Tarahumaras hinter der geheiligten Erinnerung an die Riten, die von irgendeinem heidnischen Glauben überdeckt worden sind, denjenigen erkennen würden, der sie erschaffen hat.

Und das wahre Antlitz Christi, der Abdruck, der beim Gang nach Golgatha auf dem Schweißtuch der heiligen Veronika haften blieb, wurde ihnen gezeigt; und nach einer geheimnisvollen Unterredung kamen die Tutuguri-Priester zu mir und sagten, es sei in der Tat sein Antlitz und so sei einst den Ahnen ihrer Väter der Sohn Gottes erschienen.

Und dieser Heiler aus dem Unendlichen hatte ihnen auf

seinen Fahrten eine Pflanze gegeben, um der in Versuchung geführten und ermatteten Seele die Pforten der Ewigkeit wieder aufzutun. Und diese Pflanze ist CIGURI.

Denn die Seele geht vom Tag zur Nacht, wie die Erde; nur die Sonne geht von Licht zu Licht; für sie gibt es einzig den Tag, und die Nacht ist ihr immer fern. Doch wer sagt nachts, es gebe keine Sonne? Wer sagt, wenn Wolken den Himmel bedecken, eine Sonne hätte sie nie überragt? Gerade das aber sagen die Menschen heute von jemandem, den ich so wirklich gesehen habe, wie ich die Sonne sehe; und auch an Regentagen zweifle ich nicht daran! Diesen Jemand haben alle, die ich auf dieser Erde liebe, mit mir herbeigesehnt und vermißt; und sie und ich, wir haben ein Unermeßliches rotiert* wie in der verlorenen Spur eines Gestirns, bis dieses Gestirn vor dem menschlichen Auge zerplatzt ist und wir zuletzt gesehen haben, wie es zerplatzte. Und wer von meinen Freunden und Brüdern gesehen hat, wie diese Sonne zerplatzt ist, wird sich schließlich auch daran erinnern und es bezeugen, und was für ein schöner Tag wird das sein! Die andern aber werden so tierisch geworden sein, daß sie die Wahrheit nicht mehr verdunkeln können.

– Es geschieht manchmal, daß die Nacht unheilvoll über der Seele heraufzieht, so daß diese, von Versuchungen überwältigt und ermattet, nicht mehr recht weiß, woher sie stammt: von oben oder von unten, aus dem Licht oder aus der Finsternis. Dann greift der von Jesus Christus verliehene Peyotl ein. Er stellt sich schützend vor die Seele und richtet sie, die vom Geist in der Höhe abstammt, wieder auf im ewigen Licht, und während er sie in diesem Oben festhält, lehrt er sie, inwiefern sie sich von dieser unergründlichen Energie unterscheidet, die gleichsam das unendlich Vielfache ihrer eigenen Fähigkeiten ist und dort beginnt,

* *avons tourné un incommensurable.* Möglicherweise hat hier Artaud ein Wort vergessen, z. B. *avons tourné un temps incommensurable,* haben unermeßlich lange rotiert. *Anm. d. Übers.*

wo wir, Myriaden sogenannter Wesen, erlöschen und enden.

– Wie hoch ich auch gestiegen bin in der Finsternis des Geistes, ich bin mir nicht immer bewußt, daß ich mich aus eindeutigen Gründen für dieses oder jenes entschieden habe. – Zwischen dem Ich und dem Nicht-Ich herrscht ein Krieg, den die Jahrhunderte bis heute noch nicht geschlichtet haben. Der Trug, der mir zuwider ist, setzt sich offenbar nicht selten mit einer Kraft in meinem Bewußtsein fest, die viel verführerischer ist als das Wirkliche. – Weil ich die Versuchung vor mir habe: die Versuchung, das oder jenes zu sein, so oder so, dieser oder jener. – Deshalb habe ich im Vorbewußten meines Willens und meiner Handlungen immer diesen grauenhaften Kampf gegen das geführt, was nicht ich war. – Was mir aber sagen wird, wie ich dazu gekommen bin, mich für mein Bewußtsein zu entscheiden. Der Mensch lebt das Gute und das Böse, als würde eine Kraft sie ihm aufzwingen, aber er ist nie am Quell, beim Spender jener namenlosen Triebkräfte gewesen, die sein Urteil und seine Vorlieben begründen. Wenn er das Gute tut, ist es seiner Meinung nach besser, beruhigend und bei weitem vorzuziehen, aber wenn er das Böse tut oder einen Augenblick daran denkt, fragt er sich, ob nicht zufällig das Böse das Bessere sei und warum er das Gute, denn diese Gründe sind aus seinem vom Bösen verfinsterten Bewußtsein verschwunden, als gut und das Böse als böse aufgefaßt habe, während doch Gott, der nur gerade so weit weg ist, daß der Mensch sich anmaßen kann, sich für lebendig zu halten, es ihm ununterbrochen sagt. Aber auf Gott hat er nie hören wollen.

– Wenn der Mensch sich auf diese Weise bejaht, ohne auf Gott begierig zu sein und ohne Problem, ist er nur noch dieser träge, Überdruß und Wahnsinn erzeugende Automat, der von allem Bewußtsein verlassen und vor dem die noch reine Seele geflohen ist, weil sie fühlt, daß der Augenblick hereinbricht, wo dieser Automat mit dem Tier niederkommt, dem Tier, einem obszönen Dämon.

Ich habe also gemerkt, daß ich gegen den Strom schwimmen und mich im Vorbewußten ausweiten müsse bis zu dem Punkt, wo ich meine Entwicklung und mein *Begehren* spürte. Und das habe ich durch den Peyotl erreicht. – Mit seiner Hilfe habe ich gesehen, daß ich das, was ich bin, vor meiner Geburt habe verteidigen müssen, und daß mein Ich nur die Folge des Kampfes ist, den ich im Allerhöchsten gegen den Trug der bösen Ideen geführt habe.

Und die Menschen können lange herunterleiern, die Dinge seien nun einmal so, und weiter gebe es nichts zu suchen, ich, ich sehe, daß sie den Boden unter den Füßen verloren haben und schon lange *nicht mehr wissen, was sie sagen,* denn wo sie die Zustände her haben, durch die sie sich über dem Strom der Ideen halten und in denen man Wörter gebraucht, um zu sprechen, das wissen sie längst nicht mehr.

Ihre Denker nämlich sind seit Jahrhunderten genau wie sie selber vor jenem ehrenvollen Einsatz abgedankt, der darin besteht, daß man sich sein Bewußtsein verdient, sofern man weiß, *wo* man es sich erwerben muß.

– Nur wenn ich träume, gehört das Unbewußte zu mir, aber was es mir zeigt, was keinen Fortgang nimmt, ist es eine Form, die zum Entstehen bestimmt ist, oder etwas Unsauberes, das ich verworfen habe?

Das Unterbewußte ist dasjenige, was aus den Voraussetzungen meines inneren Willens dünstet, aber ich weiß nicht so recht, was da eigentlich herrscht, und ich bin wirklich der Meinung, daß nicht ich es bin, der in mir denkt, sondern, ich weiß nicht warum, der Strom widriger Willenskräfte, der nie etwas anderes im Sinn gehabt hat auf der Welt, nie eine andre Idee, als in meinem Körper und in meinem Ich meinen eignen Platz einzunehmen.

Doch im Vorbewußten, wo ihre Versuchungen mir hart zusetzen, sehe ich sie alle wieder, diese bösen Willenskräfte, aber nun bin ich ganz mit Bewußtsein bewaffnet, und sie sollen nur auf mich einströmen, was tut's, denn jetzt habe ich das Gefühl, da zu sein.

Im Vorbewußten wird mich der Peyotl festhalten, und ich werde über die menschlichen Verhältnisse hinaus erfahren, wo sich mein Wille gebildet hat und was für eine Kraft das ist, mit der er sich wieder auf die Seite geschlagen hat, wo das Gute ruft, gegen das Böse, das hinter ihm her war.

Das Gute und das Böse, sagen die Ciguri-Priester, wie später auch die christlichen Mystiker wieder gesagt haben, allerdings nicht mehr auf Grund von Empfindungen und Visionen, sondern indem sie durch ihr Martyrium und erlittene Wunden den Beweis dafür erbrachten, das Gute und das Böse sind nicht zwei feindliche Gespinste und zwei Prinzipien, das Gute ist das, was existiert, und das Böse das, was nicht existiert, was nicht leben, was enden wird. Das Ich des Menschen wird nicht immer daran glauben. Doch dieses Wissen muß es sich erwerben.

Und es sieht ganz so aus, als ob der Peyotl-Tanz ursprünglich, als sentenzenreicher Ritus, wie ihn die Pflanze lehrte, welche dem Menschen von Jesus Christus verliehen wurde, den Menschen anspornen sollte, sich Bewußtsein zu erwerben. Denn ohne Hilfe kann er sich nicht dazu entschließen.

Es sind jahrtausendelange Prüfungen notwendig gewesen, bis die Seele erkannt hat, was sie bejahte und was sie ablehnte in dieser Brandung überhangender Begierden, in der das Bewußtsein über jedem Antlitz der Reinheit oder der Sünde fortwährend büßt und geboren wird.

Ich lebe, ich bin geboren worden mit der unbegrenzbaren Versuchung des Seins: was werde ich sein, woher stamme ich, wohin werde ich gehen, und wie? Und ich weiß nicht, ob ich bei meinem Tod genug gewählt, gekämpft, zurückgestoßen habe. – Doch warum müssen sich in alle meine Aufschwünge ins ganz Jenseitige, Offene, Fruchtbare immer wieder diese berechnende Infamie, diese Einflüsterungen einer gemeinen Erotik mischen?

Werde ich denn die Dinge nie mehr im Licht der Keuschheit sehen, in dem sie geboren sind? Warum geht mit meiner reinen Versuchung, zu sein und zu leben, dieser schmutzige Drang überein, nur kraft der Sünde und in ihr zu sein?

Der heutige Mensch ist schmutzig und unrein. Er stellt das Gemeine und das Erhabene, die Erotik und die Poesie auf ein und dieselbe Ebene.

Eines Tages habe ich beschlossen, mich von diesem abscheulichen Zwang zu befreien, der nicht von mir stammte, das spürte ich genau, sondern mir durch das höllische Bündnis der Wesen aufgezwungen worden war, die das Bewußtsein mit Beschlag belegt und befleckt haben und auch die Realität durcheinanderbringen.

Und ich habe im mexikanischen Gebirge über alle menschlichen Prüfungen hinweg die Flammen eines großen blutenden Herzens leuchten sehen. – Als ich da hochstieg, habe ich erlebt, gleichsam vom Arm des Meeres gepackt, wie ich aus der hinfälligen Konformität der Dinge ausgestoßen und endlich als ich selbst, ich selbst in der Wahrheit des Wesentlichen *entfaltet* war.

Hinter Ciguri ist die Vollendung, die Überfülle, die Überfülle des Gestilltseins.

Doch in der Tiefe Ciguris und in diesem Flammenherzen eine Gestalt, die unverkennbar JESUS CHRISTUS war: Wahrnehmung des ganz und gar Unwandelbaren, des Kreuzes schlechthin, reglos in seiner Unvergänglichkeit, in den Himmelsrichtungen aller Sättigung.

Mit JESUS CHRISTUS – DEM PEYOTL habe ich den menschlichen Körper *gehört*, Milz, Leber, Lungen, Hirn, Donnerschläge in den vier Enden des göttlichen Unendlichen. – Und welche außerordentliche Notwendigkeit aus ihrer organischen Anordnung sprach.

Doch als ich mich innerlich wieder in der Form meiner Glieder niedergelassen hatte, da habe ich das Kreuz von Golgatha wie zerfetzte, blutige Organe aufragen sehen, und die Kräfte gerade dieses Blutes, seines Blutes haben es dem menschlichen Bewußtsein ermöglicht, die Untiefen der Ewigkeit zu bewohnen.

Und dieses Kreuz hat mir das menschliche Bewußtsein erhellt. Und ich habe kraft Ciguri gesehen, wie sich die Urbilder des Kreuzes in allen möglichen Zuständen und Formen aufblähten bis zu einem schrecklichen Beben, in dem die Seele des Menschen im selben Augenblick in vier Stücke gehauen wird, in dem es ihr aufgeht, daß sie in dieses Dunkel mit dem Antlitz der Sünde fallen wird. – Sich im Bewußtsein aufhalten bedeutet nämlich, sich oberhalb der Sünde aufhalten. – Und nur das heißt zu Recht Bewußtsein, was nie aus den Untiefen der Ewigkeit herausgetreten ist. – Außerhalb von ihr wird das menschliche Wesen scheitern, und zwar derart, daß es sich noch für lebendig hält, wenn die Seher sehen, daß es bereits erlöst ist.

Mit Ciguri-Jesus Christus habe ich, in hohe Wolken tauchend, alles gesehen, was Bewußtsein und Sein ist, und darunter, im Nichtseienden, dieses Bild, mit dem das heruntergekommene Bewußtsein des Menschen die Sexualität abzuformen glaubte. – Sie ist nämlich die Sünde. – Und an sie rühren, heißt, dem Sein verlorengehen und im Wesenlosen versinken.

So hat meine Peyotl-Erfahrung mich aus dem Wesenlosen zurückgeholt, und nachdem einmal das Kreuz des Krampfes überwunden war, in dem mein Herz zerplatzt ist und sich gewandelt hat, bin ich hinter die Dinge gelangt, dorthin, wo das Jungfräuliche des Ewigen mich geschlagen und dann zurückgeschleudert hat, und ich bin mit einem Geist auf die Erde zurückgekehrt, der gleichsam vom Blitz getroffen war.

Ich hatte nichts von Gott berührt, gewiß, denn man erreicht das Göttliche nicht mittels experimental-physikalischer Beweise, aber ich hatte eins der wesentlichen Gebote verstanden, denen zufolge seine Kraft sich überträgt und dadurch den Inhalt des Seins geregelt hat, und es ist sein Inhalt in Reinheit.

Keusch sein oder zugrundegehen, das ist mir bei den Tarahumaras im Gebirge aufgegangen, aber das Böse hatte bewirkt, daß sie selbst es vergessen hatten.

Und dieses Gebot gilt nicht nur für mich persönlich, sondern von allem Anfang an und auf immer für sämtliche

Menschen. Und ich weiß, daß man es wieder beachten wird und daß es von nun an nicht mehr verschwinden kann. – Und daß der Mensch, bevor er von der Erde verschwindet, Blut schwitzen wird wegen dieses Gebotes.

Was Gott angeht, seine umfassende, strenge Erhabenheit, die nichts auf der Welt roden kann, so findet man ihn nicht im Irrealen, sondern im Realen, wenn sich seine Realität vielleicht auch außerhalb des gewöhnlichen Bewußtseins befindet. Doch die höchste göttliche Realität liegt tief im Herzen jedes Menschen, für den Liebe *lieben* heißt. Von Herzen lieben; geben, ohne zu nehmen. – Was die Sinne nicht vermögen. – Und was die Welt des irdischen Lebens nicht hat verwirklichen wollen.

Wer sagt, es gebe keinen Gott, der hat das Herz vergessen.

Das Böse hat den unendlichen Balsam des Herzens in den Welten abtöten wollen, aber in diesem Balsam gibt es viele Falten und Verdichtungen und Substanzen und Gespinste, und jede Verdichtung ist eine Idee, und die Idee ein Zustand des Herzens und ein Wesen mitsamt seiner Seele, und jeder Zustand des Wahrnehmbaren eine aus Gott hervorgegangene Substanz, und der Quell jeder Substanz dieses Herz, das gewährt, das Lebenssubstanzen spendet und im Vielgestaltigen des Unendlichen dem Sein seine Substanz gibt. Und wo sollte er sterben, Er, den man nicht hat töten können? Denn Gott, Idee des ewig Wiedergeborenen, ist darüber hinaus Jemand; und dieser Jemand ist das unerschöpflich Aktive, das mehr als aller Schlaf und Traum verschlingt, was Er im Fernsten Seiner Selbst später einmal gewähren wird! Später einmal. In diesem Später einmal, in dem das Wort, sein Sohn, zersprungen ist zu Flammen einer nie mehr versiegenden Liebe.

Und diesen Gott ewiger Barmherzigkeit habe ich ein Jahr darauf in Irland von neuem gesucht.

Anhang

Die Ciguri-Priester haben eine seltsame Lehre, welche seltsame Ähnlichkeiten mit der Lehre von der Gnadenwahl aufweist, die vor zweihundert Jahren überaus heftige Kämpfe hervorgerufen hat. Die aber noch viel schlimmere hervorgerufen hat, nicht etwa in Form von Gewissenskonflikten oder Worten, sondern in der Tat, und zwar in den Zeiten nach Jesu Christi Tod. Aber diese Kämpfe hat man vergessen. Und trotzdem . . .

Sie sagen, diese Ciguri-Priester, der Peyotl gewähre sich nicht jedem, und man müsse *prädestiniert* sein, um Zugang zu ihm zu haben. Denn Ciguri ist ein Gott, der seine Lehre sorgsam hütet, und er läßt nicht zu, daß man sie vergißt. Die Zustände, die man mit Hilfe des Peyotls durchmacht, sind ein furchtbar strenger Taumel. Wer aus ihm heraustritt und etwas von ihm eingebüßt hat, kann kein Recht mehr haben auf das Wort, weil er unwillkürlich über das Wesentliche die Unwahrheit sagen wird. Und das Wesentliche ist die Bewahrung Gottes.

Doch Ciguri verteidigt sich selbst, und wer nicht ganz reinen Gewissens in ihn eingetreten ist, wird alle wesentlichen Teile seines Bewußtseins als einer, der unwürdig ist, sie zu bewahren, dem Unendlichen zurückerstatten. – Was das Gemeine angeht, das bleibt vor der Tür. Und mit schlechtem Gewissen in den Peyotl eintreten, bedeutet, sich einer fürchterlichen Züchtigung aussetzen.

Eine Bemerkung über den Peyotl

Ich habe im mexikanischen Gebirge Peyotl eingenommen und ein Paket davon gehabt, das bei den Tarahumaras für zwei oder drei Tage gereicht hat, ich habe da geglaubt, die drei glücklichsten Tage meines Daseins zu erleben.

Ich hatte mich nicht mehr satt, suchte nicht mehr nach einem Grund für mein Leben, und ich mußte meinen Körper nicht mehr mitschleppen.

Ich begriff, daß ich das Leben erfand, daß das meine Aufgabe und mein Daseinsgrund war und daß ich mich satt hatte, wenn ich mit meiner Vorstellungskraft am Ende war, und mit dem Peyotl floß sie mir zu.

Da drang einer auf mich ein und bewirkte, daß der Peyotl mich mit einemmal verließ.

Aus dem machte ich richtiges Hackfleisch, und es wurde ein menschlicher Kadaver zerstückelt, und er wurde irgendwo zerstückelt aufgefunden.

rai da kanka da kum
a kum da na kum vönoh

Wenn man voraussetzt, daß diese Welt hier nicht das Gegenteil der andern ist und schon gar nicht die Hälfte von ihr,

ist diese Welt auch eine richtige Maschinerie, bei der ich am Schalthebel sitze, sie ist eigentlich eine Fabrik, und ihr Schlüssel ist der geborene Humor.

sana tafan tana
tanaf tamafts bai

Und in Mexiko …

Mir sind nicht immer Erinnerungen gekommen, die mein bisheriges Leben selbst in unbegrenzt zurückliegenden Zeiten betrafen, wie mir das in den letzten zehn Jahren geschieht.

Und in Mexiko, im Hochgebirge, um den August und September 1936 herum, habe ich mich allmählich wieder ganz und gar in ihnen zurechtgefunden.

Ich war mit einem Zeichen zu den Tarahumaras hinaufgekommen, einer Art kleiner Toledaner Klinge, die mit drei Angelhaken befestigt war und auf die mich ein Neger, ein Zauberer aus Havanna, hingewiesen hatte.

»Damit«, sagte er zu mir, »werden Sie eintreten können.«

Ich hatte aber gar nicht den Wunsch, einzutreten.

Wer sich nämlich etwas ansehen will, möchte in eine bestimmte, bis dahin aber verschlossene, ungeahnte Welt eintreten,

das entspricht nicht der Vorstellung, die ich mir von den Dingen mache,

für mich geht es nicht darum, in die Dinge einzutreten, sondern darum, aus ihnen herauszutreten,

wer sich aber loslöst, der will eintreten,

heraustreten vielleicht, aber in etwas hinein, das Hier verlassen, um anderswo aufzugehen,

aufzugehen und sich außerhalb des Anderswo befreien,

nicht aufgehen, aber sich im Nirgendwo befreien,

nicht mehr wissen,

darauf verzichten, gelebt zu haben,

also nie mehr leiden;

die Alternativen sind zahllos, und es sind keine mehr, jede Religion und jedes Individuum hat seine eigne,

nun, das alles ist idiotisch.

Ich war nicht dieser Yogaschüler, der heraustreten möchte, um anderswo in irgend etwas Umfassendes einzutreten, der den Schmerz des Problems los sein möchte, aufgehen und nie mehr heraustreten.

Ich suchte den Peyotl nicht aus Neugier, sondern im Gegenteil als ein Verzweifelter, der sich auch noch den letzten Fetzen Hoffnung herunterreißen, der die letzte kleine rote Faser der geistigen Hoffnung des Fleisches ablösen will.

Der Peyotl, ich habe es bereits gesagt, ist eine Raspel, ein Stück Holz mit Einschnitten, durchzogen von allem Jäten, von allen Erinnerungskerben, die seinen gehärteten Körper furchten.

Wer da eine Erkenntnis finden will, verliert dabei etwas mehr als ein Glied des Geistes, als ein lebendiges Skelett.

Doch ich suchte etwas anderes.

Denn ich habe nie, obwohl man vielleicht das Gegenteil vermutet, das Über-Normale gesucht.

Ich suchte nämlich den Peyotl nicht, um einzutreten, sondern um herauszutreten.

Ich glaube nicht an die Welten des Geistes und ich glaube nicht, daß Pflanzen wie Opium, Haschisch, Kokain, Peyotl oder Marihuana der Cerberus oder die Galeerensklaven solcher Welten sind.

Es ist mir schon immer schwer genug gefallen, die sogenannten normalen Zustände zu leben: gehen, kommen, sich setzen, aufstehen, laufen, rennen, sich drehen, sich vorbeugen, anspannen, nachgeben, sich ausstrecken, sich hinlegen, sich entspannen, sich zusammenkrümmen, futtern, schlucken, formulieren, aussprechen, artikulieren, kauen, wie sollte ich also mit Hilfe dessen, was man mit dem anrüchigen Ausdruck Drogen bedenkt, über-normale Zustände suchen?

Die wesentlichste Eigenschaft des Opiums besteht darin, daß es uns wieder Realität gibt und daß wir uns ohne Wahn oder Halluzination, ausgewogen und im Gleichgewicht in ihr aufhalten können.

Mit Opium hat das Reale sein wahres Gewicht, ohne Verlust oder Übertreibung, unbelastet vom Eigengewicht stumpfsinniger Hüllen, stumpfsinniger geistiger Verkörperungen, die ihm Literatur, Poesie, Geist, Philosophie, Vernunft, Riten, Verstand, Moral, Wissenschaft von Jahrhundert zu Jahrhundert aufgebürdet hatten.

Der Peyotl hingegen gibt nicht das Reale wieder, schreckt aber vom Verstand ab und schickt uns gleichsam gereinigt ins Leben zurück nach einer unbeschreiblichen Phase von Trancen, wo man ...

Ich wollte, als ich den Peyotl suchte, nicht in eine neue Welt eintreten, sondern aus einer falschen Welt heraustreten.

In dieser Welt ist nämlich bis auf die Tatsache, daß man einen Körper hat, daß man herumläuft, sich hinlegt, wach ist, schläft, daß man im Dunkeln oder im Licht ist (und sogar das Licht ist zweifelhaft), alles falsch.

Wie die Dinge heute stehen, kann keiner mehr sagen, in ihm sei ein reiner Schmerz oder eine reine Empfindung, die unmittelbar und rein aus ihm entsprungen sei und wiedergebe, was er selber darstelle.

Unser Leben beruht auf einem ekelhaften physiologischen Atavismus, der bewirkt, daß wir sogar in unserem Körper, und wenn wir allein sind, nicht mehr frei sind, denn hundert Vorfahren haben für uns gedacht und gelebt, schon vor uns, und was wir zu einem bestimmten Zeitpunkt, im sogenannten urteilsfähigen Alter, aus eigener Kraft finden könnten, wird uns durch Religion, Taufe, Sakramente, Riten, Erziehung, Unterricht, Medizin, Wissenschaft sehr bald ausgetrieben.

Ich suchte also den Peyotl, um mich zu reinigen.

Man darf glauben, daß die Welt des Geistes und des vorgeprägten Verstandes, die Welt der Vernunft und der Dinge, die sich seit jeher in ihrem vor Nichtigkeit einhelligen und obszönen Sein verfestigt haben, auf diesem Ohr taub sind, denn die Strapazen einer Bergbesteigung zu Pferd bis in 6000 Meter Höhe waren nichts gegen all die wütenden Wogen von Widerstand, die über mir zusammenschlugen und mir in dieser Gegend von allen Seiten entgegengeschleudert wurden.

Ich habe in meinem kleinen Buch *Reise ins Land der Tarahumaras* schon einiges davon berichtet, aber ich habe nicht alles berichtet, und obwohl das Buch das Wesentliche nicht ausspart, legt es so, wie es geschrieben ist, den Finger nicht richtig auf die Wunde.

Weil ich über diese Reise ins Land der Tarahumaras viele andere Artikel geschrieben habe, die ich in Mexiko gelassen habe und die nie mehr aufzutreiben waren, und diese Artikel berichteten schwarz auf weiß über den eigentlichen Charakter der Hindernisse, mit welchen ich mich einen Monat lang im Gebirge herumschlagen mußte.

Bei diesen Hindernissen handelt es sich um Behexungen, und ich mußte fast fünf Wochen lang Tag für Tag gegen beharrliche, unsagbare Wogen von Behexungen kämpfen.

Wird von Behexung gesprochen, so glaubt im allgemeinen weder der Angesprochene noch der Sprechende wirklich daran, und die Machenschaften, über die man sich beklagt, werden nicht besonders ernst genommen. »Man hat mich wahrscheinlich behext«, wird dann gesagt, »ich bin vollkommen überzeugt, daß ich unter den und den Umständen von dem und dem verhext worden bin«, aber man kann nicht sagen, auf welche Weise, wo und wie diese Behexung stattfand.

So bleibt vom Wort Behexung gewöhnlich nur das Gefühl eines vagen Unbehagens, einer Art anomaler, aber recht schwach ausgeprägter Beklemmung im Geist zurück, die nie aus der Sphäre des Mythos heraus und wieder in die Sphäre der Realität findet.

Was mich angeht, war das nicht der Fall und ist das nie der Fall gewesen, denn die Behexungen im Land der Tarahumaras waren in meinem Leben nur eine vorübergehende Episode im Verlauf dieser langen, endlosen Schlacht gegen das Okkulte, die durchaus nicht abflaut, sondern Tag für Tag gewaltiger und noch härter wird.

Wir sind hier ja nicht im Sprechzimmer von Doktor Ferdière in Rodez, und auch wenn ich riskieren müßte, daß zwei Pfleger auftauchen, um sich gegebenenfalls auf mich zu stürzen, wie mir das im Sprechzimmer von Doktor Ferdière in Rodez passiert ist, würde mir das nicht den Mund stopfen, so wenig wie die Drohung, man werde mich wieder mit Elektroschocks behandeln, und mir scheint, daß ich endlich alles, was ich über diese empörende, schändliche Angelegenheit zu sagen habe, in Ruhe sagen kann. – Wenn ich bei Doktor Ferdière in Rodez das Wort Behexung auch nur in den Mund genommen habe, ist mir auf der Stelle vorgeworfen worden, ich sei *verrückt* – und man hat mir mit Elektroschocks und Insulintherapie gedroht. – Ich habe die Behexungen im mexikanischen Gebirge über mich ergehen lassen, ich habe da und dort andere über mich ergehen lassen, ich habe in Rodez Behexungen ganz besonderer Art über mich ergehen lassen und war einmal so naiv, Doktor Gaston Ferdière, dem Chefarzt der Irrenanstalt von Rodez, etwas davon erzählen zu wollen.

Kaum hatte ich den Mund aufgemacht, um ihm zu sagen, ich hielte mich für behext, und auf welche Weise, denn ich hatte eine ganze Anzahl äußerst konkreter, genauer Angaben gesammelt, die lokalisiert und sehr ausführlich waren, da schnitt er mir schroff das Wort ab und sagte zu mir:

»Na, na, Herr Artaud, ich glaube, Ihr Wahn packt Sie wieder.«

»Wie, mein Wahn, ich zähle Ihnen hier Tatsachen auf, und ich werde Ihnen die entsprechenden Beweise vorlegen.«

»Aber das ist es doch gerade, genau das, obstinater Wahn, nun gut, ich will Ihnen wieder eine Serie Elektroschocks verordnen und Ihrem Freund Jean Paulhan schreiben, Sie würden wieder mit Elektroschocks behandelt.«

»Aber ich bin schließlich nicht der einzige Schriftsteller, der von Behexung gesprochen hat, und Huysmans in *Là-Bas . . .*«

»Huysmans war genauso verrückt wie Sie, und alle, die

ans Jenseits geglaubt haben, waren verrückt, sehen Sie sich doch Nietzsche an und Gérard de Nerval. Was die Behexungen angeht, hat nie ein wissenschaftlicher Beweis für eine Behexung erbracht werden können, und wenn Sie so halsstarrig sind, werden Sie nie aus diesem Haus herauskommen und Ihr ganzes Leben lang in dieser Anstalt sitzen.«

Ich wollte ihm sagen, Behexungen gebe es nicht nur, sondern ich sei überzeugt, daß er selbst in diesem Augenblick besessen sei und daß ich um ihn herum und hinter ihm den abgestuften Kreis aller schlechten Gewissen sah, die daran interessiert waren, daß mir der Mund gestopft wurde und daß ich in einer neuen Serie Elektroschocks das Gedächtnis verlor.

Nun, ich glaube nicht, daß man Anlaß hat, mich für feige zu halten, und es gab da einen gewissen Tag im Dezember 1944, an dem ich Doktor Ferdière drohte, ich würde mich auf ihn stürzen und ihm den Hals umdrehen, wenn er nicht augenblicklich auf den Plan verzichte, sich mit einer weiteren Serie Elektroschocks an mir zu vergreifen,

doch an dem Tag und im Sprechzimmer dieses Arztes fühlte ich, daß meine Zunge Blei geworden, daß sie stofflich und körperlich *eingefroren* war, und ich war völlig außerstande, ein einziges Wort herauszubringen,

es gibt aber einen gewissen Brief, den ich in meinem Buch *Lettres de Rodez* veröffentlicht habe, wo ich S. 51 erzähle, unter welchen Umständen Doktor Ferdière von einer Frau, einer strenggläubigen Katholikin von Rodez, in seinem eigenen Büro behext und eingelullt wurde, die ihm befahl, mir den Ausgang in die Stadt zu entziehen, mich in der Irrenanstalt festzuhalten und mich da zu behandeln: Elektroschocks, Insulintherapie, Cardiazol usw.

Nun, diesen Brief legte ich, bevor ich ihn abschickte, Doktor Ferdière eigenhändig vor, und er kam am Tag darauf, nachdem er davon Kenntnis genommen hatte, zu mir und sagte: »Wir haben Ihren Brief gelesen und abgeschickt.«

Und trotzdem hat mir dieser Mensch ein paar Monate später mit Elektroschocks gedroht, falls ich auf der Meinung beharren sollte, die Geschichte meines ganzen Lebens lasse sich ohne Behexung nicht erklären.

Nun behaupte ich aber, daß mein Leben ohne Behexungen nie dasjenige dieses Mannes gewesen wäre, der seit einunddreißig Jahren, genau seit September 1915, Opium braucht, um wieder zu sich selbst zu kommen, der sich ohne Opium nicht mehr findet oder versteht und im übrigen dem Opium verdankt, daß er noch lebt und das Leben aushält.

Denn die Geschichte meines Lebens ist nie einleuchtend gewesen, und es ist nicht einleuchtend, daß ein junger Mann von zwanzig, der nicht im Milieu verkehrt und allein lebt, im Juni 1916 in Marseille am hellichten Mittag, ich meine um die Mittagsstunde, von einem Zuhälter unter den in meinen *Lettres de Rodez* S. [38] berichteten Umständen niedergestochen wird.

Es ist kaum einleuchtend und auch nicht gerade normal, daß am 18. September 1937 um 3 Uhr nachmittags ein *Agent provocateur* einem Schriftsteller, der in Dublin herumschlendert mit einem Stock in der Hand, welcher vielleicht eigenartig, aber nicht wie eine Waffe, sondern eher wie ein Theaterrequisit aussah, mit einer Eisenstange einen Schlag versetzt, der ihm die Wirbelsäule entzweibricht, eine Verletzung und eine Narbe, die zwanzig Ärzte gesehen und bestätigt haben.

Mein Leben hatte immer eine dunkle Aura, und diese Aura war im mexikanischen Hochgebirge, im Land der Tarahumaras, kein poetisches Bild, sondern bestand aus einer Reihe pestartiger, giftiger Dunstschwälle, die in wütenden Wellen die Luft verdunkelten, drei-, vier-, fünf- oder sechsmal am Tag, und das fast einen Monat lang.

Eine Behexung ist ein finsterer magischer Einfluß, eingeschleppt von Körpern, herausgeschleudert von Körpern, übertragen und weitergereicht über endlose Reihen nicht etwa psychischer, sondern organischer, wägbarer, klar begrenzter und umrissener Körper.

Wie gesagt, ich ritt ins Gebirge hinauf wie eine Art gelähmter Automat.

Das Gefühl unerschöpflicher innerer Leere, des Verlustes und senkrechten Hinunterstürzens aller Empfindungen, sobald sie geboren und entfaltet waren, hatte mich in Mexiko dazu getrieben, wieder Opium zu nehmen.

Als ich zu den Indianern ging, wußte ich, daß es dort keins mehr gab, und ich wollte dem Peyotl auch mit einem Körper begegnen, der von jeder andern Art der Berührung gereinigt war, auf die Gefahr hin, den Gipfel der inneren Leere zu erleiden und die Chance, mir Leben anzueignen, unwiderruflich zu verpassen. Am Fuß des Gebirges warf ich meine letzte Dosis Heroin in einen Wildbach und stieg auf ein Pferd.

Nach sechs Tagen war mein Körper, den der Verlust vieler Liter flüssiger Exkremente ausgedörrt hatte, nicht mehr aus Fleisch, sondern aus Knochen. Das Absetzen des Opiums zieht die Fasern zusammen, öffnet trockne Ströme von Leere in der Haut, und die Epidermis ist nur noch ein riesiges reizbares Zahnfleisch, ein Kiefer gleichsam auf der Oberfläche der Haut.

Mir war das alles bekannt. – Doch im Gebirge nahm dieser Zustand ungewöhnliche Ausmaße an.

Es war kein dumpfer Schmerz mehr, sondern eine konkrete Überflutung mit Molekülen, die mir durch den Körper fuhr mit ihren kalten Wellen, oder entsetzlich ...

Und dann, nach drei, vier Tagen, flauen die Schmerzen der Entziehung ab, auf jeden Fall reichen sie nicht über den vierten Tag hinaus, worauf das Übel immer mehr nachläßt.

Um den vierten Tag herum hatte ich im Gegenteil einen Krampf, etwas wie einen grauenhaften Erstickungsanfall der Eingeweide, wie wenn mein Bauch der strudelnde Schlund meines Atems geworden wäre, während der ganze obere Teil meiner Brust kalt war und wie gelähmt.

Am fünften Tag glaubte ich, in die Hölle zu fahren. Ich sah da rot, buchstäblich, und der Weg stand, scheint mir, in Flammen. Und selbst mein Pferd hatte irgendwie Angst, weiterzugehen. – Auf den Hängen des Gebirges rundherum hatte ich ein seltsames Hin und Her von Indianern beobachtet, die auftauchten und wieder verschwanden. Man sah zwei, drei über einen Felsen äugen, worauf sie sich seltsam zurückzogen, wie wenn sie mit mir Verstecken spielen wollten. – Ich fragte meinen Führer, was das zu bedeuten habe; das erstemal zuckte er die Achseln, dann ließ er den Kopf hängen und brachte kein Wort heraus; das zweitemal wurde er blaß und sah mich seltsam an; das drittemal, als ich sehr energisch von ihm Auskunft verlangte, geriet er in Verlegenheit wie ein großes Kind, das man bei etwas Unrechtem ertappt hat.

Eines Tages fiel mir eine Gruppe von Indianern auf, die in seltsamen Stellungen, mit dem Kopf unten und den Füßen oben, auf dem Boden lagen und mit den Händen auf die Erde trommelten, die sie offenbar zu Klumpen formten und hinunterschluckten.

Und ich hörte auf eine Entfernung von 2 oder 3 Kilometern ihr wildes Rülpsen; um den fünften Tag herum etwas wie Tam-Tam-Geräusche. Aber kein beruhigendes Tam-Tam wie auf Ausstellungen oder Jahrmärkten, kein Gebärmutter-Tam-Tam, durchdringend wie gewisse Tam-Tams der Araber oder Neger, sondern ein trockenes, dürres Tam-Tam, dessen Ton sich noch lange, nachdem der Schlag verebbt war, in die Luft zu schrauben und zu verknoten schien wie eine Schlange.

Eine Art Geräusch wie ausgeglühte Kohle, die anschwillt und zerbröckelt.

Wie wenn hunderttausend verkohlte Wälder den Geist aufgäben und uns dabei anklagten.

Manche Indianer hatten die Hand am Bauch und schlugen mit der linken Faust auf die Erde, wobei sie mir wütend mit rollenden Augen entgegensahen.

Es gab noch Schlimmeres, und das spielte sich nicht bei den Indianern im Gebirge ab, aber es spielte sich ab, anderswo, zweifellos zur gleichen Zeit.

»Aber was ist denn eigentlich los, was wollt ihr von mir?« brüllte ich ihnen eines nachmittags zu, »was ist das für ein Hokuspokus?«

Sie sahen mich an und schütteten sich aus vor Lachen, voll Mitleid, weil ich so naiv war.

»Herr, lassen Sie die, man darf sie nicht stören, sie hexen«, sagte mein Führer erschrocken zu mir.

»Wie, sie hexen? Sie schleudern mir diese schrecklichen Schwälle entgegen, und ich sollte sie in Ruhe lassen?«

Und tatsächlich schwebte um sie herum etwas wie ockerroter, stellenweise schwarzer Staub.

»Sie behexen Sie; sie behaupten, Sie sähen zu klar, daß diese Welt falsch ist, daß die Dinge nicht sind, was sie scheinen, Sie wüßten das, Sie allein hätten die Absicht, das auszusprechen; daß alles, was man sieht, nur Fassade ist, daß das Bewußtsein das Bewußtsein überflutet, daß das, was die Leute offen tun, nichts ist gegen das, was sie im Verborgenen tun, usw. usw.«

Ich glaubte zuerst, es sei Erde, was sie da mit ihren Fäusten aufwirbelten, dann merkte ich, daß dieser Staub sich in Wirklichkeit ein bißchen über ihnen bildete, nach einer Leerzone, die ihre Körper eng umschloß.

Dieser Staub war über ihren Körpern wie eine Salmiakgeist-Flamme.

Wenn sie nur zu zweit oder zu dritt psalmodierten und gestikulierten, erlosch die Flamme rasch, aber wenn sie etwas zahlreicher waren, gebärdete sich die Flamme wie ein Wirbelsturm, der an einem bestimmten Tag Ausmaße annahm, die recht bedenklich waren.

»Aber was machen sie denn bloß«, fragte ich meinen Führer, »wenn sie mit der linken Faust die Erde aufscharren und die rechte Hand oben am Nabel haben?«

»Es ist gar nicht der Nabel«, sagte er mir verlegen.

Ich sah genauer hin und merkte schließlich, daß meine Indianer schlicht und einfach onanierten und mich mit Blicken durchbohrten, die ich komisch fand, die mich aber sicher umbringen sollten.

»Ah, diese Dreckskerle, sie behexen mich, indem sie onanieren, und schleudern mir aus ihren schweinischen Geschlechtern Wirbelstürme giftiger Dünste entgegen. Nun gut, wir werden ja sehen.«

Sie waren auf dem Abhang des Gebirges, der demjenigen gegenüberlag, auf dem ich mich befand. Ein Wildbach trennte uns. Wenn sie in meiner Nähe gewesen wären, hätte ich ihnen ohne Zögern die Kehle durchgeschnitten.

Aber ich war namenlos wütend sowohl über diese schändlichen Machenschaften als auch weil es mir unmöglich war, ihnen auf der Stelle den Hals umzudrehen.

Und plötzlich kam eine Erinnerung in mir hoch, und ich begriff mein ganzes Dasein.

Ich wollte meinen Führer gerade fragen: »Aber was haben sie denn eigentlich gegen mich?«, da merkte ich, daß ich es selber wußte, und was sie gegen mich hatten, war einfach, daß ich Artaud war, der alte, in Jerusalem gekreuzigte Artaud, den sie gleichsam als Auferstandenen sahen – und der um jeden Preis und mit allen Mitteln daran gehindert werden mußte, seine Erinnerung und seine uralte Persönlichkeit wiederzufinden.

Und deshalb sollte auf jeden Fall verhindert werden, daß ich Peyotl nahm und mir durch den Ritus der schwarzen Raspel den Geist reinigen ließ, und aus diesem Grund erhob sich das ganze Gebirge gegen mich.

Ihr Ziel war, mich zu ersticken, mich zu töten, und ich muß gestehen, daß sie es manchmal fast geschafft hätten.

Wie ich die Schranke niederreißen konnte,

indem ich mich wie sie verhielt und auch zauberte, aber nicht auf ihre Weise.

»*Anch'io son Pittore*«, sagte ich mir, als ich sah, wie diese Kräfte von ihren Körpern ausgingen, düstere Giftdünste, die sich fünfzig Zentimeter über ihrer Wirbelsäule, vor den Kniescheiben, dem Bauch, den Backenknochen und den Lungen zusammenballten.

Aber hinter diesen Behexungen fanden andere statt, die ich über ihren Köpfen sah, soweit das Auge reichte, als ob der Raum sich selbst aufgehoben, die Linie des Horizontes aufgelöst und die Erde wie eine von den vier Himmelsrichtungen unabhängige Karte aufgeklappt hätte.

Und über ihnen war es schlimmer, unendlich viel schlimmer als bei ihnen.

Weil die Indianer, sogar die üblen, immer davor zurückgeschreckt sind, sich wie die übrige Menschheit der äußersten Bestialität zu überlassen.

Die letzte Scheu vor dem vollkommen Bösen: der gemeinen Vermehrung des roten, erotischen Christus, der sein eignes sexualisiertes Kleinhirn wie Hoden auffrißt – die Roten haben sie bewahrt. Deshalb habe ich diese unbeschreiblichen Szenen reihenweiser Sodomie, die sich auf Sexparties sowohl in Paris wie im Innern Asiens tagtäglich abspielen, in Mexiko nicht angetroffen. – Behexungen brauchen, damit sie wirksam sind, die Masse. – Und fünfzehn übereinanderliegende Menschen haben viel mehr Kraft, den bösen Geist zu beschwören, als ein einzelner in seinem Bett. – Übrigens ist da böser Geist gar nicht vorhanden, es sind fünfzehn ausgezogene Menschen in makkaronesken Stellungen, aus denen wahres Theater hohe technische Begriffe ableiten könnte, wenn es nicht solche Angst hätte, sich unerlaubte Vorteile zu verschaffen!

Bezweckt wird dabei, den Körper eines andern auszusaugen und ihn sich dadurch anzueignen.

Doch wenn sich der Orient, der weichliche Orient darauf verlegt, eignet er sich nicht den Körper eines Individuums an, sondern den gemeinschaftlichen Körper eines Menschenschlages, der, wie man wohl ohne Übertreibung behaupten darf, die Institutionen aussaugt. – Denn die hochgestellten initiierten Gurus der Mongolei oder Tibets, die die geheime Welt berühren, gehen nicht mit schlaff herabhängender Hand in sie ein.

Nur gibt es von diesen hochgestellten initiierten Gurus nicht 15, sondern 15hunderttausend, 15 Millionen, 150 Millionen, 1 Milliarde 500 Millionen;

und diese Masse stellt ein namenloses Theater dar.

Wenn also ein Psychiater behauptet, Behexungen existierten nicht, ist das ein bestialischer Blödsinn, der genauso ungeheuerlich ist wie wenn man behauptet, die Tragödie, das romantische Drama, das Kasperletheater, das Marionettentheater, die Pantomime, der Tanz, der Twostep oder der Cakewalk existierten nicht.

Denn eine Behexung ist eine Machenschaft, nicht etwa eine psychische, sondern eine körperliche, die ab und zu mit Massenvögeleien vermischter Männer- und Frauenkörper ganze Scharen von Leuten aufschreckt und auf die Beine bringt, wogegen die Menschenmengen bei den Prozessionen in Lourdes nur ein Klacks sind.

Was immer die heutigen Menschen und besonders die heutigen Europäer in dieser Hinsicht denken und wenn sie auch meinen, sie seien frei und Herr ihres Bewußtseins, ihres Verstandes, ihres Glaubens, ihres Geistes, sie werden gegängelt, und sie werden durch verabredete, gezielte Reihenbehexungen gegängelt, die sich periodisch wiederholen und das uralte Bewußtsein des Menschen in der Verdummung festhalten wollen, in der es tatsächlich auch immer mehr versinkt.

Alles, was wir leben, ist nur Fassade; die Realität steckt in dieser einschneidenden, sinnenhaften Magie, an welcher an klar bezeichneten, katalogisierten und festgesetzten Tagen periodisch ganze Heerscharen von Männern, Frauen, Lebewesen teilnehmen, die ihr ewiges Los einzig und allein darauf gestellt haben, das Leben in jenem Rahmen zu halten, von dem sie seit jeher profitiert haben. Und wenn ich Leben sage, spiele ich nicht nur auf das Leben der modernen Gesellschaft an, das auf einer Reihe von Ideen und bestimmten Institutionen beruht: Religion, Gesetzgebung, Umgangsformen, Sitten, Moral, Familie, Vaterland, Nationen, Wissenschaft, Philosophie, Medizin, Gefängnisse, Leichenschauhaus, Polizei, Armee, Anstalten, Mode, Erfindungen, Psychologie, Zeitungen, Radio, drahtlose Telegraphie, Krankheiten, Friedhöfe, Erhaltung der Krankheiten; sondern ich verstehe unter Leben diese Sporade, dieses radio-physikalische Korn Magie, von dem niemand, seit die Welt besteht, genau hat sagen können, was es war, das aber, soweit es den Menschen betrifft, in eine *Anatomie* eingesperrt worden ist, für die letztlich Gott die Verantwortung trägt, gewiß, deren in irgendeiner Atom-Quarantänestation verborgene Monade aber ein paar Affen in Menschengestalt ohne Scheu zerstückelt haben, um dieses in Fleisch gehüllte und mit Organen vollgestopfte Skelett auf die Beine zu stellen, das seit alles in allem recht wenigen Jahrhunderten, höchstens vierzig oder fünfzig, der Mensch ist, der wir heute unserer Meinung nach sind und der immer nur scharf darauf gewesen ist, der Medizin den Tag für Tag schwerer beladenen und umfangreicheren Troß einer endlosen Horde von Krankheiten zu liefern.

Auszug aus dem Vortrag vom 13. Januar 1947

Mexiko und die Zivilisation

Es ist vielleicht eine groteske Idee, wenn ein Europäer in Mexiko den lebendigen Grundlagen einer Kultur nachgeht, deren Vorstellung hier offenbar zerbröckelt; aber ich muß gestehen, daß ich von dieser Idee besessen bin; in Mexiko existiert, verbunden mit dem Boden, versunken in vulkanischen Lavaströmen, vibrierend im indianischen Blut, die magische Realität einer Kultur, deren Feuer wahrscheinlich ziemlich leicht und im materiellen Sinn wieder angefacht werden könnte. Und es ist kein Zufall, daß ich aufs Feuer zu sprechen komme, wenn ich von Mexiko spreche. Zwar steht das Feuer am Anfang aller Zivilisation, doch in Mexiko speist die Idee des Feuers insgeheim und zeitlebens alle Realität. Das Feuer, Sinnbild der Zivilisation, ist in Mexiko zu allen Zeiten mehr als ein Sinnbild gewesen; es hat sich aktiv mit den Mythen vereinigt, in denen sich die Lebenskraft der mexikanischen Zivilisation äußert.

Erde,
Wasser,
Himmel,
Feuer,
ich stelle eine Art umgekehrte Hierarchie wieder her,
ich reihe die Elemente aneinander, in einer Wertordnung, die derjenigen Heraklits entgegengesetzt ist;
Feuer,
Himmel,
Wasser,
Erde,
ich reihe die Elemente der Hierarchie Heraklits gemäß;
Ich setze diese Philosophie frei für die Aktion, ich stelle diese vier mythischen Sinnbilder wieder her; und ganz Mexiko liegt nackt zwischen diesen vier Sinnbildern.

Nicht so, wie man sie anderswo findet. Ich stelle natürlich nicht die Elementaralchimie wieder her. Sondern wie alle vorhandene Materie in einem bestimmten Augenblick diese vier Punkte durchläuft; wie die moderne Physik Energien und Prinzipien wiederentdeckt hat, die man genau genommen als die Symbole der antiken Alchimie bezeichnen müßte;

und dem Quecksilber entspricht die Bewegung,
dem Schwefel entspricht die Energie,
dem Salz entspricht die feste Masse,
so stellt in Mexiko das Wirken der Prinzipien bildhaft ihre ständig erneuerten Kräfte unter Beweis.

Eine Kultur ist immer feurig und verbrennt die Organismen. Denn keine Kultur ohne Brennpunkt. Nach dem zu schließen, was noch vorhanden ist, haben Erde und Luft in Mexiko offenbar die Kraft besessen, lebendige Brennpunkte der Kultur fortwährend zu erneuern. Und aus diesem Grunde ist die alte toltekische Maya-Zivilisation für uns heute noch von Interesse.

Es rieselt unter dem Mexiko der Conquista ständig durch die Nerven und bringt das Blut der alten indianischen Rasse zum Brodeln, die versunken und überdeckt ist, gewiß, aber noch nicht aufgerieben von der Zeit.

Und wo materieller Fortschritt, wo Eroberungen von ganz äußerlicher Perfektion herrschen, an welcher weder unser Herz noch unser Menschenkörper teilhaben konnten, wo all das herrscht, was sich auf Bequemlichkeiten stützt und sich *unter Ausschluß jedes inneren Fortschrittes* auf dieser Grundlage *verfeinert*, da hat sich, das kann man wohl sagen, echte Kultur nicht mehr entwickelt.

Im Maße, wie wir Fortschritte machen und unser Einfluß auf die äußere Natur uns Wüsten beschert, die meßbar sind, entgeht uns gleichsam der Himmel, und bei dieser Ausdrucksweise handelt es sich um ein Bild, das für die Realität nicht ohne Folgen ist.

Wir wissen nichts von der mexikanischen Zivilisation. Wahrhaftig eine gute Gelegenheit, sich hypothetischen Träumen zu überlassen.

Lawrence hat seine eigene Meinung gehabt, und nichts hindert uns daran, ebenfalls eine zu äußern und diese Idee einer Massenkultur, die die Individuen auf die Palme bringt, zu verbreiten. Eine Kultur, die eine umfassende, beharrliche Befruchtung ist. Denn so erhaben und beharrlich die Mythen sein mögen, sie sind in Gefahr, zu verlöschen.

Und die mexikanischen Mythen, so wenig man auf sie achtet, entfachen in uns, in jedem von uns wieder Vorstellungen, die mit der Masse zu tun haben, mit dem Raubvogeldrang, aufzufliegen.

Eine Zivilisation, bei der nur die sogenannten Kultivierten an der Kultur teilhaben, eine Zivilisation, die von der Kultur eine sozusagen reservierte Vorstellung hat, die aber andererseits jeder beliebige über den Haufen rennen kann, wenn er nur mit Büchern umzugehen versteht, ist eine Zivilisation, die mit ihren ursprünglichen Inspirationsquellen gebrochen hat. Denn sie anerkennt eine Dualität der Kultur, einen Dualismus in der Realität. Eine Zivilisation, für die es einerseits den Körper und andererseits den Geist gibt, steht in Gefahr, sehr bald zu erleben, wie die Bande sich lösen, die diese beiden ungleichen Realitäten verbinden.

Es gibt in Europa schon lange keine Mythen mehr, an die man kollektiv glauben könnte. Wir warten alle gespannt auf die Geburt eines verbindlichen, kollektiven Mythos.

Und ich bin der Meinung, daß uns dieses Mexiko, das jetzt wiedergeboren wird, beibringen könnte, wie man solche Mythen wieder lebendig macht. Denn auch Mexiko wartet gespannt auf die Mythen, die heute auferstehen.

Doch im Gegensatz zu dem, was sich bei uns abgespielt hat, ist Mexiko überhaupt nicht dazu gekommen, das Absterben seiner alten Mythen mitzuerleben.

Die spanische Conquista hat von einem Tag auf den andern Mythen zerstört, deren Kräfte noch im Wachsen waren. Sie hat Götter ausgelöscht, die unterirdisch noch gespeist wurden, und sie hat sie gerade zu dem Zeitpunkt ausgelöscht, als sie sich verwandeln wollten. Das barbarische, noch unentwickelte Antlitz von Göttern, die noch nicht dazu gekommen sind, menschenähnlich zu werden. Aber diese Götter einer vom Blitz zerschmetterten Kultur, ich spreche von der toltekischen Maya-Kultur, die gleichsam wieder in den Boden versunken ist, die das unterirdische Mexiko von einem Tag auf den andern verschlungen hat, diese Götter, die wieder hervortreten könnten, weil die neue aztekische Kultur sie nicht genügend ausgearbeitet hat (und wenn man all das phantastisch, absurd, aus der Luft gegriffen, unwirklich und unvernünftig findet, sollte man nicht vergessen, daß ich am Anfang so vorsichtig gewesen bin, von dem Traum zu sprechen, den ich träumte), sie werden, glaube ich, gerade wiedergeboren, allerdings von einem Leben, das noch räuberischer und konzentrierter ist.

Diese Götter-Bindungen der Erde, die das Wasser und der Himmel erworben haben, diese Götter-Emanationen der irdischen Feuer und des Himmelswassers, des gefiederten Himmelswassers, dessen Federkleid der Regen rupft, diese Götter, Regenbogenflimmern des Lebens, Beben des vom Himmelswind niedergebeugten Lebenswassers, die in den vier tönenden Ecken der Atmosphäre, in den vier Magnetknoten des Himmels ihr Spiel treiben (und ich weiß, daß für einen gelehrten Indianisten das alles nur Geschwätz und Poesie ist, aber echte Poesie ist für jeden Gelehrten nichts weiter als Geschwätz, und gerade das trennt übrigens jeden echten Gelehrten vom Leben), diese Götter also sind die nicht erloschene Vibration, sind das, was der Seele etwas ins Ohr flüstert und dem Geist zu Herzen geht.

Diese Götter sind eine Lebensmöglichkeit, eine Lebensäußerung, die nicht erstickt worden ist. Wenn eine Zivilisation ihre Götter verloren hat und nur noch ihre materiellen Bequemlichkeiten schätzt, so haben die Vorstellungen, die sie sich von ihren Göttern macht, jeden Kontakt mit dem Realen verloren. Die mit dem Realen verbundenen Götter sind aber stets noch im Besitz ihrer Macht, sonst ginge mit ihnen das Leben zugrunde. Nur deshalb werden die Götter zu Bildnissen, weil ihre Symbolwelt vorübergehend und trügerisch war; Götter, die das Geschaffene bezeichnen, die krampfartige Offenbarungen des Seins und ein Aspekt der Krämpfe dieses Seins sind, können weder durch menschliche noch durch außermenschliche Kraft entmachtet werden.

Wir wollen damit sagen, daß die mexikanischen Götter niemals den Kontakt mit der Kraft verloren haben, denn sie waren und sind aktive Naturkräfte. – Deshalb hoffen wir auf die mexikanische Zivilisation. Weil sie ein Bild der Welt, die Offenbarung eines Kräftesystems ist. Weil sie das Gleichgewicht beider Welten (und ihre Beziehungen, selbst die geheimsten, verborgensten) erfahren hat.

Makrokosmos und Mikrokosmos, deren beharrliche Realität Paracelsus, der hier wieder in Mode kommt, als erster klar zum Ausdruck gebracht hat.

Die mexikanische Zivilisation zehrt also von einem Alptraum aus Organen.

Eine Idee wie ein Starrkrampf, reich an Zwangsvorstellungen jeder Art. Reich und schwierig vielleicht, aber allem Sensiblen nah. Außerhalb dieser Organverbrennung kann da offenbar keine mexikanische Individualität ausbrechen oder jemals erwachen. Wir meinen damit, daß bei der Maya-Rasse, deren Blut wieder zu sprechen beginnt, die reichen, unerschöpflichen Möglichkeiten, aus ihrem Traum herauszutreten oder wieder in einen Traum zurückzukehren, etwas von einer mythischen Kraft haben, deren Biß sich nie gelockert hat. – Weder die Bilder ihrer dröhnenden Gedichte, die ihnen die Organe nach außen kehren und ihre Sensibilität wie einen Handschuh wenden, noch die Hieroglyphen ihrer noch immer bewehrten, noch immer dröhnenden Götter haben ihre Macht auf die Nerven eingebüßt; es ist noch das gleiche Blut, das da spricht. Während wir unter uns vergeblich ein Gedicht suchen, aus dem das Blut spricht, ein Bild, eine Statue, wo eine heftige Allegorie zum Ausdruck kommt. Unsere Welt hat ihre Magie gründlich eingebüßt. Wenn Magie eine ständige Kommunikation von innen nach außen, vom Handeln zum Denken, vom Ding zum Wort, von der Materie zum Geist ist, so darf man sagen, daß wir diese Art von zerschmetternder Inspiration, von Erleuchtung der Nerven schon lange verloren haben und aus Quellen, die noch lebendig und unverfälscht sind, neue Kraft schöpfen müssen. Es ist sehr gut, daß Land verteilt und wieder Reichtum in Umlauf gesetzt wird, doch bekanntlich sucht in Mexiko, und zwar zur gleichen Zeit, wo die Eingeborenen das Land wiederentdecken, das man ihrer Rasse geraubt hat, eine tatkräftige Schule nach ihren Göttern, und es ist nicht ausgeschlossen, daß sie sie unter der Erde wiederentdeckt. Durch schwarze Kräfte, wollen wir damit sagen, könnte die neue mexikanische Zivilisation da unten beginnen.

Wir möchten, bevor wir schließen, ein Bild der mexikanischen Zivilisation entwerfen, wie sie wiederhergestellt werden könnte.

Es steht fest, daß, so wenige wir sind, Zivilisation im Begriff, sich selbst zu suchen in Europa,

und wenn es stimmt, daß keine Spur europäische Zivilisation nicht umwandeln,

aber wir müssen durch Versuche helfen, dort ihr Lebensideal zu entdecken

und hier der ganze Artikel,

aber Brief Massignon nachlesen.

Die Eroberung Mexikos

Die Eroberung Mexikos *wird Begebenheiten inszenieren,* die unter ihren vielfältigen, überaus enthüllenden Aspekten gezeigt werden, und *nicht Menschen. Die Menschen mit ihren Leidenschaften und ihrer* individuellen *Psychologie werden ihren Platz finden, doch werden sie aufgefaßt werden als* Harmonisierung *bestimmter Kräfte und unter dem Blickwinkel der Begebenheiten und der historischen Schicksalsfügung, in der sie ihre Rolle gespielt haben.*

Dieses Sujet ist ausgewählt worden:

1. Einerseits *auf Grund seiner Aktualität und weil es sehr viele Anspielungen erlaubt auf Probleme, die für Europa und die Welt von vitalem Interesse sind.*

Vom historischen Gesichtspunkt aus stellt Die Eroberung Mexikos *die Frage der Kolonisation. Sie läßt auf brutale, unversöhnliche, blutige Weise die stets wache Überheblichkeit Europas wiederaufleben. Sie ist dazu angetan, die Vorstellung, die Europa von seiner* entscheidenden *Überlegenheit hat, in sich zusammensacken zu lassen. Sie konfrontiert das Christentum mit sehr viel älteren Religionen. Sie deckt die falschen Auffassungen auf, die sich das Abendland vom Heidentum und von bestimmten Naturreligionen hat bilden können, und sie stellt auf pathetische, leidenschaftliche Weise die Pracht und stets aktuelle Poesie der alten metaphysischen Grundlagen heraus, auf denen jene Religionen errichtet sind.*

2. *Indem sie die schrecklich aktuelle Frage der Kolonisation aufwirft und nach dem Recht fragt, das ein Kontinent zur Unterwerfung eines anderen zu haben meint, stellt sie die Frage nach der Überlegenheit, der echten diesmal, gewisser Rassen über andere und zeigt die Verbindung zwischen dem Genius einer Rasse und deutlich ausgeprägten Formen der Zivilisation auf.*

Sie läßt also zwei Lebens- und Weltauffassungen aufeinanderprallen:

a) Die dynamische, aber fehlgeleitete Auffassung der sogenannten christlichen Rassen.

b) Die statische Auffassung der scheinbar kontemplativen und wunderbar hierarchisch geordneten einheimischen Rassen.

Sie stellt der tyrannischen Anarchie der Kolonisatoren die ganze moralische Harmonie der in Zukunft Kolonisierten gegenüber.

Und das ungeachtet der Menschenopfer, die schlimmstenfalls eine Abweichung von einem Prinzip sind und die, sollten sie zur echten Tradition der aztekischen Kultur gehören, einmal auf ihren moralischen, zutiefst reinigenden Gehalt hin betrachtet werden müßten.

Danach erläutert sie, angesichts des Durcheinanders der damaligen europäischen Monarchie, die auf den ungerechtesten, härtesten materiellen Grundsätzen basierte, die auf unbestreitbaren geistigen Grundsätzen beruhende organische Monarchie der Azteken.

Vom sozialen Gesichtspunkt aus schildert sie den Frieden einer Gesellschaft, die alle satt werden läßt und in der die Revolution schon von Anbeginn durchgeführt war.

Aus diesem Zusammenprall einer moralischen Unordnung und katholischen Anarchie mit der heidnischen Ordnung vermag sie einen unerhörten Aufruhr von Kräften und Bildern zu entfesseln, der hier und da von brutalen Dialogen durchsetzt ist. Und dies durch Kämpfe Mann gegen Mann, die gleichsam die Stigmata der entgegengesetztesten Ideen aufweisen.

Der moralische Hintergrund und das aktuelle Interesse eines solchen Schauspiels sind nun hinlänglich klargemacht; jetzt wird man auf den schauspielerischen Wert der Konflikte dringen, die da in Szene gesetzt werden sollen.

Zunächst sind da die inneren Kämpfe Montezumas, des astrologischen *Königs, dessen Beweggründe uns die Geschichte nicht klarzumachen vermocht hat.*

Man kann bei ihm offenbar zwei Personen unterscheiden:

1. Denjenigen, der nahezu fromm den Geboten des Schicksals gehorcht, der untätig und gewappnet mit seinem ganzen Bewußtsein das Verhängnis erfüllt, das ihn mit den Gestirnen verbindet.

Man kann *seine Kämpfe und seine symbolische Unterredung mit den sichtbaren Mythen der Astrologie* fast *bildlich*, auf jeden Fall *objektiv darstellen.*

Gutes Beispiel für Tänze, Pantomimen und szenische Vergegenständlichungen aller Art.

2. Den zerrissenen Menschen, der die äußeren Gebärden eines Ritus ausgeführt, der den Ritus der Unterwerfung vollzogen hat und sich nun in seinem Innern fragt, ob er sich geirrt habe, der in einer Art höheren Begegnung, in der die Phantome des Seins schweben, revoltiert.

Ein Magier kann seiner Sache noch so sicher sein, um der Erfordernisse der Bühne willen, um der Rechtfertigung des Lebens und des Theaters willen ist es erlaubt, ihn menschlich zweifeln zu lassen. *Schließlich gibt es außer Montezuma noch die Menge, die verschiedenen* Echos *der Gesellschaft, die Revolte des Volkes gegen das Verhängnis in der Person Montezumas, das Geschrei der Ungläubigen, die Spitzfindigkeiten der Philosophen und der Priester, das Wehklagen der Dichter*, die Reaktion *der Kaufleute und Bürger, die Doppelzüngigkeit und sexuelle Verweichlichung der Frauen.*

Der Geist der Menschenmenge, der Atem der Begebenheiten werden sich in stofflichen Wellen auf das Schauspiel übertragen und hier und da gewisse Kraftlinien bilden, und in diesen Wellen *und auf diesen Wellen wird das verminderte, aufsässige oder verzweifelte Bewußtsein einiger weniger treiben wie ein Strohhalm.*

Für das Theater besteht das Problem darin, daß diese Kraftlinien festgelegt und harmonisiert, daß sie konzentriert werden und man suggestive Melodien aus ihnen gewinnt.

Diese Bilder, diese Bewegungen, diese Tänze, diese Riten, diese Musik, diese verstümmelten Melodien, diese unvermittelt abbrechenden Dialoge werden sorgfältig in Noten gebracht und, soweit das geht, mit Worten beschrieben werden, vor allem aber in den nicht dialogischen Teilen des Schauspiels. Denn das Prinzip ist, gleichsam wie auf Notenpapier *zu einer Notation oder Chiffrierung dessen zu gelangen, was nicht mit Worten zu beschreiben ist.**

Und hier der Aufbau des Schauspiels in der Reihenfolge seines Ablaufs.

Erster Akt. – Die Vorzeichen.

Ein Bild des wartenden Mexiko mit seinen Städten, seinem Land, seinen Behausungen von Höhlenmenschen, seinen Mayaruinen.

Gegenstände, die im Grunde an gewisse spanische Votivbilder und an die seltsamen Landschaften erinnern, die in Flaschen oder gerahmt unter konvexem Glas verwahrt werden.

Auf diese Weise werden die Städte, die Monumente, das Land, der Wald, die Ruinen und die Höhlen – ihr Auftreten, Verschwinden, ihre Plastizität – durch Beleuchtung beschworen. Die musikalische oder bildhafte Weise, ihre Formen hervorzuheben, ihre Rauheiten festzuhalten, wird im Geist einer geheimen, für den Zuschauer nicht wahrnehmbaren Melodie gebildet, die der Inspiration einer an Atem und Eingebungen überreichen Poesie entspricht.

All das zittert, stöhnt wie eine ungewöhnlich durcheinandergeschüttelte Auslage. Eine Landschaft, die das Gewitter kommen spürt: Gegenstände, Musik, Stoffe, liegen

* Der kursiv gedruckte Text steht mit geringfügigen Abweichungen auch im *Theater der Grausamkeit* (Zweites Manifest); die Übersetzung folgt hier der Übersetzung von Gerd Henniger (Antonin Artaud, Das Theater und sein Double, Frankfurt am Main 1969, S. 135 ff.). *Anm. d. Übers.*

gelassene Gewänder, Schatten von Wildpferden ziehn durch die Lüfte wie ferne Meteore, wie der Blitz überm Horizont voller Spiegelungen, wie der Wind sich über den Erdboden neigt, heftig, in einer Beleuchtung, die Regen oder Lebewesen prophezeit. Dann beginnt die ganze Beleuchtung zu tanzen; den kreischenden Unterhaltungen, dem Widerstreit aller Echos der Bevölkerung antworten Montezumas stumme, versunkene, deprimierte Konfrontationen mit seinen zum Kollegium versammelten Priestern, mit den Tierkreiszeichen, den strengen Formen des Firmamentes.

Was Cortez angeht, eine Inszenierung von Meeren und winzigen, hin und her geschaukelten Karavellen und sowohl Cortez wie seine Leute größer als sie und fest wie Felsen.

Zweiter Akt. – Bekenntnis.

Mexiko, diesmal von Cortez aus gesehen.

Stillschweigen über alle seine heimlichen Kämpfe, scheinbares Stagnieren und vor allem Magie, Magie eines reglosen, unerhörten Schauspiels mit Städten wie Lichtmauern, Palästen über Kanälen mit stehendem Wasser, eine lastende Melodie.

Dann ragen mit einem Mal, auf einen einzigen schrillen, unmittelbaren Ton hin, Köpfe über die Mauern.

Dann ein dumpfes, drohendes Grollen, ein Eindruck schrecklicher Feierlichkeit, von Löchern in der Menge wie Säcken voller Ruhe in der vom Sturm gesträubten Luft: Auftritt Montezumas, der ganz allein auf Cortez zugeht.

Dritter Akt. – Die Umwälzungen.

Revolte in allen Schichten des Landes.

Revolte auf allen Bewußtseinsebenen Montezumas.

Schlachtfeld in Montezumas Geist, der mit dem Schicksal hadert.

Magie, magische Inszenierung einer Beschwörung der Götter.

Montezuma zerschneidet den eigentlichen Raum, spaltet ihn wie ein weibliches Geschlecht, damit das Unsichtbare aus ihm entspringt.

Die Mauer der Bühne füllt sich ungleichmäßig mit Köpfen, mit Hälsen: rissige, seltsam abgehackte Melodien, Antworten auf diese Melodien wirken wie Stummel. Montezuma selbst ist offenbar zweigeteilt, verdoppelt sich; manche Teile von ihm sind im Halbdunkel, andere grell beleuchtet; viele Hände kommen aus seinen Gewändern hervor, Sehschlitze sind auf seinen Körper gemalt wie eine vielfache Bewußtwerdung, aber aus dem Inneren von Montezumas Bewußtsein gehen alle Fragestellungen auf die Menge über.

Der Tierkreis, der mit all seinen Tieren in Montezumas Haupt brüllte, wird zu einer Menge menschlicher Leidenschaften, die von klugen, vor Spitzfindigkeit geradezu funkelnden Köpfen offizieller Schwätzer verkörpert werden, – zu geheimnistuerischen Fetzen, über die die Menge trotz der Umstände im Vorbeigehen grinst.

Unterdessen lassen die wahren Krieger ihre Säbel brüllen, schärfen sie an den Häusern. Fliegende Schiffe durchqueren einen violett-indigoblauen, vom Reichtum der Flüchtlinge überquellenden Pazifik, dafür werden auf anderen fliegenden Schiffen Waffen eingeschmuggelt.

Ein Ausgemergelter schlingt seine Suppe hinunter, denn er spürt, daß die Belagerung der Stadt näherrückt, und wenn die Revolte ausbricht, ist der Bühnenraum gleichsam vollgestopft mit einem zeternden Mosaik, wo sich entweder Menschen oder Truppen in geschlossener Formation wie wahnsinnig drängen, wobei die Truppenteile Glied für Glied aneinanderkleben. Der Raum ist nach oben hin mit strudelnden Gebärden, gräßlichen Gesichtern, röchelnden Augen, geballten Fäusten, Mähnen, Harnischen übersät, und aus allen Rängen des Theaters fallen Glieder, Harnische, Köpfe, Bäuche wie Hagel, dessen Bombardement auf der Erde übernatürliche Explosionen hervorruft.

Vierter Akt. – Die Abdankung.

Montezumas Abdankung hat einen seltsamen und gleichsam unheilvollen Verlust an Selbstvertrauen bei Cortez und seinen Kriegern zur Folge. Konkrete Verwirrung steigt aus gehobenen Schätzen, die in den Ecken der Bühne wie Sinnestäuschungen zum Vorschein kommen. (Das wird durch mehrfache Spiegelungen bewirkt.)

Lichter, Töne verschmelzen gleichsam, fasern aus, schwellen an und sacken in sich zusammen wie wässrige Früchte, die auf dem Boden zergehen. Man sieht seltsame Paare, der Spanier auf der Indianerin, beide furchtbar aufgebläht, gedunsen und schwarz, sie schaukeln wie Müllwagen, die ihren Bauch herzeigen. Mehrere Fernand Cortez treten gleichzeitig auf, ein Hinweis, daß es keinen Herrn mehr gibt. Ab und zu werden Spanier von Indianern massakriert; unterdessen scheint Cortez vor einer Statue, deren Kopf sich in Musik verwandelt, mit schlenkernden Armen zu träumen. Verrat bleibt ungeahndet. Gestalten, die nie eine gewisse Höhe überschreiten, wimmeln herum.

Diese Verwirrung und der Anfang einer Revolte der Besiegten wird auf unzählige verschiedene Weisen zum Ausdruck kommen. Und bei diesem Sturz, dieser Schwächung der brutalen Kraft, die sich erschöpft, weil sie ja nichts mehr zu verschlingen hat, läßt sich ein erster Ansatz zu einem leidenschaftlichen Roman erkennen.

Da die Waffen jetzt ruhen, kommt Sinn für Luxus auf. Nicht die dramatischen Leidenschaften so vieler Schlachten, sondern kalkulierte Gefühle, ein klug gesponnenes Drama, in dem zum ersten Mal in diesem Schauspiel ein Frauenkopf in Erscheinung tritt.

Und als Folge all dessen ist das auch die Zeit der Giftdünste, der Krankheiten.

Auf allen Ausdrucksebenen erscheinen gleichsam taube Blüten, Töne, Worte, Giftblumen, die dicht am Erdboden explodieren. Und gleichzeitig beugt ein religiöser Hauch die Häupter, grauenerregende Töne wie Eselsschreie, von einer felsenzerklüfteten Steilküste abrupt gebrochen gemäß den launischen Koloraturen des Meeres über einer unermeßlichen Sandfläche. Es ist Montezumas Leichenbegängnis. Trampeln, Murmeln. Die Menge der Eingeborenen, ihre Schritte erzeugen das Geräusch der Scheren des Skorpions. Dann ein Hin und Her angesichts der Giftdünste, riesige Köpfe, die Nüstern von den Gerüchen gebläht – und nichts als riesige, aber an Krücken gehende Spanier. Und wie eine Sturmflut, wie der jähe Ausbruch eines Gewitters, wie das Peitschen des Regens überm Meer: die Revolte, die die ganze Menge stückweise mitreißt mit Montezumas totem Körper, der über den Köpfen schaukelt wie ein Schiff. Und die jähen Krämpfe der Schlacht, der Schaum der Köpfe verfolgter Spanier, die zermalmt werden wie Blut auf den grünenden Mauern.

Revolutionäre Botschaften

Der ewige Verrat der Weißen

Wenn die Menschen es satt haben, Götter zu sein, erinnern sie sich regelmäßig wieder daran, daß sie Menschen sind, und beginnen diesen menschlichen Status herauszustreichen, als ob er höher wäre als derjenige der Götter.

Ich weiß nicht, ob man schon beobachtet hat, daß von jeher zum Zeitpunkt, wo die Menschen sich lediglich als Menschen und nichts weiter begreifen, die Zivilisation selbst in die Brüche geht, wie wenn das Leben der Menschheit von der zutiefst erregten menschlichen Phantasie unterstützt werden müßte, damit es sich auf der höchsten Höhe seiner Bestimmung zu halten vermag.

Die Krisen des Humanismus fallen in bemerkenswerter Parallelität immer mit Krisen der Zivilisation zusammen. Diese Gleichzeitigkeit ist wirklich seltsam. Wenn der Zustand der Zivilisation bereits hoffnungslos ist, wenn sich der Kulturbegriff schon fast ganz zurückgebildet hat, dann beginnen die Menschen von Humanismus zu sprechen, als ob der Mensch der *Natur* überhaupt entrinnen könnte, als ob an der herrschenden Anarchie nicht vor allem dieses armselige und erniedrigende Menschenbild schuld gewesen wäre, das sich seit Jahrhunderten immer wieder mit dem Ausdruck Humanismus getarnt hat: vom Humanismus der Renaissance bis zum heutigen materialistischen Humanismus.

Humanismus hat von jeher bedeutet, daß der Mensch die *Natur* auf sein eigenes Format reduzierte, daß er aus dem Modell »Mensch« eine Art allgemeines, sowohl körperliches wie geistiges Maß machte, auf welches sich dann jeweils alles in der Welt beziehen sollte.

Und das ist immer der Augenblick, wo der Kult einer spezifisch menschlichen Fähigkeit um sich greift: der Kult der Vernunft, und wo der doppelte Standpunkt der menschlichen Moral und der menschlichen Psychologie seine Grausamkeiten überallhin ausdehnt.

Es ist verwirrend, festzustellen, daß es Moral außerhalb des Menschen nicht gibt und daß der materialistische Standpunkt, der die menschliche Vernunft zu einer Art universalem Modell machen möchte, nur zur Unterwerfung führt: zur Unterwerfung des Menschen unter die *Natur*, denn der Mensch macht sich zum Sklaven seiner eigenen Moral und zum Gefangenen der von ihm selbst geschaffenen Tabus.

Diese Konzeption einer Moral der Natur und des Lebens – welcher zufolge der Mensch selbst sein eigenes Leben als etwas von der *Natur* Verschiedenes empfindet – ist auch eine Moral und entspricht einer dualistischen Auffassung der Dinge. Und es ist immer so gewesen, daß der Humanismus in Zeiten aufgekommen ist, die den Geist von der Materie und das Bewußtsein vom Leben trennten.

Das ist eine europäische Konzeption. Die Welt der Weißen hat sich schon seit Jahrhunderten auf diese Zergliederung spezialisiert.

Wenn es in Europa zu Religionskriegen gekommen ist, sind sie immer gegen die ewige Einheit des Geistes geführt worden. Der Albigenserkrieg wurde gegen die Anhänger des unitarischen Lebens geführt, während im Laufe der Religionskriege in Indien schließlich jedesmal die Anhänger der Dualität des Lebens und der Präexistenz der Materie vernichtet wurden.

Die indische Welt hat zu allen Zeiten einen festverwurzelten Glauben an ihre monistische Auffassung des Menschen, der *Natur*, des Geistes und des Lebens zum Ausdruck gebracht.

Und der ketzerische Buddhismus wurde in Indien von den Brahmanen in Kriegen, die zwei- oder dreihundert Jahre dauerten, ausgerottet.

Buddha, der große Buddha, war ein Verräter. Er gilt in Indien als Verräter, und die Brahmanen lassen es sich nicht nehmen, ihn offen als solchen zu bezeichnen.

Die nicht gerade rühmliche Kinderei dieser Reduktion des Menschen und dieser anarchischen Lebensauffassung ist keine Eigenheit der Renaissance des XVI. Jahrhunderts. Es gab auch in Griechenland im IV. Jahrhundert vor Christus eine Schule skeptischer Philosophen, die das Leben auf das Maß des Menschen zurückführten und die Göttermythen, auf denen die echte griechische Zivilisation beruhte, diese Mythen, in deren unterirdischem, magischen Leben die Tragödie des Äschylos gärte, als Ammenmärchen bezeichneten.

Von Äschylos zu Euripides beschreibt die griechische Welt eine fallende Kurve. In den Schulen wird erzählt, der Mensch habe dank Euripides, auf Grund seiner schäbigen, vermenschlichten Lebensauffassung, eine richtigere, rationalere Vorstellung von der *Natur* gewonnen. Diese Ignoranten sprechen von Griechenlands ewiger Kultur und stellen Äschylos, Sophokles und Euripides auf eine Stufe, wobei weder gesehen wird, daß eine Welt sie trennt, noch daß diese drei Namen die drei Abschnitte einer unheilvollen Kurve darstellen, die den Menschen schließlich veranlaßt hat, im Laufe der Jahrhunderte auf seine Macht zu verzichten.

Der Ausdruck »Humanismus« bedeutet im Grunde nichts anderes als eine Abdankung des Menschen. In den Göttermythen ist der Mensch der *Natur*, die er als Synthese begreift, ebenbürtig, aber sobald der analytische Geist aufkommt, bildet sich der Mensch ein, er durchschaue die Natur und seziere ihre Geheimnisse wie ein Chirurg, der einen Muskel seziert oder die Organe des Leichnams voneinander trennt, während doch der Mensch wie der Chirurg, der zu dem Leichnam keine unmittelbare Verbindung mehr hat, gerade in diesem Augenblick den Kontakt mit der *Natur* verliert, denn in den Geist der *Natur* dringt man nur über den Instinkt ein. Man kann gegen instinktive Erkenntnis sagen, was man will, trotzdem hat gerade sie alle großen menschlichen Erfindungen ermöglicht. Von der unbegrenzten Phantasie des Menschen haben die Zivilisationen von jeher gezehrt. Jedesmal, wenn der rationale Geist wieder auftaucht, zeigt dieses Wiederauftauchen an, daß eine Welt im Sterben liegt. Im Geist der weißen Rasse ist aber ein Makel, der sie in regelmäßigen Zeitabständen zu der Behauptung veranlaßt, der Erkenntnis der Welt seien keine Grenzen gesetzt, und bewirkt, daß die verstreuten, leblosen Glieder der *Natur* in einem Wissen gesammelt werden, welches vielleicht klar, aber unnütz ist, weil es lediglich von toten Gegenständen ausgeht.

Der Kampf spielt sich heute zwischen dem präzisen, toten abendländischen Wissen und dem wirren, aber lebendigen Wissen um ein ewiges Dasein ab, über das der orientalische Monismus verfügt.

PS. – Man darf die frühe orientalische Metaphysik, wie sie uns seit dem VII. Jahrhundert nach Christus in den schriftlichen Fassungen der Weden überliefert worden ist (eine Metaphysik, die Geist und Materie zu einem unzerstörbaren Ganzen verbindet und sich dabei ihrerseits teilweise in der Welt des Samsara, dem Bereich der allumfassenden Täuschung, spiegelt), man sollte, ich wiederhole es, diese frühe monistische Metaphysik nicht mit den Verfälschungen verwechseln, die uns H.-P. Blavatskys und Annie Besants englischer Theosophismus aufgetischt hat. Die theosophische Schule ist englisch und zeugt von den Bemühungen des Geheimdienstes, seine Nase sogar in die orientalischen Lehren zu stecken.

Drei an der Universität von Mexiko gehaltene Vorträge

Surrealismus und Revolution

Ich habe von 1924 bis 1926 an der surrealistischen Bewegung teilgenommen, ich habe sie in ihrer Heftigkeit begleitet.

Ich werde darüber in dem Geist sprechen, der mich damals beseelte; und ich will versuchen, diesen Geist, der blasphemisch und ruchlos sein wollte, was ihm ab und zu auch gelungen ist, für Sie wiederaufleben zu lassen.

Aber machen Sie sich klar, daß es mit diesem Geist vorbei ist; er gehört ins Jahr 1926, und wenn Sie auf ihn reagieren, so reagieren Sie nur wie im Jahre 1926.

Der Surrealismus ist aus Verzweiflung und Abscheu entstanden, und er ist auf den Schulbänken entstanden.

Weit mehr als eine literarische Bewegung ist er eine geistige Revolte gewesen, der Schrei der menschlichen Organe, das Aufbäumen des Seins in uns gegen allen Zwang.

Und zuallererst gegen den Zwang des Vaters.

Die ganze surrealistische Bewegung ist eine tiefe, eine innere Auflehnung gegen alle Vaterfiguren gewesen, gegen die immer stärkere Vormachtstellung des Vaters in den Gebräuchen und im Denken.

Hier zu rein dokumentarischen Zwecken das letzte surrealistische Manifest, das den neuen politischen Kurs dieser Bewegung zeigt:

Gegenangriff
Das Vaterland und die Familie

Sonntag, den 5. Januar 1936, 21 Uhr, im Grenier des Augustins, 7, rue des Grands-Augustins (Metro Saint-Michel).

Gegen die Aufgabe
der revolutionären Position

Protestversammlung

Ein Mensch, der das Vaterland gelten läßt, ein Mensch, der für die Familie kämpft, ist ein Mensch, der Verrat begeht. Er verrät, wofür wir leben und kämpfen.

Das Vaterland steht zwischen dem Menschen und den Schätzen des Bodens. Es fordert, daß die Erträge des menschlichen Schweißes in Kanonen verwandelt werden. Es läßt ein menschliches Wesen zum Verräter an seinesgleichen werden.

Die Familie ist die Grundlage des sozialen Zwanges. Fehlende Brüderlichkeit zwischen Vater und Sohn ist für alle gesellschaftlichen Beziehungen, die auf Autorität und auf der Verachtung der Arbeitgeber für ihre Mitmenschen beruhen, beispielhaft geworden.

Vater, Vaterland, Arbeitgeber – *diese Trilogie dient der alten patriarchalischen Gesellschaft und heute der faschistischen Schweinerei als Grundlage.*

Die von der Angst verstörten Menschen, einem Elend und einer Ausrottung preisgegeben, deren Ursachen sie nicht durchschauen, werden sich eines Tages wütend erheben. Sie werden die alte patriarchalische Trilogie endgültig zugrunderichten: sie werden die brüderliche *Gesellschaft der Arbeitskollegen gründen, die Gesellschaft der menschlichen Macht und Solidarität.**

Dieses Manifest zeigt, daß der Surrealismus dem allerneusten stalinistischen Kurs zum Trotz an den wesentlichen Zielen des Marxismus festhält, nämlich an all den virulenten Punkten, wo der Marxismus den Menschen betrifft und im Innersten erfassen möchte; und in dieser bohrenden Heftigkeit kommt die alte surrealistische Einstellung wieder zum Ausdruck, die nur in der Erbitterung leben kann.

Doch das Geheimnisvolle am Surrealismus besteht darin,

* Das Manifest wurde von Georges Bataille verfaßt. *Anm. d. Übers.*

daß diese Revolte von Anfang an ins Unbewußte versunken ist.

Sie ist verborgene Mystik gewesen. Eine neue Art von Okkultismus, und wie jede verborgene Mystik hat sie sich allegorisch und mit Hilfe von Larven geäußert, die wie Poesie aussahen.

Der Surrealismus hat jede Art von Anspruch auf Klarheit abgelehnt, oder er hat sich ihr nicht anschließen können.

Eine schreckliche, brodelnde Revolte gegen jede Art materieller oder geistiger Unterdrückung schüttelte uns alle, als der Surrealismus begann: Vater, Vaterland, Religion, Familie – es gab nichts, gegen das wir uns nicht in Schmähungen ergingen, gegen das wir uns nicht, noch viel mehr als mit Worten, mit unserer Seele in Schmähungen ergingen. Bei dieser Revolte war unsere Seele engagiert, und sie war *materiell* engagiert. Trotzdem war diese Revolte, die alles angriff, nicht imstande, etwas zu zerstören, jedenfalls sah es so aus. Das Geheimnis des Surrealismus besteht darin, daß er die Dinge in ihrem Geheimsten angreift.

Der Surrealismus hatte einen Weg erschlossen, auf dem man wieder bis zum Geheimsten der Dinge vorstoßen konnte. Wie beim Unbekannten Gott der Mysterien der Kabiren, wie beim Ajin-sof, dem lebendigen Loch der Abgründe in der Kabbala, wie beim Nichts, der Leere, dem das Nichts verschlingenden Nicht-Sein der alten Brahmanen und der Weden kann man beim Surrealismus sagen, was er nicht ist, doch wenn man sagen will, was er ist, muß man sich mit Näherungswerten und Bildern behelfen, und der Surrealismus ist eine in Bilder gehüllte Bewegung. Er erweckt durch eine Art Beschwörung im Leeren den Geist uralter Allegorien zu neuem Leben.

Sicher gibt es in der surrealistischen Poesie Elemente, über die man sprechen kann und die man wiederholt antrifft, die man wiedererkennt. Doch andere Arten von Poesie führen uns immer in einen Bereich, führen uns in eine bestimmte Gegend, die unverwechselbar ist. Mit dem Surrealismus beginnt dagegen der Weg des Verlustes, und zwar in dem Sinne, daß man nie behaupten kann, seine Poesie befinde sich dort, wo wir sie erblicken.

Der Surrealismus hatte das Bedürfnis, herauszutreten.

»Heraustreten ins Tageslicht«, wie das *Ägyptische Totenbuch* im ersten Kapitel vom Double des Menschen sagt.

Und wir Surrealisten hatten immer, überall das Bedürfnis, herauszutreten in eine Bewegung tödlicher Unzufriedenheit: daher diese Heftigkeit, die zu nichts führte, doch unterirdisch etwas zum Ausdruck brachte: eine Heftigkeit, die von der Manie, die Dinge klarzustellen, schließlich den Namen *Demoralisation* erhalten hat.

Weigerung und Heftigkeit.

Heftigkeit und Weigerung.

Diese beiden bezeichnenden Pole eines unmöglichen geistigen Zustands, einer rätselhaften Elektrizität weisen auf das Ungewöhnliche der damaligen Poesie hin, die keine Poesie im eigentlichen Sinn mehr war, sondern die magnetische Ausstrahlung eines Atems, eine Art bizarre Magie, die mitten unter uns hauste.

Weigerung. Verzweifelte Weigerung, zu leben, die trotzdem das Leben akzeptieren muß.

Verzweiflung ist beim Surrealismus an der Tagesordnung gewesen, und mit der Verzweiflung der Selbstmord. Aber auf die in Nummer 2 der *Révolution Surréaliste* gestellte Frage: Ist der Selbstmord eine Lösung? haben die Surrealisten in einmütigem inneren Aufruhr geantwortet: nein, der Selbstmord ist noch immer eine Hypothese, denn wie Jouffroy sagt: »Beim Selbstmord ist das, was tötet, nicht identisch mit dem, was getötet wird.«

Alle surrealistischen Äußerungen haben etwas von diesem selbstmörderischen Geist, bei dem echter Selbstmord nicht eintritt.

Destruktion auf Destruktion. Während die Poesie die Wörter attackiert, attackiert das Unbewußte die Bilder, aber ein noch verborgenerer Geist setzt die Statue eifrig wieder zusammen.

Man nimmt sich vor, das Wirkliche zu zerbrechen, die Sinne zu verwirren, die äußeren Erscheinungen nach Möglichkeit zu demoralisieren, dabei aber nie das Konkrete aus dem Auge zu verlieren. Der Surrealismus ist darauf versessen, daß bei seinem beharrlichen Massaker immer etwas herauskommt.

Denn für ihn ist das Unbewußte etwas Körperliches und das Unlogische insofern geheimnisvoll, als in ihm ein Geheimnis des Lebens zum Ausdruck kommt.

Wenn er die Gliederpuppe zerbrochen, wenn er die Landschaft beschädigt hat, stellt er sie wieder her, aber entweder so, daß man sich vor Lachen ausschüttet, oder so, daß der Bodensatz schrecklicher Bilder, die im Unbewußten treiben, wieder lebendig wird.

Das heißt, er nimmt die Vernunft auf die Schippe, er entzieht den Sinnen ihre Bilder, um sie ihrem tiefen Sinn zurückzugeben.

Das heißt, die Schriftsteller dieser Zeit haben geahnt, daß es in grauer Vorzeit ein Wissen um die okkulten Hintergründe des Menschen gab, das seitdem verlorengegangen ist.

Und der Surrealismus hat Leben freigesetzt, er hat auf physische Weise Leben entlastet, er hat ermöglicht, daß ein Netz kostbarer Elektrizität die Steine, die leblosen Ablagerungen, mit Leben aufgeladen hat.

Das aufgelöste Leben formt sich neu in Reaktion auf die chaotische Anarchie, die den sichtbaren Dingen aufgezwungen worden ist.

Die surrealistische Welt ist konkret, *konkret*, damit sie nicht eingeschmolzen werden kann.

Alles, was abstrakt, alles, was weder auf Grund seiner Tragik noch auf Grund seiner Komik beängstigend ist, alles, was nicht einen Zustand des Organischen zum Ausdruck bringt, was nicht eine Art körperliches Ausschwitzen der geistigen Unruhe ist, hat nichts mit dieser Bewegung zu tun. Der Surrealismus hat die automatische Schreibweise erfunden, sie ist eine Vergiftung des Geistes. Die vom Gehirn befreite Hand bewegt sich, wohin die Feder sie führt; und sie führt kraft einer erstaunlichen Behexung die Feder so, daß diese lebendig wird, aber weil die Hand jede Verbindung mit der Logik verloren hat, nimmt sie, auf diesem Wege wiederhergestellt, mit dem Unbewußten Verbindung auf.

Durch dieses ihr Wunder leugnet sie den idiotischen Widerspruch der Schulen zwischen Geist und Materie, zwischen Materie und Geist.

Jedesmal, wenn an das Leben gerührt wird, reagiert es mit dem Traum und den Larven.

Das bedeutet, daß das allgemeine Unbewußte ausgelotet worden ist. Es gibt her, was es bewahrte.

Wenn eine Frau empfangen hat, träumt sie, daß sie empfangen hat, obwohl sie es nicht weiß. Wenn ein Mensch verwundet worden ist oder krank wird oder in die Agonie eintritt, so träumt er. Neben den Träumen eines einzelnen Menschen gibt es Gruppenträume und Länderträume.

Ich weiß nicht, wieviele von uns Surrealisten gespürt haben, daß wir durch unsere Träume eine Art Gruppenwunde bloßlegten, eine Wunde des Lebens.

Vom Traum besessen in seinem Haß auf die Realität, ist der Surrealismus auch vom Edlen besessen, von der Reinheit heimgesucht gewesen.

Der Reinste, der Verzweifeltste von uns, sagte man oft von diesem oder jenem Surrealisten. Denn für uns war nur der wahrhaft rein, der verzweifelt war.

Belanglos, daß dieses reine Feuer nur sich selbst verzehrt hat. Es hat aufrichtig rein sein wollen. Und diese Reinheit hat es auf allen Ebenen gesucht, die sich anboten: in der Liebe, im Geist, in der Sexualität.

»Der Vater«, sagt Saint-Yves d'Alveydre in *Die Schlüssel zum Orient*, »der Vater, das muß gesagt werden, ist zerstörerisch.«

Ein unbedingt verzweifelter Geist, der sich im Denken

auf die erhabene Ebene der Natur begibt, wittert im Vater den Feind. In den Mythen von Tantalos, von der Megäre, von Atreus ist dieses Geheimnis, diese Art unmenschliche Wahrheit, mit der die Menschen zurechtzukommen suchen, in Worte der Sage gehüllt.

Der Haß ist die natürliche Regung des Vaters gegen den Sohn, gegen die Familie; dieser Haß, den die chinesische Philosophie nicht von der Liebe zu trennen vermag.

Und mit dieser allgemeinen Wahrheit sucht auch jeder einzelne Vater in seinem Dasein zurechtzukommen.

Ich habe bis zu meinem siebenundzwanzigsten Jahr mit dem dunklen Haß des Vaters, meines Vaters als Einzelperson, gelebt. Bis zu dem Tage, wo ich erlebt habe, wie er starb. Da hat diese unmenschliche Härte, mit der er mich unterdrückte und die ich ihm vorwarf, nachgelassen. Aus diesem Leichnam ist ein andres Wesen hervorgegangen. Und zum erstenmal im Leben hat mir dieser Vater die Arme entgegengestreckt. Und ich, in meinem Körper befangen, ich begriff, daß er sein ganzes Leben lang von seinem Körper befangen gewesen war, daß es einen Wahn des Daseins gibt und daß wir dazu geboren sind, gegen ihn zu protestieren.

Am 10. Dezember 1926 um 9 Uhr abends versammeln sich die Surrealisten im Café »Prophète« in Paris zu einer Tagung.

Es geht darum, was der Surrealismus angesichts der sozialen Revolution, die sich ankündigt, mit seiner eigenen Bewegung anfangen will.

Nach allem, was uns vom Kommunismus marxistischer Prägung, mit dem man sich verbünden wollte, bekannt ist, stand die Frage für mich überhaupt nicht zur Diskussion.

Ob Artaud die Revolution scheißegal sei? wollte man von mir wissen.

Eure ist mir scheißegal, meine nicht, antwortete ich und trennte mich vom Surrealismus, weil auch der Surrealismus eine Partei geworden war.

Die surrealistische Revolution verstand sich als Revolte um der Erkenntnis willen, hatte also nichts zu tun mit einer Revolution, die behauptet, sie kenne den Menschen bereits, und die ihn nicht über seine gemeinsten Bedürfnisse hinauskommen läßt.

Der surrealistische und der marxistische Standpunkt waren unvereinbar. Und das merkte man auch prompt, als ein paar notorische Surrealisten beschlossen, der Partei beizutreten. Das heißt der französischen Filiale der Dritten Internationale von Moskau.

Sind Sie Surrealist oder Marxist? fragte man André Breton, und wozu brauchen Sie, wenn Sie Marxist sind, noch Surrealist zu sein?

Es ging alles in allem darum, daß sich der Surrealismus zum Marxismus herabließ, aber es wäre angebrachter gewesen, wenn der Marxismus versucht hätte, sich zum Surrealismus zu erheben.

Im Jahre 1926 war der Antagonismus unauflösbar, denn die Geschichte war noch nicht soweit. Heute, glaube ich, ist die Geschichte soweit und es gibt etwas Neues in Frankreich. Eine geschichtliche Idee ist ins Bewußtsein der Jugend getreten, und ich möchte diese Idee, die ich noch entwickeln werde, die Versöhnung von *Kultur* und Schicksal nennen. Im verzweifelten Bewußtsein der Jugend ist ein neuer Kulturbegriff entstanden. Und diese Kultur, die den Menschen erkennen will, hat eine hohe Auffassung vom Menschen. Sie lehnt es ab, das menschliche Leben vom Leben der Ereignisse zu trennen. Sie will, daß man in die innere Sensibilität des Menschen eindringt, der seinerseits wieder auf die Ereignisse einwirkt.

Die neue Jugend ist anti-kapitalistisch-bürgerlich und hat, wie Karl Marx selbst, die Unausgeglichenheit der Zeiten empfunden, in denen die monströse Vaterfigur, die auf Grundbesitz und Geld beruht, in den Vordergrund tritt. Wenn man Marx vorwirft, er wolle die Familie abschaffen, antwortet er: »Die Familie, die habt doch ihr zerstört, wo sind denn eure althergebrachten Tugenden? Ich sehe überhaupt keine Tugend mehr, nur noch Materie, und ich, Marx, ich organisiere die Materie, ich organisiere sie technisch und zwangsweise.« Man könnte sagen, daß Marx organisiert, was die Bourgeoisie von den althergebrachten Werten des Menschen übriggelassen hat.

Bevor der Surrealismus gesteigerte, höhere Realität war, stellte er eine Kritik des Tatsächlichen und der Bewegung der Vernunft im Tatsächlichen dar.

Zwischen dem Realen und mir steht das Ich mit meiner persönlichen Verzerrung der Trugbilder der Realität.

Und die Jugend mit *ihrem* heutigen Ich ist der Meinung, daß Marx zwar von einer Tatsache ausgegangen, aber in dieser Tatsache steckengeblieben und nicht in die Natur herausgetreten ist. Alles in allem hat er aus einer Tatsache eine Metaphysik entwickelt, sich aber nicht bis zu einer Metaphysik der Natur erhoben, und die Jugend will sich, ehe sie sich dem wirtschaftlichen Aspekt des Tatsächlichen beugt, gerade zur Natur erheben.

Aber wenn diese Jugend die Organisation der Materie befürwortet, so befürwortet sie gleichzeitig die Organisation des Geistes.

Sie hält Lenins materialistische Organisation für eine vorübergehende, als Strafe verhängte Organisation, und sie ist der Meinung, daß Lenin diese materialistische, als Strafe verhängte Organisation in Rußland mit gerechter Grausamkeit durchführt. Aber Materie-Geist hin, Geist-Materie her, diese Jugend behauptet, daß diese beiden Aspekte ihres Seins voneinander abhängig sind. Denn im gleichen Augenblick, wo sie ißt, empfindet sie; und im gleichen Augenblick, wo sie denkt, ißt sie. Sie wirft dem modernen Europa vor, es habe einen Antagonismus erfunden, der in Wirklichkeit gar nicht existiert. Und wenn sie Marx verurteilt, so weil er Europäer ist und weil diese Jugend den Menschen liebt, aber den ganzen Menschen, der sie vom Menschen erlösen soll.

Zu ihrem neuen Kulturbegriff gehört eine Ausrichtung gegen den Fortschritt. Die moderne Wissenschaft bringt uns bei, daß es niemals Materie gegeben hat, und kommt nach vierhundert Jahren auf die alte alchimistische Vorstellung der drei Prinzipien Schwefel, Quecksilber und Salz zurück, die sie Energie, Bewegung und Masse nennt. Von Fortschritt braucht man da wirklich nicht zu reden.

In alledem kommt ein höherer Kulturbegriff zum Ausdruck, aber damit diese Kultur Realität wird, müssen eine ganze Reihe von Ideen zerschlagen werden, Ideen, die Idole sind, und wenn wir uns entschlossen haben, uralte Idole zu zerschlagen, so wollen wir nicht auf Schritt und Tritt neue entstehen lassen.

Diese Jugend will nicht mehr an der Nase herumgeführt werden, und wenn man sagt, die Zeiten hätten sich geändert und heute könnten ein Intellektueller, ein Dichter nicht mehr an ihrer Zeit vorbeileben, so kontert sie, man täusche sich über die Intellektuellen und die Zeit.

Sie trennt die Intellektuellen nicht von der Zeit, und die Intellektuellen trennen sich nicht von ihrer Zeit und sind ganz wie ihre Zeit der Meinung, der Geist sei nichts Leeres und die Kunst tauge nur etwas, wenn sie notwendig sei. Doch die Vorstellung von der Notwendigkeit der Aktion ist für sie nicht gleichbedeutend mit Prostitution der Aktion.

Es ist möglich, mit seiner Zeit zu gehen, ohne sich an die Mächte der Zeit zu verkaufen, ohne sein Aktionsvermögen durch Propagandaparolen zu prostituieren: »Krieg dem Krieg, gemeinsame Front, Einheitsfront, geschlossene Front, Krieg dem Faschismus, anti-imperialistische Front, gegen Faschismus und Krieg, Klassenkampf, Klasse für Klasse, Klasse gegen Klasse usw. usw.«

Es gibt Verdummungsidole im Dienst des Propagandajargons. Die Propaganda ist die Prostitution der Aktion, und die Intellektuellen, die in Propagandaliteratur machen, sind für mich und für die Jugend Kadaver, die mit ihrem eigenen Aktionsvermögen am Ende sind.

Ein Intellektueller wirkt sowohl auf das Individuum wie auf die Masse ein, und wenn er sich bei seiner Aktion mit der Masse in Übereinstimmung befindet, ist das Ausdruck einer bestimmten Vorstellung von Kultur hinsichtlich der Individualkräfte. Die Jugend will, daß man ihr eine Vorstellung von der Ökonomie der menschlichen Kräfte vermittelt, ohne daß diese auf die Individuen einwirken. Man kann beim Menschen mit Hilfe einer gewissen Technik Kräfte auslösen, wie die chinesische Medizin mit Hilfe einer gewissen Technik Leber, Milz, Rückenmark oder Eingeweide heilt, indem nämlich auf der Oberfläche des physischen Körpers Stellen berührt werden, die ebenfalls physisch sind, aber nicht unmittelbar auf der Leber, dem Magen, dem Rückenmark oder den Eingeweiden liegen.

Wie die Welt ihre Geographie hat, so hat der innere Mensch seine Geographie, und sie ist etwas Materielles. Aber Lenins dialektischer Materialismus hat Angst vor so profunden geographischen Kenntnissen.

Eine profunde Kultur dagegen hat keine Angst vor irgendwelcher Geographie, selbst wenn die Suche nach unerforschten menschlichen Kontinenten bis zu jenem Taumel führen sollte, wo das Immaterielle des Lebens brodelt.

Echte Kultur trägt dazu bei, das Leben auszuloten, und die Jugend, die wieder für einen universalen Kulturbegriff eintritt, ist der Meinung, daß an gewissen dazu prädestinierten Orten Lebensquellen hochsprudeln könnten, und sie blickt gleichzeitig nach Tibet und nach Mexiko. Die tibetische Kultur ist nur im Hinblick auf das interessant, was das *Ägyptische Totenbuch* Kadaver, Umgestülpte, nennt. Die uralte mexikanische Kultur dagegen ist insofern interessant, als sie die inneren Sinne über ihre Schranke hinaus zum Sprudeln bringt. Sie bringt Erweckte hervor.

Jede echte Kultur beruht auf Rasse und Blut. Das indianische Blut Mexikos bewahrt ein uraltes Rassengeheimnis, und bevor die Rasse untergeht, sollte man ihr, scheint mir, die Kraft dieses uralten Geheimnisses entlocken. Während das heutige Mexiko Europa nachahmt, muß meiner Meinung nach die europäische Zivilisation Mexiko sein Geheimnis entlocken. Die rationalistische Kultur Europas hat

Pleite gemacht, und ich bin nach Mexiko gekommen, um nach den Fundamenten einer magischen Kultur zu suchen, deren Kräfte vielleicht immer noch aus dem indianischen Boden hervorsprudeln.

Der Mensch gegen das Schicksal

Ich habe gestern abend über Surrealismus und Revolution gesprochen. Ich hätte sagen sollen: Revolution gegen Surrealismus, Surrealismus gegen Revolution.

Ich habe darzulegen versucht, aus welchem tiefen Abscheu, aus welcher Lebensangst, die sich nur mühsam zurechtfinden konnte, der französische Surrealismus hervorgegangen ist.

Wenn ich den Surrealismus betrachte, ist er für mich im wesentlichen eine Forderung des Lebens gegenüber allen seinen Karikaturen gewesen, und die von Marx erfundene Revolution ist eine Karikatur des Lebens.

Ich habe die Ansicht vertreten, daß dieser Hunger nach einem reinen Leben, für den der Surrealismus zu Beginn stand, nichts zu tun hat mit dem fragmentarischen Leben des Marxismus. Fragmentarisch, aber vorläufig gültig. Aber einer wirklichen geschichtlichen Bewegung entsprechend. Und ich habe gesagt, daß Marx als einer der ersten Geschichte gelebt und empfunden hat. Doch es gibt so manche Bewegung in der Geschichte. Und sollte die geistige Haltung des Surrealismus eine von den Tatsachen überholte geistige Haltung sein, so ist die geschichtliche Bewegung des Marxismus ebenfalls von den Tatsachen überholt.

Dazu folgendes über die neuste Ausrichtung unseres Denkens: so denkt die französische Jugend, und so denken hellhörige Intellektuelle.

Der historische, dialektische Materialismus ist eine Erfindung des europäischen Bewußtseins. Zwischen der eigentlichen Bewegung der Geschichte und dem Marxismus besteht eine Art menschliche Dialektik, die nicht mit den Tatsachen übereinstimmt. Und wir glauben, daß das europäische Bewußtsein den wahren Sachverhalt seit vierhundert Jahren völlig verkannt hat.

Bei diesem Sachverhalt handelt es sich um die rationalistische Auffassung der Welt, deren Anwendung auf unser tagtägliches Leben in der Welt etwas erzeugt, was ich das *gespaltene Bewußtsein* nennen will.

Sie werden gleich verstehen, was ich meine.

Sie wissen alle, daß das Denken ungreifbar ist. Wir haben Bilder, damit wir denken können, wir haben Wörter für diese Bilder, wir haben gewisse Vorstellungen von Gegenständen. Man spaltet das Bewußtsein in Bewußtseinszustände. Aber das ist nur eine Redensart. In Wirklichkeit ist das alles nur von Belang, weil es uns erlaubt, zu denken. Wenn wir unser Bewußtsein betrachten wollen, sind wir gezwungen, es zu teilen, weil sonst diese rationale Fähigkeit, mit deren Hilfe wir unsere Gedanken wahrnehmen, überhaupt nicht zum Zug käme. Aber in Wirklichkeit ist das Bewußtsein ein Ganzes, und der Philosoph Bergson verwendet dafür den Ausdruck *reine Dauer*. Das Denken bleibt nie stehen. Was wir vor uns hinstellen, damit der Geist es vernünftig betrachten kann, ist in Wirklichkeit schon vorbei; und die Vernunft erfaßt nur noch eine Form, aus der sich das eigentliche Denken mehr oder weniger verflüchtigt hat.

Was der Geist mit seiner Vernunft auch betrachtet, es ist eigentlich immer etwas Totes. Die Vernunft, eine von der europäischen Mentalität maßlos hochgezüchtete Eigenschaft der Europäer, ist immer ein Scheinbild des Todes. Die Geschichte ist, insofern sie Tatsachen registriert, ein Scheinbild toter Vernunft. Karl Marx hat gegen das Scheinbild des Tatsächlichen gekämpft, er hat versucht, die besondere Dynamik im Denken der Geschichte aufzuspüren. Aber auch er ist bei einer Tatsache stehengeblieben: beim Kapitalismus, bei der Bourgeoisie, bei der Übertechnisierung, bei der an einem gigantischen Mißbrauch der Technik erstickenden zeitgenössischen Wirtschaft. Aus dieser unbestreitbaren Tatsache hat sich *in der Geschichte aber auch* eine verlogene Ideologie entwickelt.

Die heutige französische Jugend, der die tote Vernunft

unerträglich ist, will sich nicht mehr mit Ideologien abspeisen lassen. Sie hält die materialistische Erklärung der Geschichte für eine Ideologie, die die Geschichte zum Stillstand zu bringen droht. Und wenn sie das *Manifest der Kommunistischen Partei* von Marx wieder vornimmt, geht ihr auf, daß der sogenannte Marxismus seinerseits eine verlogene Ideologie ist, die das Marx'sche Denken karikiert.

Marx ist von einer Tatsache ausgegangen, hat sich aber alle Metaphysik versagt. Und sie, diese Jugend, ist der Meinung, daß die materialistische Erklärung der Welt falsche Metaphysik ist. Sie fordert statt dieser aus dem Marx'schen Materialismus hervorgegangenen falschen Metaphysik eine totale Metaphysik, die sie mit dem heutigen Leben versöhnt.

Sie wendet sich gegen die Götzendienerei, die mit dem historischen Materialismus aufkommt, und diese Götzendienerei ist wie alle Götzendienerei religiös, religiös, weil sie etwas Mystisches in den Geist hineinträgt. Die französische Jugend lehnt das Mystische ab, sie will, daß dem Geist endlich nichts mehr vorgemacht wird; sie hungert nach einer Wahrheit, die menschlich ist, menschlich ohne Lug und Trug.

Diese Jugend empfindet das Leben so, wie wir das Leben empfinden, als Einheit, der man mit Theorie nicht beikommt.

Wenn man sich heute auf Metaphysik beruft, trennt man damit nicht etwa das Leben von einer Welt, die über das Leben hinausgeht, sondern holt alles, was der Welt entzogen werden sollte, wieder in den Ökonomiebegriff der Welt herein, und man holt es ohne falsche Vorspiegelungen herein.

Die Vernunft, sagt die Jugend, hat die gegenwärtige Verzweiflung und die materielle Anarchie der Welt erfunden, indem sie die in einer echten Kultur vereinigten Weltelemente trennte.

Wir machen uns vom Schicksal und von seinem Lauf in der Natur eine falsche Vorstellung, weil wir die Natur nicht mehr betrachten, das Leben in seiner Totalität nicht mehr empfinden können.

Der Antike war der Zufall unbekannt, und das Verhängnis ist eine griechische Vorstellung, deren Unergründlichkeit die plumpe lateinische Vernunft noch akzentuiert hat. Die berühmte heidnische Welt verfügte über Erkenntnis, um sich vom Zufall zu heilen. Aber wer könnte heute noch sagen, worum es sich handelt, wenn man sich auf Erkenntnis beruft.

Es gibt einen geheimen Determinismus, der auf höheren Weltgesetzen beruht; doch wenn man mitten in einer mechanisierten Wissenschaft, die sich in ihren Mikroskopen verfängt, von höheren Weltgesetzen spricht, fordert man das Gelächter einer Welt heraus, in der das Leben nur noch ein Museum ist.

Wenn man heute etwas von Kultur verlauten läßt, wollen die Regierungen gleich Schulen einrichten, Bücherpressen in Bewegung setzen, Druckerschwärze fließen lassen, während man doch, damit Kultur reifen kann, die Schulen schließen, die Museen niederbrennen, die Bücher vernichten, die Rotationspressen in den Druckereien zertrümmern müßte.

Kultiviert sein heißt, sich sein Schicksal einverleiben, es sich auf dem Wege der Erkenntnis aneignen. Heißt wissen, daß die Bücher lügen, wenn sie von Gott, von der Natur, vom Menschen, vom Tod und vom Schicksal sprechen.

Gott, die Natur, der Mensch, das Leben, der Tod und das Schicksal sind nur Formen, die das Leben annimmt, wenn es vom vernünftigen Denken betrachtet wird. Außerhalb der Vernunft gibt es kein Schicksal; und das ist eine erhabene Auffassung von Kultur, die Europa aufgegeben hat.

Europa hat die Natur mit seinen getrennten Wissenschaften gevierteilt.

Biologie, Naturgeschichte, Chemie, Physik, Psychiatrie, Neurologie, Physiologie, all das, was so monströs ins Kraut geschossen ist und worauf die Universitäten so stolz sind wie ein paar vereinzelte Individualitäten auf die Geomantik, die Chirologie, die Physiognomik, die Psychurgie und die Theurgie, ist für erleuchtete Geister nur ein *Erkenntnisverlust.*

Die Antike hatte so manches Labyrinth, aber das Labyrinth der getrennten Wissenschaften war ihr nicht bekannt.

Es gibt im Geist eine geheime Regung, die die Erkenntnis entzweit und der verstörten Vernunft die Bilder der Wissenschaft als ebensoviele Realitäten auftischt.

Satan, sagen die alten Zauberbücher, ist ein Bild, das man sich macht. Die schwarzen Magier erfinden das Böse, erzeugen es gewissermaßen, indem sie es immer wieder anrufen. Genauso erfindet die entzweite Vernunft die Bilder der Wissenschaft, die man an den Universitäten lehrt.

Eine solche Haltung ist Götzendienst: der Geist glaubt an das, was er gesehen hat.

Und wenn man das Leben durch ein Mikroskop betrachtet, heißt das, daß man eine Landschaft vom falschen Ende, von der Realität her betrachtet.

Die französische Jugend ist gegen die Vernunft, weil sie ihr Verunklärung der Wissenschaft vorwirft. Sie ist gegen die Wissenschaft, die die Vernunft versteinert hat.

Sie ist der Meinung, diese Jugend, daß Europa den falschen Weg eingeschlagen hat, und sie glaubt, daß Europa bewußt den falschen Weg eingeschlagen hat und daß das gewissermaßen ein Verbrechen ist. Sie erhebt Anklage gegen den kartesianischen Materialismus, der am Anfang dieser unheilvollen europäischen Ausrichtung steht.

Der Renaissance, die angeblich den Menschen verherrlicht hat, wirft sie vor, die Idee des Menschen durch falsche Auslegung der Alten herabgewürdigt zu haben.

Sie weiß, daß sich die Geschichte, wenn sie vom Heidentum spricht, geirrt hat, und daß das Heidentum etwas anderes ist als das, was die Bücher aus ihm gemacht haben.

Europa hat den Götzendienst der Heiden selbst erfunden, denn die Form des europäischen Geistes stellt eine Form von Götzendienst dar; und der Götzendienst besteht, wie ich gerade dargelegt habe, eben in dieser Trennung von Idee und Form, wenn der Geist an das glaubt, was er geträumt hat. Die Alten, die an ihre Träume glaubten, glaubten an die Bedeutungshaltigkeit ihrer Träume, sie glaubten nicht an die Formen, die der Traum jeweils annahm. Hinter ihren Träumen ahnten die Alten eine Hierarchie von Kräften, und sie tauchten mitten in diese Kräfte hinein. Sie waren hingerissen, wenn sie fühlten, daß diese Kräfte gegenwärtig waren, und ihr ganzer Organismus suchte auf irgendeine Weise, notfalls durch einen echten Taumel, mit diesen flüchtigen Kräften Kontakt zu halten. Heute ist der Kopf eines Europäers eine Gruft, in der sich kraftlose Scheinbilder regen, die Europa für seine Gedanken hält.

Doch eine so weitausholende Kritik eines toten Denkens ist gar nicht notwendig. Was das Heidentum vergöttlichte, hat Europa mechanisiert.

Wir sind gegen diese Rationalisierung des Daseins, weil sie uns hindert, uns für Menschen zu halten, das heißt, uns als Menschen zu fühlen, und zu unserer Vorstellung vom Menschen gehört auch, daß wir eine Vorstellung davon haben, was das Denken leisten kann. Und von der dialektischen und technischen Erkenntnis dessen, was das Denken leisten kann.

Alles, was die Wissenschaft uns genommen hat, was sie in ihren Retorten, ihren Mikroskopen, ihren Waagen, ihren komplizierten Maschinen zerstückelt, alles, was sie in ihre Ziffern umsetzt, wollen wir der Wissenschaft, die unsere Lebenskraft erstickt, wieder wegnehmen.

Es will etwas aus uns heraus, für das kein Experiment zuständig ist. Wir sind viele, und wir lehnen es ab, uns vom Experiment belehren zu lassen. Wir glauben nicht daran, daß das Experiment einen Wert darstellt, und wir glauben nicht an die Beweiskraft des Experiments. Da müßte man uns vorher schon beibringen, an die Gespenster der Vernunft und der Formen zu glauben, mit denen das Experiment unserem Denken beikommen möchte.

Alle Formen des Experiments vernebeln die Realität.

Wenn Pasteur uns sagt, Urzeugung gebe es nicht und im Leeren könne kein Leben entstehen, so glauben wir, daß Pasteur keine richtige Vorstellung vom Leeren gehabt hat und daß ein neues Experiment zeigen wird, daß Pasteurs Leere keine Leere ist: und dieses Experiment wird gemacht.

Für uns ist die Geschichte ein Panorama, und wir beurteilen die Geschichte innerhalb der Zeit, denn wir sind kultivierte Leute. Hier sind Leute, die Kartoffeln essen, geistige Abenteurer, aber fünfhundert Jahre vorher waren andere Leute am selben Ort, die auch Kartoffeln aßen, geistig degeneriert.

Wir beurteilen die Realität nicht anhand von Experimenten. Denn nichts von alledem zeigt uns den Menschen. Die Beschäftigung mit den äußeren Funktionen des Menschen lenkt von einer tieferen Erkenntnis des Menschen ab. Und im Denken ist eine Welt. Die kommunistische Revolution ignoriert die innere Welt des Denkens. Doch sie befaßt sich mit dem Denken, sie befaßt sich mit ihm anhand des Experiments, das heißt äußerer Tatsachen.

Sie nimmt Irre und impft ihnen seltsame Krankheiten ein, weil sie sehen will, was dabei herauskommt, sie injiziert ihnen Pflanzenviren und würde ihnen sogar Pflanzen aufpfropfen, nur um zu sehen, wie der Mensch in ihnen sich verändert. Notfalls würde sie den Übergang vom Menschen zum Tier, vom Tier zum Wald experimentell erforschen und insofern den Totemismus karikieren.

Vergessen wir aber nicht, daß Lenins Materialismus, der sich auch Dialektik nennt, den Anspruch erhebt, die Hegelsche Dialektik weiterentwickelt zu haben.

Während die Hegelsche Dialektik in drei Stufen wieder zur inneren Kraft des Denkens findet, faßt diejenige Lenins diese Stufen zusammen und spricht von der Dynamik des Denkens, die sie nicht mehr vom Tatsächlichen trennt.

Einer alten Lehre zufolge, die der ganzen Antike bekannt war, gibt es im Leben drei Kräfte:

die Kraft, die abstößt und sich ausdehnt,

die Kraft, die zusammenpreßt und zusammenzieht,
die Drehkraft.

Die Bewegung von außen nach innen, die man zentripetal nennt, entspricht der Kraft, die zusammenzieht, während die Bewegung von innen nach außen, die man zentrifugal nennt, der Kraft entspricht, die abstößt und sich ausdehnt.

Wie das Leben, wie die Natur bewegt sich das Denken von innen nach außen, bevor es sich von außen nach innen bewegt. Ich beginne im Leeren zu denken und bewege mich vom Leeren auf das Volle zu; und wenn ich das Volle erreicht habe, kann ich wieder ins Leere fallen. Ich bewege mich vom Abstrakten zum Konkreten, nicht vom Konkreten zum Abstrakten.

Wer das Denken, wenn es außen ist, zum Stillstand bringt und beobachtet, was es leisten kann, zieht nicht in Betracht, daß das Denken etwas Inneres und Dynamisches ist. Will nicht wahrnehmen, daß sich das Denken seinem inneren Schicksal gemäß bewegt, dem kein Experiment beikommt.

Poesie ist für mich heute die Erkenntnis dieses inneren, dynamischen Schicksals des Denkens.

Weil es sein unergründliches Wesen wiederentdecken, weil es fühlen will, daß sein Denken lebendig ist, weist das Leben den analytischen Geist ab, in den sich Europa verstiegen hat.

Die poetische Erkenntnis ist etwas Inneres, die poetische Kraft ist etwas Inneres. Man neigt heute dazu, die Poesie der Dichter mit der inneren magischen Kraft gleichzusetzen, die dem Leben einen Weg zeigt und mit deren Hilfe man auf das Leben einwirken kann.

Ich werde mich nicht lange mit Diskussionen darüber aufhalten, ob das Denken ein Ausfluß der Materie sei oder nicht. Sondern ich möchte einfach feststellen, daß Lenins Materialismus dieses poetische Denken anscheinend überhaupt nicht zur Kenntnis genommen hat.

Es gibt Pflanzen gegen Krankheiten, und die Krankheiten haben die gleiche Farbe wie diese Pflanzen. Paracelsus, der die Menschen heilt und gleichzeitig für den Menschen einen Pfad sucht auf dem Weg, den die Krankheiten nehmen (und man könnte sagen, daß er das Leben heilt), Paracelsus stellt, um das Leben zu heilen, mit Hilfe der Einbildungskraft zwischen der Farbe der Krankheit und der Farbe der Pflanze, zwischen Krankheit und Pflanze eine Beziehung her und heilt die Krankheit.

Das ist der Anfang der spagirischen Medizin, aus der sich die Homöopathie entwickelt hat.

Es gibt Schreie für die Leidenschaften, und bei den Schreien jeder Leidenschaft abgestufte Vibrationen dieser Leidenschaften; und die Menschheit hat früher eine Harmonik der Leidenschaften gekannt. Aber auch jede Krankheit hat ihren Schrei und ihre Art des Röchelns: es gibt den Schrei des Pestkranken auf der Straße, wenn er herumhetzt mit seinem von Bildern berauschten Geist, und das besondere Röcheln des Pestkranken im Todeskampf. Und das Erdbeben hat ein ganz eigenes Geräusch. Doch die Luft vibriert sonderbar, wenn man sagt, es sei eine Epidemie im Anzug. Und zwischen einer Krankheit und einer Leidenschaft, einer Leidenschaft und einem Erdbeben lassen sich Ähnlichkeiten und seltsame Geräuschharmonien feststellen.

Nun ist aber der Determinismus der Tatsachen an ein lebendiges Äußeres gebunden. Kein geschichtliches Ereignis, das nicht von einer Farbe oder einem Geräusch durchsetzt wäre.

Geniale Epochen haben in Farben oder Geräuschen gedacht, in Verbindung mit dem Rhythmus des Röchelns und dem Beben der Epidemien, mit dem Geräusch, das eine Pflanze hervorbringt, welche manchen Krankheiten ähnlich sieht, mit einer Kombination von Ausdrücken, mit den Modulationen eines Seufzers, in dem die ganze vom Schicksal gevierteilte Folter des Menschen zum Ausdruck kommt, um den Gang der Geschichte wiederaufzunehmen und gegen die Strömung des Schicksals anzugehen.

Die antiken Spiele beruhten auf dieser Erkenntnis, die

das Schicksal durch Aktion zähmt. Das ganze antike Theater war ein Krieg gegen das Schicksal.

Aber um das Schicksal zu zähmen, muß man die gesamte Natur kennen und das gesamte, im Rhythmus der Ereignisse befangene menschliche Bewußtsein.

Wir haben die Vorstellung einer einheitlichen Kultur, und wir bezeichnen diese Kultur als einheitlich, um wieder eine Idee der Einheit in allen Erscheinungsformen der Natur zu entdecken, die der Mensch durch sein Denken rhythmisch gliedert.

Die dreihundertachzig Punkte der chinesischen Medizin, die alle menschlichen Funktionen regeln, geben dem Menschen eine solche geschlossene Einheitlichkeit, und auch die universale Heilung des Paracelsus erhebt das menschliche Bewußtsein auf die Ebene göttlichen Denkens.

Wer jetzt behauptet, es gebe mehrere Kulturen in Mexiko: die Kultur der Mayas, die der Tolteken, der Azteken, der Chichimeken, der Zapoteken, der Totonaken, der Tarasken, der Otomis usw., der weiß nicht, was Kultur ist, er verwechselt die Vielfalt der Formen mit der Synthese einer Idee.

Es gibt eine islamische Esoterik, und es gibt eine brahmanische Esoterik; es gibt die okkulte Schöpfungsgeschichte, die jüdische Esoterik des Sohar und Sefer jezira, und hier in Mexiko gibt es den Chilam Balam und den Popul Vuh.

Wer sieht nicht, daß alle diese Arten von Esoterik übereinstimmen und geistig dasselbe bedeuten! Sie weisen auf dieselbe geometrische, auf eine Zahl bezogene, organische, harmonische, okkulte Idee hin, die den Menschen wieder mit Natur und Leben versöhnt. Die Zeichen dieser verschiedenen Arten von Esoterik sind identisch. Ihre Reden, Gebärden und Schreie entsprechen sich untergründig.

Die mexikanische Esoterik ist die letzte aller existierenden Arten von Esoterik, die auf dem Blut und der Pracht eines Landes beruht, dessen Magie höchstens fanatische Nachahmer Europas immer noch ignorieren können.

Ich bin dafür, daß man die okkulte Magie eines Landes freilegt, das nichts gemein hat mit der selbstsüchtigen Menschheit, die beharrlich darüber hinweggeht und den Schatten nicht sieht, der auf sie fällt.

Das Theater und die Götter

Ich bin nicht hierher gekommen, um eine surrealistische Botschaft zu verkünden; ich bin hierher gekommen, um zu sagen, daß der Surrealismus in Frankreich nicht mehr Mode ist: und es ist in Frankreich manches nicht mehr Mode, was man außerhalb Frankreichs noch immer nachahmt, als ob es das Denken dieses Landes repräsentierte.

Die surrealistische Haltung war eine negative Haltung, und ich bin hierhergekommen, um zu sagen, was die gesamte Jugend meines Landes denkt, die nach positiven Lösungen hungert und dem Leben wieder Geschmack abgewinnen will. Und was sie denkt, das wird sie auch tun.

Die neuen Tendenzen der französischen Jugend kann man nicht in Büchern oder Zeitungen abhandeln in der Art, wie man eine seltsame Krankheit, eine merkwürdige Epidemie beschreibt, die mit dem Leben nichts zu tun hat.

Im Körper der französischen Jugend treibt eine geistige Epidemie Knospen, die nicht etwa eine Krankheit, sondern ein gewaltiger Anspruch ist. Es ist charakteristisch für die heutige Zeit, daß die Ideen keine Ideen mehr sind, sondern ein Wille, der zum Handeln übergehen wird.

Hinter all dem, was sich in Frankreich tut, steht zur Zeit ein Wille, der entschlossen ist, zum Handeln überzugehen.

Wenn der junge Maler Balthus ein Frauenporträt entwirft, äußert er seinen Willen, die Frau wirklich zu verwandeln, sie dem anzugleichen, was er gedacht hat. Er äußert durch sein Bild eine grandiose, eine anspruchsvolle Auffassung der Liebe und der Frau; und er weiß, daß er nicht ins Blaue hineinredet, denn seine Malerei verfügt über eine geheime Wirkungskraft.

Er malt wie einer, der das Geheimnis des Blitzes kennt.

Solange man vom Geheimnis des Blitzes nicht Gebrauch gemacht hat, denken die Leute, das sei etwas Wissenschaftliches und Sache der Gelehrten; aber eines Tages macht einer von diesem Geheimnis des Blitzes Gebrauch, und er macht zur Vernichtung seiner Umwelt davon Gebrauch; da werden die Leute allmählich auf dieses Geheimnis aufmerksam.

Die Jugend will, daß man wieder Beziehungen herstellt zwischen dem Geheimnisvollen in den Dingen und ihren vielfältigen Gebrauchsmöglichkeiten.

Das ist auch eine Auffassung von Kultur, von der man in den Schulen nichts hört; denn hinter dieser Auffassung von Kultur steht eine Auffassung des Lebens, die den Schulen wider den Strich gehen muß, weil sie ihre Lehren zuschanden macht.

Diese Auffassung des Lebens ist magisch, sie nimmt an, daß in allen Äußerungen menschlichen Denkens ein Feuer gegenwärtig ist; und dieses Bild des Denkens, das Feuer fängt, erfüllt unserer heutigen Ansicht nach das Theater; und wir glauben, daß das Theater eigens dazu da ist, es sichtbar zu machen. Doch heute denken die meisten Leute, das Theater habe mit Realität nichts zu tun. Wenn man etwas erwähnt, das Realität karikiert, denkt jeder ans Theater; aber viele von uns in Frankreich sind der Meinung, daß nur wahres Theater uns Realität zeigen kann.

Europa befindet sich in einem Zustand hochgradiger Zivilisation: ich meine damit, daß es schwer krank ist. Der Geist der Jugend in Frankreich ist eine Reaktion auf diesen Zustand hochgradiger Zivilisation.

Sie hat weder Keyserling noch Spengler gebraucht, um den allgemeinen Verfall einer Welt zu spüren, die von falschen Auffassungen des Lebens zehrt, welche ihr die Renaissance hinterlassen hat. Das Leben ist unserer Meinung nach im Zustand rasenden Verfalls. Und es ist keine neue Philosophie erforderlich, damit wir diesen rasenden Verfall empfinden.

Wie die Dinge jetzt stehen, kann man sagen, daß die Jugend, die früher hinter der Liebe her war und sich in ehrgeizigen Träumen von materiellen Erfolgen und Ruhm erging, heute vom Leben träumt; und sie ist hinter dem Leben her, aber sie verfolgt dieses Leben gewissermaßen *in seiner Essenz;* sie will wissen, warum das Leben krank ist und wodurch die Auffassung des Lebens verdorben worden ist.

Und um das herauszufinden, sieht sie sich im ganzen Weltall um. Sie will die Natur und darüber hinaus den Menschen begreifen. Nicht den Menschen als Einzelwesen, sondern einen Menschen, der groß ist wie die Natur.

Wenn man ihr mit Natur kommt, fragt sie, von welcher Natur heute die Rede sei. Denn sie weiß, daß es ebensogut wie drei Internationale auch drei Naturen, drei abgestufte Naturen gibt.

Auch das ist Wissenschaft.

»Es gibt drei Sonnen«, sagte Kaiser Julianus, »wir sehen aber nur die erste.« Und Julianus Apostata ist über jeden Verdacht einer Neigung zu christlicher Geistigkeit erhaben, ist er doch einer der letzten Repräsentanten der WISSENSCHAFT der Alten.

Sie führt den Menschen in die Natur ein, diese Jugend; wie sie in der Natur Abstufungen von außen nach innen erkennt, so erkennt sie auch Abstufungen beim Menschen.

Und die Jugend weiß, daß ihr das Theater diese erhabene Auffassung von Mensch und Natur vermitteln kann.

Sie ist der Meinung, daß sie mit einer so erhabenen Auffassung des Theaters das Leben nicht verrät, sondern glaubt im Gegenteil, daß ihr das Theater dabei helfen kann, das Leben zu heilen.

Es gibt unzählige Möglichkeiten, sich mit dem Leben zu befassen und mit der Zeit zu gehen. Wir sind dagegen, daß sich die Intellektuellen in einer zerrütteten Welt der reinen Spekulation überlassen. Wir kennen den Elfenbeinturm nicht mehr. Wir sind dafür, daß die Intellektuellen auch auf ihre Zeit eingehen; aber wir glauben, daß sie nur auf sie eingehen können, indem sie sie bekämpfen.

Krieg um des Friedens willen.

Unentschuldbar am derzeitigen geistigen Bankrott ist

unserer Meinung nach die ungeheure Ignoranz; und es gibt eine starke Strömung, die dieser Ignoranz zu Leibe rücken, ihr mit Hilfe der Wissenschaft zu Leibe rücken will.

Das Leben ist für uns weder ein Lazarett noch ein Sanatorium oder gar ein Laboratorium, und andererseits glauben wir nicht, daß man sich Kultur durch Wörter oder Ideen aneignen kann. Zivilisation teilt sich nicht durch äußere Sitten und Gebräuche mit. Bevor man mit dem Volk Mitleid hat, sollte man unserer Meinung nach die verlorengegangenen Kräfte eines Volkes wieder wecken, weil es ihm dann vielleicht gelingt, sich selbst zu zivilisieren.

Ich sage also, daß eine Jugend, die nicht unruhig, sondern beunruhigt ist, beunruhigt durch das, was sich zeigt und was nicht mit dem übereinstimmt, was sie denkt, die Ignoranz der Zeit für unentschuldbar hält.

Sie stellt die Ignoranz der Zeit fest und lehnt sich gegen sie auf.

Sie nimmt zur Kenntnis, daß die chinesische Medizin, eine Medizin, die einige tausend Jahre alt ist, die Cholera mit Mitteln hat heilen können, die einige tausend Jahre alt sind, während die europäische Medizin vorläufig erst barbarische Mittel gegen die Cholera kennt, nämlich Flucht oder Kremation, und es genügt ihr nicht, diese Medizin in Europa einzuführen, sondern sie hält sich die geistigen Laster Europas vor Augen und versucht, von diesem Geist zu genesen.

Sie begreift, daß China die Natur der Cholera nicht auf Grund eines Tricks erkannt hat, sondern auf Grund tiefer Einsicht dazu in der Lage war.

Diese Einsicht ist Kultur. Und es gibt Kulturgeheimnisse, die man nicht aus Texten entnehmen kann.

Der europäischen Kultur, die schriftlich niedergelegt ist und mit der es offenbar zu Ende wäre, sobald die Texte vernichtet würden, steht eine andere Kultur gegenüber, von der frühere Zeiten gezehrt haben, und diese verlorengegangene Kultur beruht auf einer materialistischen Auffassung des Geistes.

Im Gegensatz zum Europäer, der nur seinen Körper kennt und dem es nie im Traum eingefallen wäre, die Natur zu organisieren, weil er nicht über seinen Körper hinausblickt, trägt zum Beispiel der Chinese mit einer Wissenschaft vom Geist zur Erkenntnis der Natur bei.

Er kennt die Maße des Leeren und des Vollen, die wägbare Seelenzustände darstellen; und die Chinesen können mit Hilfe der dreihundertachtzig Punkte, wo die physiologischen Funktionen der Seele lokalisiert sind, die Natur und ihre Krankheiten entziffern, und man könnte sagen, daß sie in der Lage waren, die Natur der Krankheiten aufzudecken.

Jakob Böhme, der nur an Geister geglaubt hat, kann auch sagen, wann die Geister krank sind, und er beschreibt in der gesamten Natur jene Zustände, in denen sich die Wut des Geistes äußert.

Diese und andere Einsichten vermitteln uns eine neue Auffassung des Menschen. Und wir fordern, daß man uns wieder sagt, was der Mensch darstellt, denn andere Zeiten haben ihn doch gekannt.

Wir decken allmählich die Tabus auf, durch die eine ängstliche, engstirnige Wissenschaft die letzten Reste einer Kultur unzugänglich gemacht hat, die eine Erklärung hatte für das Leben.

Der ganze Mensch, der Mensch mit seinem Schrei, der den Weg eines Gewitters zurückverfolgen kann, ist für Europa nur Poesie, aber für uns mit unserer synthetischen Auffassung von Kultur bedeutet ein solches Kontaktnehmen mit dem Schrei eines Gewitters die Wiederentdeckung eines Lebensgeheimnisses.

Es gibt heute eine weltweite Strömung, die eine kulturelle Forderung darstellt, die Forderung nach einer organischen, tiefen Auffassung von Kultur, die das Leben des Geistes erklären kann.

Organisch nenne ich eine Kultur, die auf einem Geist beruht, der mit den Organen in Verbindung steht und alle Organe durchdringt und gleichzeitig mit sich selbst übereinstimmt.

Diese Kultur ist mit einer Raumvorstellung verbunden, und ich behaupte, daß echte Kultur nur im Raum begreifbar wird und daß eine solche Kultur eine Perspektive hat, wie auch das Theater eine Perspektive hat.

Kultur im Raum heißt Kultur eines Geistes, der ununterbrochen im Raum atmet und spürt, wie er im Raum lebt, und der die Körper im Raum gleichsam als Objekte seines eigenen Denkens an sich zieht, sich aber in seiner Eigenschaft als Geist *in der Mitte* des Raumes, das heißt an seinem toten Punkt ansiedelt.

Vielleicht ist die Vorstellung eines toten Punktes im Raum, durch den der Geist hindurchgehen muß, eine metaphysische Idee.

Aber ohne Metaphysik gibt es keine Kultur. Und was bedeutet dieser Begriff Raum, der plötzlich in die Kultur geworfen wird, wenn nicht die Versicherung, daß Kultur untrennbar vom Leben ist.

»Dreißig Speichen münden in die Nabe«, sagt das Tao-te-King von Laotse,

»aber gerade das Leere in der Mitte ermöglicht des Rades Gebrauch.«

Sind sich die Menschen einig im Denken, wo könnte eine solche Einigung zustandekommen, wenn nicht in der toten Leere des Raumes?

Kultur ist eine Bewegung des Geistes von der Leere zu den Formen, und Formen kehren zurück in die Leere, in die Leere wie in den Tod. Kultur haben, heißt Formen verbrennen, Formen verbrennen, um Leben zu gewinnen. Heißt sich aufrechterhalten in der unaufhörlichen Bewegung der Formen, die man nach und nach zerstört.

Die alten Mexikaner kannten keine andere Haltung als dieses Kommen und Gehen vom Tod zum Leben.

Dieses schreckliche innere Stocken, diese Atembewegung, das ist Kultur, und sie regt sich zugleich in der Natur und im Geist.

»Das ist doch Metaphysik, man kann doch nicht leben in der Metaphysik.«

Ich behaupte nun gerade, daß das Leben in der Metaphysik wiederaufleben sollte, und diese schwierige Haltung, die die Menschen heute verstört, ist die Haltung aller reinen Rassen, die immer *gespürt* haben, daß sie *zugleich* im Tod und im Leben stehen.

Deshalb ist Kultur nichts Schriftliches, deshalb sagt Platon: »Das Denken ist verloren gewesen von dem Tage an, da man Gesprochenes aufschrieb.«

Schreiben heißt, den Geist daran zu hindern, sich inmitten der Formen zu regen wie ein tiefer Atem. Denn die Schrift hält den Geist fest und kristallisiert ihn zu einer Form, und mit der Form beginnt der Götzendienst.

Wahres Theater ist wie die Kultur nie etwas Schriftliches gewesen.

Das Theater ist eine Kunst des Raumes, und indem es auf den vier Punkten des Raumes lastet, wagt es die Berührung mit dem Leben. In einem vom Theater besessenen Raum finden die Dinge zu ihrer Gestalt, und unter der Gestalt zum Geräusch des Lebens.

Es gibt heute eine Bewegung, die das Theater von allem trennen möchte, was nicht Raum ist, und die das, was der Text sagt, wieder in die Bücher verweist, wo es am besten immer geblieben wäre. Und diese Sprache des Raumes wirkt ihrerseits auf die Sensibilität der Nerven ein, sie läßt die Landschaft reifen, die sich unter ihr entfaltet hat.

Ich will hier diese Theorie des Theaters im Raum, das gleichzeitig durch die Gebärde, durch die Bewegung und durch das Geräusch wirkt, nicht wiederholen.

Indem es den Raum ausfüllt, treibt es das Leben in die Enge und zwingt es, aus seinen Schlupfwinkeln hervorzukommen.

Es ist wie das sechsarmige Kreuz, das über die Mauern gewisser mexikanischer Tempel eine okkulte Geometrie breitet. Das mexikanische Kreuz ist immer von einem Ring umgeben, es ist in der Mitte einer Mauer, es beruht auf einer magischen Vorstellung.

Wenn der alte Mexikaner das Zeichen des Kreuzes

macht, stellt er sich in die Mitte einer Art Leere, und das Kreuz wächst um ihn herum.

Dieses Kreuz ist keine Chiffre für den Raum, wie die Gelehrten heute meinen, dieses Kreuz offenbart, wie das Leben in den Raum übergeht und wie man von außen, vom Raum her wieder auf den Grund des Lebens stößt.

Immer die Leere, immer der Punkt, um den herum die Materie sich verdichtet.

Das mexikanische Kreuz zeigt die Wiedergeburt des Lebens an.

Ich habe mir die mexikanischen Götter in den *Codices* lange angeschaut, und ich habe den Eindruck gewonnen, daß diese Götter vor allem Götter im Raum waren und daß in der Mythologie der *Codices* mit ihren Göttern wie Schattenlöchern und ihren Schatten, die vor Leben grollen, ein Wissen vom Raum verborgen lag.

Das heißt, und ich mache jetzt nicht in Literatur, daß diese Götter nicht vom Zufall geschaffen worden sind, sondern sich im Leben befinden wie in einem Theater und im Bewußtsein des Menschen die vier Ecken einnehmen, wo der Ton, die Gebärde, das Sprechen und der Atem wohnen, der Leben speit.

Wer denkt noch daran, die Götter zu spüren und den Ort der Götter aufzusuchen. Ihren Ort aufsuchen, heißt ihre Kraft aufsuchen und sich die Kraft eines Gottes beilegen. Die Weiße Welt nennt diese Götter Idole, aber der indianische Geist vermag die Kraft der Götter vibrieren zu lassen, indem er die Musik ihrer Kräfte ermittelt; und das Theater beschwört durch eine musikalische Kräfteverteilung die Macht der Götter. Jeder an seinem Ort im Raum, der von Bildern vibriert. Die Götter können durch einen Schrei oder ein Gesicht herbeigelockt werden, und die Farbe des Gesichtes hat ihren Schrei; und der Schrei hat das Gewicht von Bildern im Raum, wo das Leben reift.

Mit diesen Göttern, die sich drehen, die sich mit Linien behängen, Linien, um den Raum auszuloten, als hätten sie Angst, den Raum nicht genügend zu empfinden, haben wir, glaube ich, ein ganz konkretes Mittel, um entstehendes Leben zu begreifen. Die Angst vor dem leeren Raum, die die mexikanischen Künstler heimsucht und sie antreibt, Linie auf Linie zu ziehen, ist nicht nur eine Erfindung von Linien, von Formen, die dem Auge schmeicheln, sie ist Ausdruck eines Bedürfnisses, die Leere *reifen* zu lassen. Den Raum bevölkern, um die Leere zu verhüllen, heißt den Weg der Leere finden. Heißt von einer blühenden Linie ausgehen, um wieder taumelnd ins Leere zu stürzen.

Und die mexikanischen Götter, die sich um die Leere drehen, liefern eine Art chiffriertes Mittel, mit dessen Hilfe wir die Kräfte einer Leere, ohne die es Realität nicht gibt, wiederfinden.

Und ich glaube, daß es sich bei den mexikanischen Göttern letztlich um die Götter des Lebens handelt, welche einem Kräfteverlust, einem Taumel des Denkens zum Opfer gefallen sind; und daß die Linien, die sich über ihre Köpfe erheben, ein sowohl melodisches wie rhythmisches Mittel liefern, um das Denken über das Denken zu erheben.

Sie fordern den Geist auf, nicht in sich selbst zu versteinern, sondern sich im Gegenteil gewissermaßen *in Bewegung zu setzen.*

»Ich ziehe in den Krieg«, scheint der Gott zu sagen, der in der Faust eine Waffe hält, die er vor sich herträgt; »und ich denke dabei nach«, sagt eine Art Blitz, eine Zickzacklinie über seinem Kopf. – Und diese Linie verzweigt sich wiederum an irgendeinem Punkt des Raumes.

»Und wenn ich denke, lote ich meine Kräfte aus«, sagt die Linie hinter ihm, »ich beschwöre die Kraft, aus der ich entstanden bin.«

So zeigen diese Götter mit ihrem unmenschlichen Äußeren, die sich nicht mit ihrer gewöhnlichen Menschengestalt begnügen, wie der Mensch aus sich heraustreten könnte. – Denn ich glaube auch, daß in diesen Linien eine Harmonie liegt, eine Art wesenhafte Geometrie, die dem Bild eines Geräusches entspricht.

Für das Theater ist eine Linie Geräusch, eine Bewegung

Musik, und die Gebärde, die aus einem Geräusch auftaucht, ist gleichsam ein verständliches Wort in einem Satz.

Die mexikanischen Götter haben offene Linien, sie deuten auf alles hin, was herausgetreten ist, aber sie geben uns gleichzeitig die Möglichkeit, in etwas zurückzukehren.

Die mexikanische Mythologie ist eine offene Mythologie, und Mexiko, das von gestern und das von heute, verfügt seinerseits über offene Kräfte. Man braucht gar nicht sehr weit in eine mexikanische Landschaft vorzustoßen, um alles, was aus ihr hervorgeht, zu spüren. Sie ist der einzige Ort auf der Erde, der uns ein okkultes Leben bietet, *und es auf der Oberfläche des Lebens bietet*.

Das Pariser Theater der Nachkriegszeit

Ich möchte versuchen, anhand der Bewegung des französischen Theaters der Nachkriegszeit eine Bewegung sichtbar zu machen, die diejenige des Theaters und diejenige des französischen Geistes zugleich ist.

Dazu würde nicht ausreichen, daß man alle Aufführungen gesehen hat, die von 1920 bis 1936 Paris ihren Stempel aufprägten, aber ich kann von mir sagen, daß ich am innersten Leben des Theaters, an seinen Nöten, an seinem Scheitern, an seinen Hoffnungen, an seinen Schwierigkeiten und manchmal auch an seinen Triumphen Anteil gehabt habe.

Ich habe in nicht weniger als zehn Theatern als Schauspieler oder Regisseur gearbeitet: im Théâtre de l'Œuvre, im Théâtre de l'Atelier, im Vieux-Colombier, in der Comédie des Champs-Élysées, im Studio des Champs-Élysées, im Théâtre de Grenelle, im Théâtre Pigalle, im Théâtre de l'Avenue und im Théâtre des Folies-Wagram.

Ich habe alle bedeutenden Persönlichkeiten des Theaters selbst gut gekannt und mit ihnen zusammengearbeitet: Lugné-Poe, Sylvain, Charles Dullin, Jacques Desprès, Gaston Baty, Valentine Tessier, Génica Athanasiou, Roger Karl, Falconetti.

Ich habe die Glanzzeit des Théâtre de l'Œuvre vor Lugné-Poes Ausscheiden miterlebt und habe Tag für Tag an den ersten kühnen Versuchen des neugegründeten Théâtre de l'Atelier teilgenommen, das sich drei Jahre lang vom Bankrott bedroht über Wasser hielt, bis es sich schließlich durchsetzen konnte.

Ich will hier nicht einfach eine Reihe von Schauspielern präsentieren, eine nichtssagende Liste der besten Leute, sondern das Leben und Atmen des französischen Theaters, wo vor kaum ein paar Monaten ein rätselhaftes Phänomen aufgetreten ist.

Als im Jahre 1920 in Paris das Vieux-Colombier seine Pforten wieder öffnete, feierten auf der Bühne der Comédie Française ein paar große Schauspieler Triumphe: Sylvain, De Max, Paul Mounet usw.

Die Avantgarde-Theater machten sich einen Spaß daraus, durch Nachahmung der Angewohnheiten dieser großen Schauspieler Lacherfolge einzuheimsen. So wurde Paul Mounets sonore Bruststimme imitiert, diese laute, gewichtige Zerberus- und Erdbeben-Stimme, und sein passiver, mechanischer Stil.

Bei De Max ahmte man die Mimik der Lippen und andere Eigenheiten nach, etwa seine typische Art und Weise, sich in einstudierten Posen umzuwenden und wiederaufzurichten, und dabei wurde behauptet: »Gerade das sollte vermieden werden.«

Meiner Meinung nach waren aber diese Tragöden trotz ihrer Ticks die letzten, die noch über die heroische Tradition des Theaters verfügten. Und man muß zugeben, daß in Paris nach ihrem Tod eigentlich keine Tragödie mehr aufgeführt worden ist.

Sylvain verschränkte auf eine komische Art und Weise die Arme über dem Sonnengeflecht, außerdem hatte er die Gewohnheit, gewisse Silben durch einen Schlag mitten auf die Brust hervorzuheben.

De Max bohrte sich, ohne die Bedeutung seiner Geste zu kennen, mit der Spitze des Zeigefingers das Sonnenauge, er versuchte mit dem Zeigefinger das Fortleben des dritten Auges und den Sitz dessen wiederzufinden, was die indische Metaphysik als Zirbeldrüse bezeichnet.

In allen diesen übertriebenen Gebärden der Schauspieler muß man das instinktive Fortleben einer Magie sehen, wobei diejenigen, die sie ausüben, nicht mehr wissen, was sie bedeutet, und diejenigen, die sich darüber lustig machen, darüber lachen, ohne zu wissen, warum. Und ich möchte sogar behaupten, daß sie Angst vor sich selbst hätten, wenn sie in einem solchen Augenblick erkennen könnten, was in ihnen lacht.

Das ist auch der Grund für die Welle religiösen Schrekkens, die die Menge in der Pariser Kolonialausstellung vom Jahre 1931 erfaßte, als sie erlebte, wie der Schauspieler des Balinesischen Theaters auf sie losging und nach drei oder vier stampfenden Schritten und einer seltsamen, aufsteigenden Hüftbewegung das dritte Auge auf seinem Kopf berührte.

Wenn De Max sich am Kopf berührte, mußte man übersetzen:

Ich denke mit meinem finsteren Kopf. Ich suche in meinem zermarterten Kopf die verlorene Stelle des Denkens.

Wenn aber der Schauspieler des Balinesischen Theaters sich am Kopf berührt, müßte man übersetzen:

Ich bin mir eines verlorenen Auges bewußt; ich deute auf die verirrte Stelle eines Auges am Kopf der verbrecherischen Menschheit. Ich appelliere an dieses Wissen, das die Menschen zu Beginn des Schwarzen Zeitalters verloren. Das heißt vor sechstausend Jahren. Denn bekanntlich hat das Schwarze Zeitalter den Indern zufolge 3120 Jahre vor Christus begonnen.

Das kann uns echtes Theater suggerieren, wenn wir uns hineinversenken.

In Deutschland wird eine künstlerische Inszenierung erfunden, in Rußland die Massenszenerie; aber in Frankreich, einem der seltenen Länder der Welt, wo man sogar aus dem Nichts etwas herausholt, in Frankreich hat man es fast ohne Mittel geschafft, das geheime Leben des Theaters wiederzuentdecken, wie es Arthur Rimbaud gelungen ist, das geheime Leben der Poesie wiederzuentdecken . . .

Doch ich komme auf die Alchimie des französischen Theaters zurück, auf seine Neuanfänge in der Nachkriegszeit, als in Paris das Leben wiedererwachte.

Lugné-Poe hat den Franzosen im kleinen Privatsaal der Cité Moncey, rue de Clichy Nr. 55 in Paris Jarry, Strindberg und Ibsen vorgeführt, hat *Die Gläubiger, Hedda Gabler, Die Gespenster, Das Puppenheim* usw. auf die Bühne gebracht.

Das *Œuvre* ist ein »geschlossenes« Theater, wo nur Leute mit Abonnement Zutritt haben. Eines Tages gehe ich hin, um mir eine Aufführung anzusehen, ohne vorher ein Abonnement besorgt zu haben, und treffe da Lugné-Poe, der mich einlädt und mir vorschlägt, in seinem Theater zu arbeiten. Im gleichen Jahr debütierte ich als Verwalter, Mädchen für alles, Souffleur, Schauspieler und Statist.

Ich habe in den Kulissen Jean Sarments schauspielerische Debüts in *Die Gespenster*, *Hedda Gabler*, *Das Puppenheim* usw. und im folgenden Jahr auf derselben Bühne Lugné-Poes hinreißende Darstellung des *Cocu magnifique* von Crommelynck miterlebt.

Lugné-Poe schuf in dieser Rolle den unvergeßlichen Typus des intellektuellen Clowns und führte auf der französischen Bühne mit einer Stimme, die gleichsam aus der Finsternis zu grollen schien, und Gelächterkaskaden, denen Ausdruckskaskaden folgten, die vom Kopf bis zu den Füßen an ihm heruntersprudelten, eine Komposition im Stile Bruegels ein.

Als Schauspieler war Lugné-Poe oft ungleichmäßig, die Aufführung langweilte ihn. Er verachtet beim Spielen das Publikum. Doch wenn er in seine Rolle hineinschlüpft, wälzt sich der ganze Zuschauerraum vor Lachen. Er ist durch und durch Schauspieler, vom Scheitel bis zur Sohle. Die überraschenden Modulationen seiner Stimme, seine Finger, die sich in Stachel verwandeln, seine glühenden Blicke erinnern manchmal an eine heute verlorengegangene Theatertradition. Wir erleben dann gewissermaßen einen Schauspieler der *Mysterienspiele im mittelalterlichen Frankreich*.

Auf einer ganz anderen Seite des Theaters hingegen, ohne Gebärden, einzig mit ihrer Stimme, einer silbernen, schluchzenden Stimme, beweint Suzanne Desprès in d'Annunzios hinreißendem Stück* ihre abgehauenen Hände.

Auch um etwa 1920 herum hatte Durec, der bald danach

* La Gioconda. *Anm. d. Übers.*

starb, in einem isländischen Stück, *Das Verlangen* von Sigurdjöhnson, die Rolle eines Zauberers gespielt, der zum Gefangenen seiner Hexerei wird, dabei aber der Meinung ist, er sei im Besitz des Geheimnisses. Ich kann mich nicht erinnern, jemals in irgendeinem Theater eine Stimme gehört zu haben, die so verrückt war, bis ich in *Le Dibbouk* Marguerite Jamois buchstäblich nach ihrer Seele schreien hörte.

1920 ist außerdem das Jahr, in dem Jacques Copeau im Vieux-Colombier die unanimistische Schule, eine Schule des Naturalismus und der Einfachheit, auf die Bühne brachte. Der Unanimismus ist ein noch nicht als solcher bezeichneter Populismus, ein Populismus aber, der die Macht der Wirklichkeit vorsätzlich überbewertet.

Zu dieser Schule gehören Charles Vildrac, Luc Durtain, Georges Chennevière, Georges Duhamel, Jules Romains und in gewisser Weise auch Jean Schlumberger.

Vor allem die Ausstattung hat Charles Vildracs *Paquebot Tenacity* zu einem Erfolg gemacht. Vor einer Glastür, die in graugrünes Licht hinausführt, beschwört Copeau hier die gesamte feuchte Sehnsucht eines Hafens in einem nordischen Land.

Das Vieux-Colombier ist die erste französische Bühne gewesen, die über eine moderne Beleuchtung verfügte, und auch die erste, die eine stilisierte Ausstattung eingeführt hat. Das waren in Frankreich die Anfänge der sogenannten »konstruktiven Ausstattung«. Wände und Ebenen sind in der Perspektive der Ausstattung gleichsam ein ungeheures Spiel mit Kuben, aus denen ein Palast, ein Kellergeschoß, ein Gäßchen, eine Grotte, ein Berg und vieles andere aufgebaut wird.

Nie werde ich dieses Gewölbe in André Gides 1922 auf die Bühne gebrachtem *Le Saül* vergessen, das ins Licht hinausführte, in ein gespenstisches grünes Licht, in dem Jacques Copeaus Saul versank.

Bei seinen Inszenierungen setzte Jacques Copeau nicht nur das Mittel der Stilisierung des Bühnenbildes ein, sondern stilisierte auch die Kostüme und die Gestik: in *Was ihr wollt, Turandot, Die Brüder Karamasow, La Mort de Sparte** komponiert er riesige Fresken, wobei er sich als häufiger Besucher von Museen, als Kenner der Malerei, der über einen raffinierten Geschmack verfügt, und als begabter Literat ausweist.

Das Wesen des Theaters besteht bei Jacques Copeau darin, daß die Inszenierung dem Text untergeordnet, daß die Inszenierung aus dem Text heraus entwickelt wird, und zwar mit Hilfe einer klugen Verdrehung des Textes selbst. Denn Jacques Copeau zufolge ist der Text, ist das gesprochene Wort das Allerwichtigste, er vertritt also die Shakespearesche Auffassung der Gebärde, der Bewegung, der Stellungen und des Bühnenbildes. Es handelt sich letztlich um die Unterwerfung des Theaters unter die Sprache der geschriebenen Literatur. Allerdings ist das französische Theater in der Folgezeit seinen Gang gegangen.

Im Oktober 1921 geht Charles Dullin vom Vieux-Colombier weg, gründet das *Théâtre de l'Atelier*.

Dullin war schon vor dem Krieg, im Jahre 1913 im *Théâtre des Arts*, als Schauspieler hervorgetreten, und zwar durch seine gleichsam finstere Interpretation des Smerdjakow in Dostojewskis *Die Brüder Karamasow*.

Charles Dullin ist einer der letzten Schauspieler in Frankreich, der in seiner Gestik über wirkliche, zermalmende Intensität verfügt, und die Art und Weise, wie er spielt, hat manchmal etwas von einer Bohrmaschine, die im Begriff ist, die härtesten Mauern zu durchstoßen.

Charles Dullin war anläßlich der Gründung des *Théâtre de l'Atelier* nicht nur vom Vieux-Colombier weggegangen, auch von der *Comédie Montaigne* unter Gémiers Leitung, wo im Jahre 1920 in Crommelyncks *Les Amants puérils* Marguerite Jamois entdeckt wurde, hatte er sich getrennt.

Diese Bühne hatte eine Neuinszenierung von Paul Claudels Stück *Verkündigung* gezeigt, welche zu einem

* Von Jean Schlumberger. *Anm. d. Übers.*

Triumph für Ève Francis wurde. In der Szene der »mystischen Geburt« war diese Schauspielerin besonders hinreißend. Auch Lenormands *Le Simoun* wurde in der Comédie Montaigne aufgeführt, ein Stück, in dem der Wüstenwind über die Menschen hinwegfährt.

Die erste Zeit des *Atelier* war heroisch. Charles Dullin wollte den Geist der ehemaligen Zunftgenossen im Mittelalter, den Geist jener Wandertruppen wiedererwecken, wo der Schauspieler Handwerker, Dichter, Autor, Bettler und Abenteurer zugleich war.

In seiner Truppe arbeiteten alle, nicht nur mit dem Kopf, sondern auch mit den Händen. Die Schauspieler verwandelten sich in Maurer, Maler, Maschinenmeister, Verwalter, Improvisatoren und Schneider. Die Arbeit berauschte. Die Arbeit ging vor. Ob man zu essen hatte, war weniger wichtig. Und in unserer heroischen Liebe zum Theater dachten wir sehr oft nicht mehr ans Essen.

Das *Atelier* hat drei Jahre durchgestanden, in denen seine unmittelbare Zukunft völlig ungewiß war, Tag für Tag vom Abgrund bedroht, den seine Gläubiger beschworen. Dieser Heroismus wurde schließlich mit dem Triumph von Ben Jonsons *Volpone* belohnt, einem Stück, dessen blutrotes Bühnenbild flimmerte wie eine im Sonnenlicht flirrende Fahne.

In der Zeit von 1921 bis 1936 errang das *Atelier* mit Prosper Mérimées *L'Occasion*, Molières *Der Geizige*, Calderons *Das Leben ein Traum*, Jean Cocteaus *Antigone*, Ben Jonsons *Volpone* sowie mit *Die Vögel* und *Der Frieden* von Aristophanes seine glänzendsten Erfolge.

Ich habe einige persönliche Erinnerungen an Jean Cocteaus *Antigone*. Ich verkörperte in dieser »reduzierten Tragödie« die Rolle des Sehers Teiresias, Charles Dullin spielte den Kreon, und Génica Athanasiou war Antigone.

Wenn es bei diesem Stück zu einem echt menschlichen Triumph kam, gebührte er der Tragödin Génica Athanasiou für ihre Darstellung der Antigone.

Nie werde ich die goldene, bebende, geheimnisvolle

Stimme der Antigone Génica Athanasious vergessen, als sie von der Sonne Abschied nahm.

Ihre Klage kam von jenseits der Zeit, wurde gleichsam an einem sonnenüberfluteten Tag vom Schaum einer Welle übers Mittelmeer getragen; das war wie Musik aus lebendigem Fleisch, die sich fortpflanzen sollte durch eisige Finsternis. Es war, wirklich, die Stimme des archaischen Griechenland zur Stunde, wo vor den Augen des Minos vom innersten Labyrinth her plötzlich der Minotauros mit seinem jungfräulichen Fleisch Gestalt annimmt.

Im Jahre 1925 starb das Vieux-Colombier in Schönheit. Jacques Copeau, den der relative Mißerfolg seines Stückes *La Maison natale* enttäuscht hatte, trat ab.

Copeau hat das Anmutige, Phantastische, Märchenhafte gepflegt; mit der Tragödie hat er sich nie befaßt. Aber das Vieux-Colombier hat dem heutigen Frankreich einige seiner größten Schauspieler hinterlassen: Louis Jouvet, Charles Dullin, Roger Karl, Valentine Tessier, Bacqué, Bouquet und Auguste Boverio.

Mit *La Maison natale* schloß sich der Kreis des Vieux-Colombier, der mit *Les Fourberies de Scapin* begonnen hatte, wo der Schauspieler sich wie ein Schnelläufer in den Text hineinstürzt. Die *Compagnie des Quinze* unter Michel Saint-Denis treibt dann Jacques Copeaus plastische Inszenierungsprinzipien auf die Spitze.

Im Jahre 1923 lancierte Jacques Hébertot Rolf de Marés *Ballets suédois* im Théâtre des Champs-Élysées. Unter seiner Leitung verwandelte sich dieser Raum in eine Art große Theaterfabrik, in der verschiedene Richtungen zusammentrafen.

In einem seiner Bücher hat Jean Cocteau erzählt, wie geheimnisvoll in der Dämmerung eines Dezemberabends im Jahre 1922 Picassos Bühnenbild zur *Antigone* entstand. Es ist mir vergönnt gewesen, dieses seltsame Aufblühen selbst mitzuerleben.

Da und dort, hinter ein paar Felsbrocken aus blauer Leinwand, waren Lampen aufgestellt worden. Eine Mauer, gleichfalls aus blauer Leinwand, erhob sich bis zur Höhe eines Gewölbebogens, und in der Mitte rotierte eine Maskentrophäe. Unter der Trophäe hing ein großer Kartonstreifen, der etwa zwei Meter breit und einen Meter hoch war. Dieser Streifen bestand aus einer körnigen, rötlichen Materie in der Art des Vulkangesteins, aus dem in Mexiko die Kolonialpaläste erbaut worden sind. Das Rot feurigen Blutes; aber ein einziger Wassertropfen hätte genügt, dieses karminrote Blut in Altrosa hinüberzuspielen.

Picasso krempelte die Ärmel hoch und bewegte sich dann voran, als ob er gleichzeitig Dompteur, Ringkämpfer, Feldmesser und Zauberkünstler gewesen wäre ... und nun konnten wir sehen, wie sein dunkler, stämmiger Rücken in Fahrt kam. Linien wuchsen hervor aus der rosa Tafel. Picasso trat rasch zurück, dachte nach, orientierte sich, und die Linien um ihn herum sprühten hoch wie eine lebendige Geometrie.

Das war mehr als nur gezeichnet, das war empfunden. Die Linien sprühten gleichsam schicksalhaft empor. Und diese Linien bildeten eine Geometrie, die irgend etwas stützen sollte, was dann in der Mitte der Mauer blitzschnell irgend etwas anderes entzünden würde ... Seine Hand kam und ging – wie die Hand eines Hellsehers –, und mit einemmal konnten wir, wie von echter Magie gebannt, eine glänzende Säule erkennen. Eine dorische Säulenkolonnade. Picasso schuf sein Werk in der Tat mit der ganzen Kraft der männlichen dorischen Proportionen.

Im Jahre 1923 ließ Gaston Baty, der seine Laufbahn als Regisseur bei Gémier in der Comédie Montaigne begonnen hatte, neben Saint-Germain-des-Prés die *Baraque de la Chimère* aufbauen.

Der *Chimère* gelang es, ein paar Autoren minderen Ranges zu entdecken, aus deren Stücken von der Kritik die »Theorie des Theaters der Stille« abgeleitet wurde; eine Theorie, die die Autoren selbst eigentlich ablehnten.

Star der Inszenierungen Gaston Batys war Marguerite Jamois. Sie spielt mit den Augen und, wenn ich so sagen darf, von oben herab. Unter den Augen, die von Ebbe und Flut überfließen, ist ihr Mund wie eine ruhende Klinge, die zuckt, hochschnellt, lebendig wird.

Für mich hat Marguerite Jamois in *Le Dibbouk** ihre Glanzleistung vollbracht. Die Fabel dieses Stückes ist bekannt. Ein junger Theologiestudent trennt sich gezwungenermaßen von der Frau, die er liebt und die ihm *im theologischen Sinne* vom Schicksal bestimmt war. Der Student stirbt im Augenblick, wo er sein großes Geheimnis preisgeben will, und die Art und Weise, in der das alles geschieht, legt den Eindruck nahe, daß er zum Zeitpunkt, wo er sein Geheimnis offenbart, bereits tot ist. Sobald er gestorben ist, beginnt sein Geist umzugehen und verkörpert sich in dieser Frau; und in einer außerordentlichen Szene spricht Marguerite Jamois sogar mit der Stimme des Mannes, der das ihm vom Schicksal Bestimmte fordert, das heißt die Frau, das heißt sie selbst.

Ich habe die Jamois in fast allen ihren Rollen gesehen. Ich habe erlebt, wie sie mit geschlossenen Augen und verschlossenem Mund verschlossene Wesen spielte. In diesem Stück verkörperte sie ein in sich selbst eingesperrtes Wesen, das aber aus seinem tiefsten Inneren spricht; und die Stimme, mit der dieses Wesen sein Eigentum zurückfordert, ist etwas vom Entsetzlichsten, was ich je gehört habe.

Gaston Baty hat eine Theorie des Theaters. Ihm zufolge ist der Text im Gegensatz zu Copeaus Konzeption nur noch ein Bühnenelement unter anderen, und das Licht spielt eine gewisse Rolle innerhalb des Ganzen. Aber wenn man die von Gaston Baty inszenierten Aufführungen sieht, hat man nicht den Eindruck, daß es ihm gelungen ist, seine Konzeptionen voll zu verwirklichen.

Wenn beim Theater der Text nicht alles ist, wenn das Licht auch eine Sprache ist, will das besagen, daß das Theater noch eine Ahnung von einer anderen Sprache hat, welche vom Text, von der Gebärde, von der Bewegung,

* Von Shalom An-Ski. *Anm. d. Übers.*

vom Geräusch Gebrauch macht. Es handelt sich um das Wort, um das Geheimwort, das keine Sprache übersetzen kann. Es handelt sich gewissermaßen um die seit dem Fall Babels verlorene Sprache. Diese Sprache, diese verlorene Sprache, etwas wie ein uralter Wahnsinn, diese schwindelerregende Utopie glauben in Frankreich ein paar Leute im Theater wiedergefunden zu haben.

Gaston Baty hat mit *Maya**, *Le Dibbouk* und schließlich mit *Schuld und Sühne* ein paar der größten öffentlichen Erfolge des Pariser Theaters der Nachkriegszeit erzielt.

Im Jahre 1923 hat Jacques Hébertot in seiner *Cité du théâtre* an der *Avenue Montaigne* in Paris vier Regisseure der Avantgarde zusammengebracht: Louis Jouvet, Gaston Baty, Georges Pitoëff und Komisarjevski. Zu dieser Zeit gewährte er auch den *Ballets russes*, den *Ballets suédois* und Jean Cocteaus *Mariés de la Tour Eiffel* sowie avantgardistischer Musik und Malerei der Jahre 1920–26 Asyl. Man hat da Bühnenbilder von Picasso, Georges Braque, Othon Friesz, André Derain, Giorgio de Chirico und sogar von Surrealisten wie Max Ernst und Joan Miró zu Gesicht bekommen. Die surrealistische Gruppe wandte sich gegen diesen sogenannten Verrat an der surrealistischen Malerei, und es kam zu einem denkwürdigen Skandal, wo Max Ernst und Joan Miró angegriffen wurden. Aus den Rängen flatterten bunte Flugblätter, auf denen ihnen Verrat an den reinen Dichtern zur Last gelegt wurde. Aragon, der pausenlos krakeelte, sprang im dritten Rang wie ein Verrückter über die Logenbrüstungen und brach sich fast den Hals. Und wie ein Leichentuch wallte eine ungeheure schwarze Fahne auf die nackten Schultern der vornehmen Damen herab.

Um diese Zeit herum inszenierte Georges Pitoëff im zweiten Stockwerk des Theaters François Molnars *Liliom* und Andreevs *Der, der die Maulschellen kriegt*. Und Komisarjevski brachte Čapeks *R.U.R.*, *Robots* auf die Bühne.

* Von Simon Gantillon. *Anm. d. Übers.*

Georges Pitoëff war in Paris 1919 mit Lenormands *Les Ratés* und einem irischen Stück, *Le Baladin du Monde occidental**, hervorgetreten.

Im Bereich der Inszenierung bezogen sich Pitoëffs Entdeckungen auf Beleuchtung und Atmosphäre. Ihm verdanken wir es, daß dem französischen Publikum zum erstenmal russische Stücke, Tolstois *Die Macht der Finsternis* und Tschechows *Onkel Vania*, mit einer echt russischen Atmosphäre gezeigt wurden. Bei Pitoëff hatte man auch zum erstenmal auf einer französischen Bühne das Gefühl, daß ein Schauspieler mit seinem Leben selbst spielte und bereit war, sein Leben hinzugeben. Doch die große Offenbarung von Pitoëffs Theater ist ganz zweifellos Ludmilla Pitoëff gewesen. Wer nicht erlebt hat, wie Ludmilla Pitoëff Lilioms Leichnam beweinte, weiß nicht, was Weinen heißt, nicht nur auf der Bühne, sondern auch im Leben, denn Ludmilla ist ein Wesen, in dem man das Leben pochen fühlt.

Louis Jouvet, der bei Copeau gespielt hatte und unter anderem dazu in der Lage war, ein echtes Komödiantentemperament zu kultivieren, hat bei Hébertot einen Theaterstil eingeführt, der von der Technik der Bühne bestimmt war; und es gibt niemanden, der die Bühne als Schauspieler, Regisseur, Architekt und Beleuchter zugleich so gut kennt wie Jouvet.

Später konnte Jouvet ein eigenes Theater eröffnen, und den Stil eines Bühnenbildes und einer Beleuchtung à la Jouvet kennt man heute in Paris und auf der ganzen Welt.

Louis Jouvets große Entdeckung war Jean Giraudoux, der sich aus einem preziösen, stilisierten Schriftsteller in einen stilisierten, preziösen Dramatiker verwandelte. Und alle, die Sinn für unmotivierte Gymnastik und Akrobatik des Denkens haben, werden sich in Jean Giraudoux' Stükken gut unterhalten.

Im Jahre 1925, das offenbar fürs Theater schicksalhaft

* *Der Held der Westlichen Welt* von John Millington Synge. *Anm. d. Übers.*

gewesen ist und eine ganze Welt hervorbringen sollte, tauchte ein geheimnisvoller Mann auf, der unmöblierte Zimmer bewohnte und später »Derwisch« genannt wurde, weil er behauptete, er habe einige Jahre seines Lebens unter Derwischen im Kaukasus verbracht.

Anläßlich der Wiederaufnahme von Maeterlincks *Pelléas et Mélisande* fiel mir bei einer ständigen Dekoration von Copeau ein ungewöhnliches Beleuchtungssystem auf; hier war das Licht richtig lebendig, roch, teilte einen Geruch mit, war eine Art neue Person geworden. Und offensichtlich ging es dem »Derwisch« überhaupt nicht darum, die Bühnenbilder und die Schauspieler zu beleuchten.

Ein Licht, das nicht erleuchtet und von dem ein starker Geruch auszugehen scheint, dahinter steckt, dachte ich mir, ein seltener Geist.

Und eines Abends begegne ich in einem etwa hundert Meter vom Theater entfernten Café einer hitzigen Persönlichkeit mit großem Schnurrbart und einem Gesicht, das so verzerrt war wie Rebenholz, welche jede Frage, die ihr gestellt wurde, mit Schimpfworten abtat.

Und zwischen diesen Schimpfworten schien manchmal eine merkwürdige Auffassung der Natur und des Lebens durchzuschimmern.

»Das ist Salzmann«, wurde mir gesagt, »er hat den Beleuchtungsstil erfunden, der dich so beeindruckt hat.«

»Halten Sie es für möglich«, antwortete er mir, »die Idioten haben überhaupt nicht bemerkt, daß dieses Licht Sensibilität war, daß es Licht ohne Sensibilität gar nicht gibt?«

Und wir haben über drei Stunden lang miteinander gesprochen und sind dabei in einer schrecklichen Februarnacht von der Place de l'Alma zur Gare Saint-Lazare gelaufen...

Ihm zufolge gab es überhaupt nur Idioten. Im Kopf der gegenwärtigen Menschheit sei Leben nur noch ein nebuloser Begriff. Und die Theaterleute seien ganz besonders idiotisch. »Dieses finstere Licht, von dem Sie«, sagte er mir, »so fasziniert waren, ist denen zu finster. Und zwar weil sie noch immer keinen höheren Begriff haben als den der fünf Sinne, Geruchssinn, Geschmacksinn, Tastsinn, Gesichtssinn und Gehör. Als ob das Theater nicht dazu da wäre, die Welt der Sinne zu überschreiten. Das Leben der Sinne leben wir Tag für Tag. Wenn uns das Theater nicht dazu dient, über uns selbst hinauszukommen, was soll's dann überhaupt! . . .«

Da erzählte ich ihm von einer verlorenen Sprache, die durch das Theater wiederentdeckt werden könnte. Er antwortete, die Poesie, die echte Poesie, nicht die Poesie der Dichter, hüte das Geheimnis dieser Sprache, und gewisse sakrale Tänze kämen dem Geheimnis dieser Poesie näher als irgendeine andere Sprache.

Salzmann war Ingenieur, Architekt und Erfinder. Er hatte auf der Bühne des Théâtre des Champs-Élysées eine Art Lichtbogen gebaut, an dem gut und gerne sechzigtausend Lampen hingen.

Salzmann ist im vergangenen Jahr in der Schweiz an einer Krebsgeschwulst im Hals gestorben.

Seither hat man aber im Theater Beleuchtungen in Salzmanns Stil erlebt, und eine gewisse Art und Weise, mit dem Licht umzugehen, als ob man auf einer Farborgel spielte, was einem bei Louis Jouvets Beleuchtungen wiederbegegnet, ist unmittelbar auf seine Ideen zurückzuführen.

Im Juni 1927 wurde das Théâtre Alfred Jarry gegründet. Es veranstaltete im heute zerstörten Théâtre de Grenelle zwei Aufführungen eines surrealistischen Stückes, Roger Vitracs *Les Mystères de l'Amour*.

Génica Athanasiou errang in der Rolle der Léa den zweiten Triumph ihrer Karriere; es ist ein Stück, in dem Génica sich vervielfachen und von einer Fleischersfrau in eine Dompteuse, in eine Verführerin, eine leidenschaftliche Ästhetin à la Burne-Jones verwandeln muß. Das Stück verdankte seinen Erfolg der Art und Weise, wie es inszeniert wurde. Zum ersten Mal konnte man erleben, wie auf der Bühne wirkliche Gegenstände, ein Bett, ein Schrank, ein Ofen, ein Sarg, wie all das einer surrealistischen Ordnung unterworfen wurde, die nach Maßgabe der gewöhnlichen Realität Unordnung ist und der tiefen Logik des Traumes entspricht, der sich jäh im Leben verwirklichen will. Vielfarbiges Licht, das der gleichen seltsamen Logik, demselben Bemühen um Gleichgewicht und Musikalität entsprach, flutete von verschiedenen Brennpunkten her über die Dinge.

Das Théâtre Alfred Jarry hat von 1927 bis 1930 *Les Mystères de l'Amour*, *Partage de Midi*, *Le Songe*, *Victor ou les Enfants au pouvoir* auf die Bühne gebracht.

Die außergewöhnlichen Aufführungen des Balinesischen Theaters an der Kolonialausstellung im Juli 1931, die einen hinreißenden Erfolg hatten, gehören meiner Meinung nach auch zum französischen Theaterleben; es gibt tatsächlich eine merkwürdige geistige Verwandtschaft zwischen den Inszenierungen des Théâtre Alfred Jarry und denjenigen des Balinesischen Theaters. Beide, so könnte man sagen, schöpfen unmittelbar aus den magischen Quellen ein und desselben primitiven Unbewußten, jenes Unbewußten, bis zu dem das Théâtre Alfred Jarry dank dem starken Impuls seiner Ermittlungen vorgestoßen ist und dessen geheime Quellen das Balinesische Theater auf Grund seiner Tradition zu kennen scheint.

Eigentlich wird seit dem Krieg das ganze französische Theater von einem wirren Verlangen nach Rückkehr zu einer bestimmten Tradition vorangetrieben.

Es handelt sich nicht um diese oder jene besondere Tradition, die mehr oder weniger stark mit einem gewissen gesellschaftlichen Konservatismus verbunden wäre. Das französische Theater ist seinerseits von der allgemeinen Unruhe angesteckt worden, und es hat teil an dieser ungeheuren, für die heutige Welt charakteristischen Überprüfung der Werte.

Wenn das Freudsche »Unbewußte« bei Lenormand und Pirandello aufgetaucht ist, heißt das nicht, dieses Auftauchen habe großen Erfolg gehabt.

Man kehrt in jeder Hinsicht zu den Ursprüngen zurück: zum Ursprung des Vaterlandes, der Familie, der Liebe, der

Vaterschaft. Alle großen Probleme der Menschheit werden aufgeworfen, erwogen, wiederbelebt. Im Laufe des Jahres 1932 hat man mitansehen können, wie in verschiedenen Stücken der Inzest als richtige Zwangsvorstellung in Erscheinung trat, und in Stücken wie Bruckners *Die Verbrecher* und *Krankheit der Jugend* kehrt man unmittelbar zu den Ursprüngen der Moral und der Verzweiflung am Leben zurück.

In all dem muß man das Zeichen einer Unordnung und einer Suche sehen, wobei die Suche immerhin stärker ist als die Unordnung.

Diese Ansammlung, diese Zersplitterung der Werte hat eine Abwertung, eine Aufgabe, einen Schwund der Empfindung zur Folge, welche mit der menschlichen Individualität verknüpft ist. Man weicht Empfindungen des Abgetrenntseins aus. Es ist jetzt nicht mehr so, daß zwei miteinander konfrontierte Wesen mit Hilfe der Liebe ihre vereinzelten Individualitäten vereinigen wollen, sondern die beiden Wesen versuchen, sich anhand des anderen eine Vorstellung von Humanität zu machen.

Es ist nicht einfach Zufall, daß sich beim französischen Avantgarde-Theater die wesentlichen Ermittlungsversuche vor allem auf die Inszenierung bezogen. Denn es war auf Grund der äußeren Möglichkeiten des Theaters dringend notwendig, diese Körpersprache wiederzufinden, die das französische Theater vier Jahrhunderte lang vollkommen vergessen hatte; und bei der Entwicklung dieser Möglichkeiten geht es dem französischen Theater nicht um den Versuch, einen dekorativen Effekt zu entdecken; nein, hinter dem dekorativen Effekt sucht es die universale Sprache, die es mit dem gesamten Raum verbinden soll.

Das französische Theater sucht den Raum, damit es das, was es ausdrückt, im Raum vervielfachen kann, es will, wie die mexikanische Kunst, den Raum aufblühen lassen, denn es ist der Meinung, daß das Theater bis heute versäumt hatte, ihn zum Sprechen zu bringen.

Und den Raum zum Sprechen bringen will besagen, den

Oberflächen und Massen Stimme verleihen; und aus diesem Grunde verachtet man heute die Individualitäten. Es trifft wirklich zu, daß »die Ehe zu dritt«, die im Ausland als repräsentativ galt für das französische Theater, schon lange nichts mehr mit dem französischen Theater zu tun hat. Mit Müh und Not treiben jetzt ein paar angelsächsische Touristen auf irgendeiner Boulevardbühne Relikte dieses abgestandenen Theaters auf.

In Paris ist Jean-Louis Barrault Vertreter dieser Suche nach einem Theater im Raum, dessen Innenleben verborgen bleibt. Es handelt sich nicht um gesellschaftliches Theater, obwohl es das nach wie vor ist; es ist ein Massentheater; es ist nicht so sehr gesellschaftliches Theater als Theater der menschlichen Angst, die gegen das Schicksal angeht. Es ist das Theater der menschlichen Revolte, die das Gesetz des Schicksals nicht anerkennt, es ist ein von Schreien, nicht Angstschreien, sondern Wutschreien und noch mehr als von Wutschreien ein von Schreien des Gefühls für die Bedeutung des Lebens erfülltes Theater.

Es ist ein Theater, das weinen kann, aber über eine ungeheure Bewußtheit des Lachens verfügt und weiß, daß das Lachen eine reine Idee enthält, eine heilsame, reine Idee der ewigen Kräfte des Lebens.

Offener Brief an die Gouverneure der mexikanischen Staaten

Sehr geehrte Herren Gouverneure,

ich bin im Auftrag des Sekretariats des französischen Erziehungsministeriums nach Mexiko gekommen.

Dieser Auftrag beinhaltet, alle Ausdrucksformen der mexikanischen Theaterkunst zu studieren; aber ich will sie im Leben, nicht auf der Bühne studieren.

Und was mich hier besonders interessiert, ist die mexikanische Eingeborenenkunst.

Meiner Meinung nach ist die europäische Kultur bankrott, und mir scheint, daß Europa durch die hemmungslose Entwicklung seiner Maschinen die wirkliche Kultur verraten hat; und ich will meinerseits zum Verräter am europäischen Fortschrittsgedanken werden.

Die indianischen Riten und sakralen Tänze stellen die schönste Form des Theaters dar, die überhaupt möglich ist, und die einzige, die Daseinsberechtigung hat.

Bis jetzt haben sich für diese Riten nur Archäologen und Künstler interessiert.

Die Archäologen haben sich als Gelehrte darüber ausgelassen, das heißt überaus mangelhaft; die Künstler haben sich als Künstler darüber ausgelassen, das heißt noch mangelhafter. Sie haben weder das geheime Wissen noch den tiefen Sinn herausarbeiten können, die in diesen Riten enthalten sind.

Es gibt auf der Erde prädestinierte Gegenden, deren Bestimmung es ist, die Kultur der Welt zu bewahren. Und in Frankreich wendet sich die hellhörige, aber auch unruhige, besorgte, ja ich möchte sogar sagen verzweifelte Jugend von ganzem Herzen diesen prädestinierten Orten zu.

Das heutige Tibet und Mexiko sind Knotenpunkte der Kultur der Welt. Doch die tibetische Kultur ist für die Toten gemacht; wer sich vom Leben lösen will, kann da noch die Techniken richtigen Sterbens lernen.

Die ewige mexikanische Kultur ist immer für die Lebenden geschaffen worden. Aus den Bilderschriften der Mayas, aus den Überresten der toltekischen Kultur sind noch die Möglichkeiten richtigen Lebens zu erschließen, wie man den Schlaf der Organe vertreibt, die Nerven im Zustand ununterbrochener Exaltation, das heißt vollkommen offen erhält für jähes Licht, Wasser, Erde und Wind.

Ja, ich glaube, daß in Mexikos Erde eine Kraft ruht. Und für mich ist es die einzige Stelle auf der Welt, wo Naturkräfte ruhen, die den Lebenden nützen können. Ich glaube an die magische Realität dieser Kräfte, wie man an die wohltuende, heilsame Kraft gewisser Wasser glaubt.

Ich glaube, daß die indianischen Riten unmittelbare Ausdrucksformen dieser Kräfte sind. Ich will sie weder als Archäologe noch als Künstler studieren, ich werde sie als Gelehrter im eigentlichen Sinne des Wortes studieren; und ich möchte versuchen, mich nach Wissen und Gewissen von ihren der Seele heilsamen Kräften durchdringen zu lassen. Wenn sich der menschliche Magnetismus erschöpft, muß man zur Erde zurückkehren und von ihr wieder Kräfte gewinnen.

Die primitiven Riten der Indianer haben Kontakt mit der Erde, und ihre Tänze, ihre lebendigen Bilderschriften, ihre okkulten Gebärden geben unbewußt ihre Gesetze wieder.

Zwischen die Erde und den Menschen tritt in regelmäßigen Zeitabständen der menschliche Geist, der die reinen Kräfte der Erde verstört, indem er den Schlamm so manchen Götter-Aberglaubens aus ihnen hervorlockt.

Aber in genauso regelmäßigen Zeitabständen kommen die Naturkräfte der Erde wieder ans Licht und machen Schluß mit den falschen Geistern der Götter.

Ich möchte hier der mexikanischen Regierung dafür danken, daß sie mir ermöglicht hat, mit der echten mexikanischen Kultur in Berührung zu kommen; und ich will den Herren Staatsgouverneuren im voraus für ihre Unterstützung danken, wobei ich hoffe, daß sie mir gestatten werden, mich überallhin zu begeben, wo Mexikos rote Erde noch ihre echte Sprache spricht.

Universale Grundlagen der Kultur

Heute ist in Europa Kultur, wie Wissen, wie Bildung ein Luxus, den man sich kaufen kann. Das ist der beste Beweis dafür, daß die Bedeutung der Worte verlorengeht, und diese Wortverwirrung kann besser als alles andere einen Zustand des Verfalls aufdecken, der jetzt in Europa alles erfaßt hat. Bevor ich über die Kultur diskutiere, muß ich deshalb den Sinn dieses Wortes genauer herausarbeiten. Ich will zunächst sagen, was jedermann darunter versteht oder zu verstehen glaubt, dann werde ich sagen, was es wirklich bedeutet. Wir sprechen von einem kultivierten Menschen und wir sprechen von Kulturboden, und wir bezeichnen damit eine Tätigkeit, eine fast materielle Verwandlung des Menschen und der Erde. Man kann gebildet sein, ohne wirklich Kultur zu haben. Bildung ist ein Kleidungsstück. Das Wort Bildung bedeutet, daß sich jemand mit Kenntnissen ausgestattet hat. Wenn ein solcher Firnis vorhanden ist, schließt das nicht ein, daß man diese Kenntnisse in sich aufgenommen hat. Das Wort Kultur dagegen bedeutet, daß die Erde, der tiefe *Humus* des Menschen, urbar gemacht worden ist. Man verwechselt im allgemeinen Bildung und Kultur, und in Europa, wo die Worte nichts mehr zu besagen haben, verwendet man umgangssprachlich die Worte Bildung und Kultur für ein und dieselbe Sache, während es sich in Wirklichkeit um zwei Dinge handelt, die sich zutiefst unterscheiden; und selbst wenn man Bildung und Kultur nicht ausdrücklich verwechselt, stellt man sie auf dieselbe Stufe, man hält sie für gleichartig, während uns doch alles, was wir um uns herum sehen, beweist, daß Europas zersplitterte, widersprüchliche Kultur mit der absoluten Einförmigkeit seiner Zivilisation nichts mehr zu tun hat.

Wenn ich bei meiner Ankunft in Mexiko von seiner alten Kultur gesprochen habe, ist mir überall etwa folgendermaßen geantwortet worden: »Aber es gibt unzählige Kulturen in Mexiko!« – ein Beweis, daß die heutigen Mexikaner sogar die Bedeutung des Wortes Kultur vergessen haben und eine einheitliche Kultur mit der Vielfalt der Zivilisationsformen verwechseln. So unterschiedlich die Zivilisationen des alten Mexiko auch gewesen sein mögen, es besaß im Grunde nur eine einzige Kultur, das heißt eine einzige Vorstellung vom Menschen, von der Natur, vom Tod, vom Leben; dagegen hat das moderne Europa, das seine Zivilisation vereinheitlichen konnte, seine Kulturkonzeption endlos vervielfacht und befindet sich hinsichtlich seiner Vorstellung von Kultur gewissermaßen im Zustand offener Anarchie.

Europa faßt Kultur als Firnis auf, weil es vergessen hat, was Kultur in den Zeiten gewesen ist, als sie wirklich existierte; die Worte haben tatsächlich ihre ganz genaue Bedeutung, und es ist unmöglich, dem Wort Kultur seinen tiefen Sinn zu nehmen, den Sinn restloser, gewissermaßen magischer Veränderung nicht des Menschen, sondern des menschlichen Wesens, denn bei einem Menschen, der wirklich Kultur hat, steckt der Geist im Körper und bildet mit Hilfe der Kultur seinen Körper aus, was besagen will, daß er zugleich seinen Geist ausbildet.

Europa hat sich vorgestellt, die Kultur sei in den Büchern enthalten, und jede europäische Nation besitzt ihre Bücher, das heißt ihre Philosophie. In den letzten Jahren sind eine ganze Anzahl von Systemen entworfen worden, und jedes ist mit dem Erscheinen eines neuen Buches verknüpft, wobei nicht nur jede Nation, sondern auch jede politische Partei ihr eigenes System hat. Und während in großen Zeiten Philosophen das Leben lenkten und die Politik ins Dasein riefen, züchtet sich nun gerade umgekehrt jedes neue politische System Philosophen, die klägliche Anstrengungen unternehmen, seine Demagogie zu rechtfertigen.

Der Marxismus, ein politisches System, das auf einigen grundlegenden ökonomischen Untersuchungen beruht, hat eine umfassende materialistische Konzeption der Welt begründet. Italien ist geistig so ausgelaugt, daß es nicht einen einzigen Philosophen hervorbringen kann, während der Hitler'sche Faschismus seinerseits über Philosophen verfügt, deren System ein ekelerregender Brei aus Nietzsche, Kant, Herder, Fichte und Schelling ist. In Europa gibt es neben Propheten des neuen Abendlandes Propheten des Unterganges des Abendlandes, und neben ernstzunehmenden Leuten wie Spengler, Scheler und Heidegger findet man Kleinmeister des Unterganges wie Keyserling, die nichts weiter als Handlungsreisende, Dilettanten in Schund-Hinduismus sowie maßlose Flunkerer hinsichtlich des Unbewußten sowohl Freudscher wie amerikanischer Prägung sind, dieses Unbewußten, von dem sie angeblich eine Spektralanalyse machen können. Für mich gibt es nichts Hassenswerteres als den philosophischen Snobismus eines Keyserling, vor allem wenn dieser Snobismus aus religiösen Anschauungen, von denen das primitive, okkulte Leben der Menschheit gezehrt hat, ein richtiggehendes Modeobjekt macht.

Es gibt keine Religionsphilosophie oder große Kultur, an die Keyserling nicht gerührt und deren Lehren er nicht auf widerwärtige Weise vulgarisiert hätte, während die alten indischen Brahmanen manchmal sogar ihr Leben hingaben, damit ihnen Offenbarung zuteil wurde. Keyserlings Fall ist um so schwerwiegender, als er ein System, ich meine eine persönliche Dogmatik, aus Traditionen hergeleitet hat, die über ungeheure Zeiträume hinweg die kollektive, anonyme Weisheit ganzer Länder darstellten, während doch die Menschen, welche Träger dieser Traditionen und Lehren waren, sich immer hüteten, sie individuell in Besitz zu nehmen; in dieser Hinsicht gehorcht Keyserling dem individualistischen, anarchischen Geist eines Europa, das gegenwärtig so viele Philosophien wie Philosophen und so viele Kulturen wie Philosophien hat.

Seit etwa zwei, drei Jahren wird groteskerweise von den Vereinigten Staaten von Europa gesprochen. Es wäre nützlicher gewesen, vom totalen Ungleichgewicht der europäischen Kultur zu sprechen, denn der beklagenswerte Zustand dieses Kulturwustes, der heute Europa repräsentiert, wäre für jedermann Beweis genug gewesen, daß die Vereinigten Staaten von Europa bereits nichts weiter mehr waren als ein ausgelatschter Witz.

Erster Kontakt mit der mexikanischen Revolution

Die gegenwärtige weltweite Krise hat sich in Frankreich später als in anderen Ländern ausgewirkt, aber sie hat sich, obwohl es nicht so aussieht, nachhaltiger ausgewirkt. Während anderswo die Kapitalien und Vermögen betroffen sind, leidet in Frankreich besonders das »Bewußtsein« unter der Krise, und die französische Jugend bekommt die Wirkungen der Krise besonders zu spüren. Wer Paris vor drei Jahren kennengelernt hat und jetzt wieder hinfährt, wird es nicht wiedererkennen. Die Stadt hat sich äußerlich kaum verändert, aber das Pariser Leben, das Vibrierende, die Jugend, das Rauschende, der Glanz, die Lust, das hat sich schrecklich verändert. Vor allem die Jugend leidet also, und nichts gefährdet das Leben eines Landes tiefer, als wenn seine Jugend Schaden nimmt.

Ich will nicht behaupten, die französische Jugend habe die Hoffnung aufgegeben, ich möchte zum Ausdruck bringen, daß die Triebkräfte ihrer Hoffnung unmittelbar betroffen sind, denn sie ist jetzt soweit, daß ihr Vertrauen in die Heilmittel des Lebens schwindet. Die Regierung kümmert sich darum, die Preissteigerungen für lebensnotwendige Artikel zu stützen, damit diese nicht mit Verlust abgesetzt werden, und ermöglicht dadurch den französischen Bauern, ihren bisherigen Lebensstandard beizubehalten, aber sie kümmert sich überhaupt nicht um das Leben der Jugend, wie das hier geschieht. Und die sich selbst überlassene französische Jugend – ich spreche vor allem von den jungen Malern, Bildhauern, Schauspielern, Regisseuren usw. – befindet sich am Rande der Verzweiflung.

Es erübrigt sich also, zu erwähnen, was ich empfand, als ich bei meiner Ankunft hier sah, mit welcher Aufmerksamkeit Mexikos revolutionäre Regierung die Werke der Jugend umgibt; ich habe mit revolutionären Künstlern, Malern, Intellektuellen und auch mit Musikern gesprochen; die Sektion Bildende Künste unter der Leitung von Professor Muñoz Cota hat mir die Ehre erwiesen, mich als Vertreter der Französischen Republik zu ihrem Kongreß über Kindertheater einzuladen; und ich habe Gelegenheit gehabt, mir darüber Rechenschaft abzulegen, daß Mexikos Revolution eine Seele, eine lebendige Seele, eine fordernde Seele hat und daß die Mexikaner selbst nicht wissen, wohin diese sie führen kann. Das ist das Hinreißende an Mexikos revolutionärer Bewegung. Das junge Mexiko geht vorwärts, es ist entschlossen, eine Welt neu zu erschaffen, und schreckt vor keiner Veränderung zurück, wenn es um den Wiederaufbau dieser Welt geht. Wer junge mexikanische Revolutionäre befragt, wird von jedem eine andere Antwort erhalten; dieses Chaos von Meinungen ist der beste Beweis für die Dynamik der Revolution. Daß Mexikos Leben sozialistisch sein soll, darüber sind sich zwar alle Jungen einig, aber auf welchem Weg dieser mexikanische Sozialismus umfassend und rasch zu erreichen sei, darüber gehen die Meinungen auseinander.

Sogar diese Meinungsverschiedenheiten besitzen eine erregende Kraft. Das Bewußtsein des heutigen Mexiko ist ein Chaos, in dem die neuen Kräfte einer Welt aufbrodeln. Und während die französische Jugend verzweifelt, befindet sich Mexikos Jugend ihrerseits sicher nicht am Rande der Verzweiflung, davon habe ich mich anläßlich dieses Kongresses über Kindertheater, wo man so liebenswürdig gewesen ist, mich zu einem Referat über den Dynamismus des Kasperletheaters aufzufordern, überzeugen können.

Man muß zugeben, daß die gegenwärtig in heller Aufregung befindliche französische Jugend mit überaus kühnen Ideen spielt, und sie tut das manchmal, ohne sich richtig darüber im klaren zu sein. So hat man speziell im Bereich des Theaters im Laufe der letzten Jahre ein neues Konzept entworfen. Während man beispielsweise Jacques Copeaus Versuche aufgibt, rein plastische Versuche, bei denen die

Inszenierung nur Einkleidung des Textes ist und streng von diesem bestimmt wird, verfolgt man nun die Tendenz, den Text wie in den mittelalterlichen Mysterienspielen wieder zum Diener, zum Sklaven einer Ordnung zu machen, die aus weit zurückliegenden Zeiten, unmittelbar aus den Ursprüngen der Sprache in mythischen Zeitaltern stammt, in denen die Sprache, das vom Menschen hervorgebrachte primitive Idiom, mit der organischen Kraft der Atmung verschmolz. Das moderne französische Theater hat allmählich Aussichten, die direkte Notwendigkeit, die zentrale, dynamische Notwendigkeit des Ausdrucks wiederzuentdecken. Was besagen will, daß das Theater sich von der Literatur trennt, von den Büchern abrückt, um die Bühnenluft wiederzuentdecken, sich in der ganzen Perspektive des Raumes zu entfalten, denn das Theater ist eine Kunst im Raum, und man sollte sich um jeden Preis der räumlichen Bedeutung des Ausdrucks bewußt werden. Klang, Bewegung, Licht, Gebärde, Stimme und selbst die Form der Stimme gehören zu dieser neuen Sprache des Theaters. Ein Wort lebt vor allem durch die Art und Weise, wie es ausgesprochen wird, und durch die Stelle, wo man es ausspricht, und ganz besonders lebendig ist die rhythmische Schwingung des Atems, welcher der Sonne und dem Mond zugeordnet, männlich und weiblich, aktiv und passiv ist. Darauf beruht eine ganze Technik des Atems, die ein junger Schauspieler, Jean-Louis Barrault, der direkt von Charles Dullins Théâtre de l'Atelier herkommt, jetzt im einzelnen studieren will.

Diese Technik habe ich übrigens in meinem Referat über den Dynamismus der Marionetten erklärt. Ich hatte sie schon im *Manifest des Theaters der Grausamkeit*, das 1932 in der Oktobernummer der *Nouvelle Revue Française* erschienen ist*, und in einem Artikel über die Dreizahlen der Kabbala und ihre Anwendung auf die Kunst des Theaters

* Vgl. Antonin Artaud, Das Theater und sein Double (Frankfurt/Main 1969), Deutsch von Gerd Henniger. *Anm. d. Übers.*

beschrieben, einem Artikel, der in der nächsten Nummer der *Revista de la Universidad* unter dem Titel *Eine Gefühlsathletik* erscheinen wird.*

Diese ganze Technik, die scheinbar so trocken und spröde ist, bringt in Wirklichkeit etwas Elementares und sehr Einfaches zum Ausdruck. Was aber von großer Bedeutung ist. Ob man es wahrhaben will oder nicht, es steckt ein tiefer Kulturbegriff dahinter, und auf diesem grundlegenden Kulturbegriff beruhen heute alle Hoffnungen der intellektuellen Jugend in Frankreich.

Die französische Jugend macht heute gewissermaßen die Schrecken einer richtigen Geburt durch, und sie hat eine revolutionäre Auffassung von Kultur. Was ich auf mexikanischem Boden suche, ist einfach ein Echo, oder vielmehr eine Quelle, eine echte körperliche Quelle dieser revolutionären Kraft. Und ich hoffe zusammen mit der französischen Jugend, daß die mexikanische Jugend uns unterstützt und uns hilft, diese Kraft und diese Idee freizusetzen.

Die Anstrengung, die ich von der mexikanischen Jugend fordere, die ich auch von der mexikanischen Revolution fordere, ist groß und muß eine schreckliche Durchschlagskraft haben.

Kurz, wir erwarten von Mexiko eine neue Auffassung der *Revolution*, und auch eine neue Auffassung des *Menschen*, die diese höchste Form von Humanismus fördern, nähren soll, welche jetzt in Frankreich in einem Geist, der dem Geist des XVI. Jahrhunderts diametral entgegengesetzt ist, allmählich aufkommt.

Sie sollten sich vielleicht klarmachen, daß sich Europa von der mexikanischen Revolution vollkommen falsche Vorstellungen macht und einer Art kollektiven Halluzination verfallen ist. Es ist gar nicht weit von der Annahme entfernt, die heutigen Mexikaner opferten in Gewändern ihrer Vorfahren auf den Stufen der Pyramide von Teotihuacán wirklich und wahrhaftig der Sonne. Sie können

* Ebda. *Anm. d. Übers.*

mir glauben, daß ich kaum übertreibe. Jedenfalls war von gewaltigen Rekonstruktionen in Form von Theater die Rede, die auf dieser Pyramide stattgefunden haben sollten, und man hat tatsächlich geglaubt, es gebe in Mexiko eine ganz ausgeprägte anti-europäische Bewegung, wie man auch geglaubt hat, das heutige Mexiko wolle seine Revolution auf der Grundlage einer Rückkehr zur Tradition vor Cortez durchführen. Solche Hirngespinste zirkulieren in Paris in fortschrittlichsten Intellektuellenkreisen. Kurz, man ist der Meinung, die mexikanische Revolution sei eine Revolution der Eingeborenenseele, eine Revolution zur Wiedereroberung der *Eingeborenenseele*, wie sie vor Cortez war.

Darauf sollte sich die Untersuchung beziehen, die ich hier zu machen habe.

Nun habe ich aber nicht den Eindruck, daß Mexikos revolutionäre Jugend sich sehr um die Eingeborenenseele kümmert. Und gerade da beginnt die Tragödie. Ich träumte bei meiner Ankunft in Mexiko von einem Bündnis der französischen Jugend mit der mexikanischen Jugend zur Verwirklichung ein und desselben kulturellen Zieles, doch ich halte dieses Bündnis für unmöglich, solange die mexikanische Jugend nach wie vor einzig und allein marxistisch ist. Der Marxismus will wissenschaftlich sein, er spricht von einem Geist der Masse, baut aber den Begriff des individuellen Bewußtseins nicht ab, und indem er diesen Begriff intakt läßt, wendet er sich willkürlich, romantisch ans Bewußtsein der Masse. Der Abbau des individuellen Bewußtseins stellt aber einen erhabenen Kulturbegriff dar, es handelt sich dabei um eine tiefe Vorstellung von Kultur, aus der sich eine ganz neue Form von Zivilisation herleiten läßt. Wenn man nicht mehr das Gefühl hat, als Individuum zu leben, bedeutet das, daß man diese furchtbare Form des Kapitalismus vermeidet, die ich Kapitalismus des Bewußtseins nenne, denn die Seele ist Gemeineigentum.

In diesem Sinn glaubt die französische Jugend an eine Wiedergeburt der Zivilisation vor Cortez. Sie will nicht in den nordamerikanischen Irrtum einer Zivilisation zurückfallen, die sich am Rande der Kultur entwickelt, sie will vor allem einen tiefen, grundlegenden Kulturbegriff herausarbeiten, von dem jede Revolution abhängig sein soll.

Wer den Indianern die Formen der weißen Zivilisation aufdrängen wollte, würde riskieren, daß sie gleichzeitig alles verlören, was sie von ihrer alten Kultur vielleicht noch zu bewahren vermochten, denn Kultur und Zivilisation sind miteinander verknüpft.

Letztlich geht es um folgendes Problem:

Es gibt in Europa eine anti-europäische Bewegung, und ich befürchte wirklich, daß es in Mexiko eine anti-indianische Bewegung gibt. Wer sich um den Körper kümmert statt ums Bewußtsein, riskiert gleichzeitig den Verlust des Körpers. Ich weiß genau, daß das Problem des Bewußtseins für Mexikos marxistische Jugend nicht existiert oder, wenn man so will, daß es durch äußere Elemente bedingt ist.

Aber nach Ansicht der revolutionären Jugend Frankreichs hindert der Marxismus, indem er an der Empfindung des individuellen Bewußtseins festhält, die *Revolution* daran, zu ihren Ursprüngen zurückzukehren, das heißt, er blockiert die *Revolution*.

Eine Medea ohne Feuer

Senecas »Medea«, das ist eine mythische Welt; Margarita Xirgu hat kein Feuer und bleibt außerhalb einer solchen Welt. Mythen dürfen nicht verniedlicht werden, sonst begnügt man sich damit, Mensch zu sein, und was dabei herauskommt, ist erbärmlicher Anthropomorphismus. So entdeckt man, daß man Mensch ist, stellt sich nach Menschenart bloß, kleingewachsen, kleinlaut, kurzum, nackt.

In dieser Tragödie mußten Ungeheuer sich bäumen, mußte gezeigt werden, daß man unter Ungeheuern war, unter den Ungeheuern der primitiven Phantasie, wahrgenommen von einem primitiven Geist. Ungeheuer sind schwer zugänglich. Jason und Medea erreichen einander nicht: jeder hat seinen Kreis, jeder bleibt in seinem Kreis. Um an sein Ziel zu kommen, muß Jason sich einen Weg durch die Götter bahnen; und Medea auch. Ein Gott einem andern Gott gegenüber. Jeden Augenblick treibt die Atmosphäre des Dramas seinem Höhepunkt entgegen.

Die Alten verfügten bei ihren Tragödien zu diesem Zweck über ein vollständiges Zubehör: Kothurne, Puppen, Masken; die Symbolik der Masken, Umrisse und Kostüme. Nicht um von weither sichtbar zu sein, sondern um den Wuchs des Menschen zu übertreffen, zu überspielen.

»Mit unheilvoller Stimme rufe ich euch an«, sagt Medea, »einer Stimme, die nach Verbrechen schreit, die Verbrechen erfindet und ausmalt.« Es ist kennzeichnend für das moderne Theater, daß man systematisch die Gelegenheit versäumt, eine Tragödie darzustellen, das heißt, die Aufmerksamkeit durch das Verbrechen richtiggehend in Stücke zu reißen. Es ist ein Theater, das mogelt, denn es hat Angst, mit den Kräften umzugehen, die doch vorhanden sind, die existieren, mit diesen Kräften, denen man gar nicht ausweichen kann.

Es gibt eine Technik der Tragödie.

Eine stoffliche, dekorative Technik.

Eine physiologische Technik.

Schließlich eine psychologische Technik.

Ihr Ziel ist, die Sinne wirklich zu täuschen; deshalb ist es vor allem notwendig, sie nicht zu wecken. Das Theater ist die Welt der echten Illusion. Die Phantasie des Zuschauers will, daß er an das glaubt, was er sieht, und wenn ihm Bühnenbilder gezeigt werden, die schwanken und auch noch im *trompe-l'œil* gemalt sind, so heißt das nicht nur, daß das Auge getäuscht wird, sondern auch, daß das Auge, das darüber lachen würde, wenn es könnte, zur Verzweiflung gebracht und abgeschreckt wird.

In der »Medea« der Xirgu hat man drei mottenzerfressene Staublappen aufgehängt, die das Zyklopengebirge beschwören sollen. Und um das Maß vollzumachen, hat man diese Berge auch noch stilisiert. Diese Stilisierung auf schmutzigen Staublappen kann ich nicht schlucken. Gordon Graig hat dieses System aufgebracht, aber in Europa hängen uns Stilisierungen à la Gordon Graig buchstäblich zum Hals heraus. Eine noch schmutzigere Farbe haben die Säcke, in die man diese Diener gesteckt hat, die bei ihrem Auftritt versäumen, kopfüber hinzuschlagen.

Ganz besonders empfehle ich Ihnen den Chor, diesen Chor von Kriegern mit rosigen Armen, der den Anschein macht, als sei er aus einem Kinderspital entlaufen. Sie stekken alle in grünem Tuch, als ob man hundert Billardtische geschunden hätte, um sie anzuziehen.

Kreons Kostüm ist das allerunwahrscheinlichste. Er trägt einen Wimpel, einen Kranz aus Akanthusblättern, jedes so groß wie ein Elefantenschenkel. Diese Girlande barbarischer Blätter ist nicht so sehr Zeichen seines Königtums als ein Beweis, daß Könige mit herumstreunenden Trunkenbolden verwechselt werden. Und sollten tatsächlich viele Könige zur Trunksucht neigen und degenerierte Landstreicherseelen haben, so sind es sich die mythischen Könige schuldig, uns ein höheres Bild des Königtums zu vermitteln. Die Regisseure des modernen Theaters haben kein Gefühl mehr für wahre königliche Macht und auch keinen Sinn mehr für die Tragödie.

Wer *Music-Hall*-Beleuchtung über die beschriebenen Staublappen spielen läßt, wird uns keinen Begriff von der Atmosphäre übernatürlichen Schreckens vermitteln können, die aus Senecas zutiefst magischem Text hervorquillt; wobei Seneca allerdings ein wirklich Initiierter war, während die modernen Tragöden nur Puppen und Hanswurste sind.

Auf der Bühne müssen die Gegenstände als das aufgefaßt werden, was sie sind; das ist meiner Meinung nach das einzige Mittel, Bühnenillusion zu schaffen. Man darf eben nicht einen Staublappen nehmen und versuchen, uns davon zu überzeugen, es sei ein Berg, sondern soll einen Berg nehmen und ihn wie einen Lappen benutzen. Gewiß, ein Berg kann nicht auf die Bühne versetzt werden, aber es ist möglich, einen Spiegel aufzustellen und einen Berg darin zu spiegeln. Die Technik besteht darin, daß man nichts darzustellen versucht, was nicht darzustellen ist.

Alle echten Theatertraditionen haben von jeher die Wirklichkeit verachtet, aber sie haben sie nie durch einen verkrüppelten Kunstgriff ersetzt. Wo man auch hinsieht, spielt der Schauspieler mit Gegenständen des Lebens: Tischen, Stühlen, Schränken, Leitern, mit denen er auskommen muß; das übrige drückt er durch seine Gebärden aus. Das Bühnenbild ist in seinen Armen, in seinem Körper, in seinen Füßen, in seinen Händen, in seinem Blick und vor allem in seinem Gesicht enthalten, welches so veränderlich ist wie eine Landschaft, in der Wolken spielerisch die Sonne verdecken. Doch das hindert nicht, daß die natürlichen Gegenstände einer echten psychologischen Umwertung unterworfen werden: da sie die Ebene wechseln, gewinnen sie eine andere Wertigkeit, denn ihre psychologische Situation ist neu, fremd, überraschend und unerwartet. Das Licht trägt dadurch, daß es alles gleichsam mit einem Zauber umgibt, zur Illusion oder Desillusionierung bei. Denn das

Licht hat eine seelische Dimension; es soll nicht einfach Gegenstände beleuchten. Auf der Bühne werden die Gegenstände zu Ungeheuern, denen die Worte, die Gestik, die Bewegung der Schauspieler ein übernatürliches Wesen verleihen.

Die Tragödie wird aus dem Mythos geboren. Jede Tragödie stellt einen großen Mythos dar. Die Sprache der Mythen ist das Symbol, die Allegorie. Die Allegorie drückt sich durch Zeichen aus. Es gibt eine Zeichensprache, die zur plastischen Technik und zur Ausstattung der Tragödie gehört.

Der Darstellung der Xirgu fehlt es an allegorischen Zeichen: sie verfügt kaum über mehr als zwei oder drei starre Gebärden der Hand, des Kopfes und der gekreuzten Arme.

Hinsichtlich der Ausstattung verfügt die Tragödie auch über symbolische Zeichen, daher zum Beispiel die Rutenbündel der Liktoren, das Kreuz, der Schlangenstab des Mercurius. Die römischen Armeen marschierten hinter einem Wald von Zeichen her. Wo blieben aber die symbolischen Embleme der Medea im Palast der Bildenden Künste?

Was die physiologische Technik angeht, die auf Grund unserer Kenntnis des Atems und der Stellen, wo dieser von der Muskulatur getragen wird, eine Veränderung der menschlichen Stimme bezweckt, muß ich feststellen, daß davon bei dieser Medea nichts zu spüren war. Die Xirgu schreit eintönig, ohne Nuancen; ohne daß eine Modulation der Stimme uns durch die Eingeweide zuckte und die Seele sich aufbäumte im Innern unseres Körpers. Offenbar macht sie sich überhaupt nicht klar, daß das Register der menschlichen Stimme so genau eingestellt werden kann, daß sie wie eine richtige Orgel singt. Bestimmte Mittel bewirken, daß die Stimme sich überschlägt, daß sie wie eine Landschaft vibriert. Die Stimme verfügt über eine ganze Skala.

Die psychologische Technik wird letztlich von der poetischen Begabung mitbestimmt; der Poesie verdankt Jason, daß er mit der Grazie eines Gottes auftreten, seinen Weg aber im Gefolge von Ungeheuern abschreiten kann. Es ist möglich, Götter auf die Bühne zu holen, es ist möglich, um unzugängliche Figuren eines wirklich bildlichen Mythos magische Kreise zu ziehen, aber, ich wiederhole es, dazu braucht man die entsprechende Begabung. Ihr Prinzip besteht darin, auf der Bühne die irrationale und monströse Logik der Träume einzuführen, diese Logik, die bewirkt, daß wir in einer Hand ein Gesicht erkennen, und die uns suggeriert, ein dicht beim Ohr ausgestoßener Seufzer sei ein vorbeibrausender Orkan. Diese Bildertechnik steht in der Umgangssprache am Ursprung der Metapher. Der Tragöde schreitet mit doppeldeutiger Gestik einher, von Metaphern umgeben, die er mit seiner Stimme, seinen Gebärden und Bewegungen ununterbrochen schafft.

Die junge französische Malerei und die Tradition

In der heutigen französischen Malerei gibt es eine ausgeprägte Gegenströmung zum Surrealismus, die vor allem von dem jungen Maler Balthus vertreten wird, welcher die embryonale Malerei satt hat und seine Welt gliedern will, eine Welt, die ihm allein gehört, wobei er sich aber die Tiefbohrungen, die das echte surrealistische Denken im Bereich des Unbewußten vorgenommen hat, zunutze macht.

Die surrealistische Malerei war eine Verneinung des Wirklichen, die Erscheinungen wurden von Grund auf in eine Art Mißkredit gebracht. Die surrealistische Welt leugnet die Gegenstände zwar nicht, zergliedert sie aber, bei ihrer Auffassung der Dinge vollzieht sie vor allem eine Trennung zwischen dem Grenzenlosen und der Vernunft. Eine Unterscheidung zwischen der Welt der Träume und derjenigen der angewandten Vernunft wird nicht getroffen.

Die Formen der surrealistischen Kultur leben in halluzinativem Licht. Im Kampf gegen diese Trennung, gegen diese Zerstörung nimmt Balthus die Welt *auf der Grundlage der Erscheinungen* wieder in Besitz: er akzeptiert die Gegebenheiten der Sinne, er akzeptiert diejenigen der Vernunft; er akzeptiert sie, gestaltet sie aber neu; besser noch, er krempelt sie völlig um. Kurz, Balthus geht vom *Bekannten* aus; es gibt in seiner Malerei Elemente und Aspekte, die allgemein erkennbar sind; das Erkennbare hat dabei aber eine Bedeutung, die weder für jedermann in Reichweite liegt noch für jedermann erkennbar ist. Die Malerei von Balthus ist eine unleugbar gegen den Surrealismus, aber auch gegen den Akademismus in allen seinen Ausprägungen gerichtete Revolution. Jenseits der surrealistischen Revolution, jenseits der Formen des klassischen Akademismus findet die revolutionäre Malerei von Balthus zu einer Art geheimnisvollen Tradition zurück.

In Handbüchern und Schulen wird uns zwar das Gegenteil weisgemacht, doch zur Zeit der Renaissance ist eine bestimmte Tradition der Malerei verlorengegangen. Maler wie Leonardo da Vinci, Tizian, Michelangelo, Veronese, Giorgione, Correggio usw. haben mit einer sakralen, universalen Tradition der Malerei gebrochen; sie haben diese Tradition verraten. Angesichts der plastischen Geheimnisse eines Lebens, dessen Erscheinungsformen von der Malerei überliefert und sichtbar gemacht werden, auf der einen Seite, und der Erscheinungen, die man oberflächenhaft nennen könnte, auf der andern Seite hat sich die gesamte europäische Malerei seit der Renaissance für die Erscheinungen des Lebens, das heißt für das Natürliche entschieden. Seither hat man Gesichter lachender oder weinender Frauen und Männer, hat man die Sonne, den Wind, die Leidenschaften, die Unbilden der Witterung dargestellt. Die Malerei ist unter die anekdotische Herrschaft von Natur und Psychologie geraten. Sie ist kein Weg der Offenbarung mehr, sondern eine Kunst einfacher, deskriptiver Darstellung. Sie hat diesen gleichzeitig universalen und geheimen Daseinsgrund verloren, durch den sie zur Magie im eigentlichen Sinne des Wortes wurde.

In der Malerei vor der Renaissance wirken die Gesichter vom psychologischen Standpunkt aus betrachtet vielleicht etwas leblos, aber nur deshalb, weil die sogenannte primitive Kunst von jeher die übernatürliche Äußerung eines bestimmten Wissens gewesen ist; und die Gesichter der primitiven Malerei vermitteln uns jenseits der menschlichen Psychologie, die sie verachten, die seelische Vibration, die tiefen Bestrebungen des Weltalls.

Zwischen der hieratischen, sakralen Primitivität eines Cimabue, eines Giotto, eines Fra Angelico und der Malerei eines Michelangelo, eines Tizian, eines Veronese, ja selbst eines Tintoretto und eines Rubens, die die Materie um der Materie willen vergöttert, versöhnen Maler wie Piero della Francesca, Simone Martini, Piero di Cosimo, Tura, Antonello da Messina und Mantegna die Erfordernisse der

Sonne, der Witterung, der Finsternis, die menschliche Psychologie, kurz, das Aktuelle mit den Erfordernissen dieser alten sakralen Kunst, die auf einem Wissen um dasjenige beruht, was ich das Energetische des *Weltalls* nennen möchte.

Während Cimabue dem Wesentlichen hieratischen Ausdruck verleihen will, malt Paolo Uccello die Form auf Grund seiner Kenntnis; und die Form glüht noch, weil sie dem Wesentlichen, von dem sie hervorgebracht wurde, noch nahe ist. Auf diese esoterische und magische Tradition greift ein Maler wie Balthus zurück. Er hat den Surrealismus dazu benutzt, die Formen unter der starren Konvention dieser Formen zu klären, durch ihn hat er im Unbewußten des Menschen das geräuschvolle Leben der nackten Kräfte des *Weltalls* entdeckt.

Die Malerei vor der Renaissance verfügte über eine Form und über eine Chiffre. Mit ihren Linien, mit ihren Flächen machten die sogenannten Primitiven die pythagoräische Zahlentradition sichtbar. In ihren Bildern ist eine Art Esoterik, etwas wie ein Zauber enthalten, und die menschliche Gestalt wird durch ihre Linien zum festen Zeichen und durchlässigen Sieb einer gewissen Magie.

Das ist die Methode von Balthus, der nicht an das anarchische Sichgehenlassen und den mehr oder weniger inspirierten Wirrwarr der sogenannten modernen Malerei glaubt, und er zeigt uns Landschaften, Porträts, Gruppen, die ihre Chiffre haben und deren Symbolik sich uns nicht auf den ersten Blick erschließt. Balthus hat geheimnisvolle Gruppen gemalt, eine Straße, auf der Traumautomaten vorbeimarschieren; er hat zusammengefaßte Porträts gemacht, wo wie auf einer astrologischen Himmelskarte eine Farbe, eine Blume, ein Metall, das Feuer, die Erde, Holz oder Wasser dem Porträtierten dazu verhelfen, wieder in den Besitz seiner Identität zu gelangen.

Die Chiromantie kennt die Hand des Metalls, diejenige des Holzes, des Wassers, der Erde oder des Feuers.

Genauso erinnert bei einem Porträt von Balthus die

dargestellte Person an das Element, dem sie auf Grund ihres Lebens, ihres Charakters oder ihres Geistes am meisten ähnelt.

Balthus hat eine asketische Seele, und die Art und Weise, wie er die Farbe einsetzt, zeugt von echter »Askese«. Diese »Askese« übt er aus, wenn er malt. Er zügelt seine geheime Sinnlichkeit, wie er auch der Versuchung widersteht, sich dem künstlichen, oberflächlichen Rausch der Farbe zu überlassen. Er erreicht auf diese Weise einen Rausch, der düsterer ist und die Gegenstände in ihrem eigenen Licht ertönen läßt. Es gelingt ihm, Gegenstände in einem Licht, das sein eigen geworden ist, lebendig zu machen. Man kann von einer Farbe, einem Licht, einer Helligkeit à la Balthus sprechen. Und das Charakteristische dieser Helligkeit ist vor allem, daß sie unsichtbar ist. Die Gegenstände, die Körper, die Gesichter phosphoreszieren, ohne daß man sagen könnte, woher dieses Licht auf sie fällt. In dieser Hinsicht weiß Balthus unendlich viel mehr als Goya, Rembrandt oder Zurbaran, als alle großen Vorkämpfer einer Malerei, die über verschiedene Ebenen ins Licht steigt.

Balthus besitzt eine Kenntnis des Raumes, die mit seiner Kenntnis der Farbe zusammenhängt. Er weiß sogleich, wohin auf einer Leinwand der Tupfen gehört, der vibriert, und steht damit in der großen Tradition der Malerei, derzufolge das Bild ein geometrischer Raum ist, welcher gefüllt werden muß. Aber in diesem gemalten Raum, der vibriert, in diesem unsichtbaren erleuchteten Raum zieht Balthus' Persönlichkeit Farben und Formen an und prägt ihnen seinen düsteren Stempel auf. Er bringt sie zum Gerinnen, wie ein saures Ferment die Milch zum Gerinnen bringt.

Balthus spielt nicht mit Ockertönen, Braunrot, Türkischbraun, Bitumen und schwarzen Lacken, aber es ist unbestreitbar, daß die Welt, die er sieht, sich auf dieser Molltonleiter bewegt.

Balthus' bittere Farbe will vor allem besagen, daß das Leben heute bitter ist. Aus seinen zugleich beweglichen und zusammengefaßten Formen läßt Balthus die Bitterkeit und Hoffnungslosigkeit des Lebens gellen.

Eine Zeichnung von Balthus schwitzt Wissen um das Leben aus, um ein Leben, das uns an der Kehle packt. Es handelt sich um diese Mischung aus Geometrie und Zärtlichkeit, dieses Lager eines Menschen in der Agonie, der aber wie durch ein Wunder über seine Agonie triumphiert.

Seine gesamte Malerei hat den Rhythmus eines menschlichen Atems und wird von einer ausgedehnten Harmonie der Atmung durchdrungen, die vom überstürzten Atem der Wut bis zum langsamen, tiefen Atem der Agonie reicht.

Dieses Prinzip der Synthese ist in einem Porträt von Balthus enthalten und verbindet ihn mit der alten chinesischen Kalligraphie und gewissen primitiven Bildern.

Über sein von Balthus gemaltes Porträt findet der Dargestellte zu seinem historischen Vorbild. Und all das wird nicht durch ein Mehr, sondern durch eine Art Bloßlegung erzielt. Zeitfern ragt der Kopf empor, in lichtvoller Atmosphäre, dem Licht auf eine Weise ausgesetzt, die ihm augenblicklich seinen Daseinsgrund, den Schlüssel seines Schicksals liefert.

Mit seiner eckigen, gedrosselten Zeichentechnik, seiner Erdbebenfarbe wird sich Balthus, der von jeher Wasserköpfe mit hageren Beinen und großen Füßen gemalt hat – ein Beweis, daß ihm sein eigener Kopf zu schaffen macht –, wird sich Balthus, wenn er sein Wissen einmal verarbeitet hat, als der Paolo Uccello oder der Piero della Francesca unserer Zeit erweisen oder, noch besser, als ein Greco, der sich in sie verirrt hat.

Das französische Theater sucht einen Mythos

Das junge französische Theater hat die plastischen Versuche von Copeau, Dullin und Baty satt, es sucht einen Mythos und ist dabei, ihn zu finden. Seiner Meinung nach hat die berühmte »Ehrfurcht vor dem Text«, diese Erfindung von Jacques Copeau, nur dazu geführt, alte Texte wieder aufzufrischen, und das Theater ist heute nicht auf der Suche nach Texten, sondern nach einer »Sprache«, und die Sprache des Theaters findet man nicht in den Chören, sondern im Raum.

Damit er geboren wird, dieser Mythos des modernen Theaters, muß man zuerst eine »Sprache« für ihn schaffen. Jacques Préverts kommunistische *Groupe Octobre* und Jean-Louis Barraults Truppe verfolgen jetzt auf ganz verschiedenen Wegen das Ziel, diese »Sprache« zu erfinden. Die *Groupe Octobre* spielt Farcen, die an den bürgerlichen Sitten und am bürgerlichen Denken bissig Kritik üben. Jacques Prévert hat der surrealistischen Bewegung angehört. Das zeigt sich in der Technik seiner Schwänke, wo plötzlich mitten in furchtbare Karikaturen einer Welt, die vor ihrem Untergang noch Gift verspritzt, das Leben der Träume einbricht. In Jacques Préverts Farcen wird das häusliche, schlüpfrige Denken des zeitgenössischen französischen Bourgeois unbarmherzig gegeißelt; und es ist angesichts dieses absurden Denkens nur folgerichtig, daß hier Edgar Allan Poes und Baudelaires *Dämon des Absurden* freie Bahn hat. Die Wollust, die im zweideutigen Bett des altbekannten französischen Ehebrechers Zuflucht sucht, wird von ihren eigenen Trugbildern verjagt. Wenn sie sich ansieht, erschrickt sie vor sich selbst. Die Ehe zu dritt wird eine Ehe zu sechst, zu zwölft, zu achtzehnt, zu vierundzwanzig, zu sechsunddreißig, und es kommt zu einem verwirrenden Wettrennen von Leuten, die ein Vielfaches von drei bilden und schließlich über sich selbst erröten; dann tritt ein proletarischer Bühnenarbeiter auf, der dieses ganze amüsante Theater in den Papierkorb haut.

Jacques Préverts Schwank ist zugleich psychologisch und objektiv. Ich meine damit, daß *die Wollust*, *der Dämon des Absurden* und *das Vielfache von drei* Kontur gewinnen und im Verlaufe des Stückes immer mehr wie eine Art Alptraum wirken. Das junge französische Theater der Gegenwart unterscheidet nicht zwischen Mythos und Alptraum: charakteristisch für beide ist, daß sie uns rächen. Sie rächen uns an den Träumen unseres bösen Lebens. Und wir wollen auf dem Theater einen Mythos schaffen, um diesen Mythos mit allen Schrecken eines Jahrhunderts zu beladen, das uns einreden möchte, wir seien im Leben gescheitert.

Die höchste Form des Theaters ist die Tragödie. Und die neuesten lebendigen Stücke des modernen französischen Theaters sind dieser Form zuzuordnen, was nicht bedeutet, daß sie fünf Akte haben und in Versen geschrieben sind. Diese Unterteilung in Akte ist eine Erfindung der psychologischen französischen Tragödie, welche die hartnäckige, krankhafte Seele nicht mehr kennt, die wie die antiken Mythen dic tragische Inspiration aus der Finsternis eines umherirrenden Alptraums schöpft.

Jacques Préverts Theater mit seinem grimmigen Humor ist ein Theater der Finsternis; Jean-Louis Barraults Theater auch.

Das Theater ist aus der Finsternis geboren worden wie das Licht aus dem Chaos, und wie das Licht taucht es auf, um die Finsternis des Chaos zu besiegen.

Das zeremonielle Theater der *Orphischen Mysterien* zeigte Formen, die sich blähten, bis sie die Finsternis eroberten; diese Formen hatten das Gesicht der Nacht und nahmen das Aussehen des »verheerenden Bösen« an.

Jeder große Mythos beruht teilweise auf dem »Bösen«, das heißt auf der Katastrophe, die uns alle bedroht, in regelmäßigen Zeitabständen, uns Menschen, und wenn ein Ausbruch notwendig ist, um die Katastrophe zunichte zu machen, so ist es vor allem Aufgabe des Theaters, durch seine Bilder und Formen das poetische und magische Zeichen dieses Ausbruchs in die Tat umzusetzen.

Jacques Préverts Humor zeigt an, daß das Leben unserer Zeit krank ist; Jean-Louis Barraults Theater seinerseits ist auf der Suche nach den geheimen Hieroglyphen und Zeichen eines magischen Lebens, das auf der Bühne wiedererweckt werden soll.

Wenn diese Zeichen und Hieroglyphen ans Licht kommen, wird endlich die wahre Sprache des Theaters in Erscheinung treten.

Denn der Irrtum eines Jacques Copeau besteht darin, daß er die Erneuerung des Theaters vom Autor erwartet, während die Wiedererweckung des Theaters von einer Art »Proteus« vollzogen werden muß, der sowohl den lebendigen Hieroglyphen der Inszenierung als auch der Arbeit des Schauspielers gerecht wird, da die gesprochenen Teile der Rede von nun an mit dem übrigen verbunden sind und eine einzige Stimme, ein einziges Wesen, eine einzige Bewegung bilden.

Warum ich nach Mexiko gekommen bin

Ich bin nicht nach Mexiko gekommen, um Künstler kennenzulernen, sondern um Politiker kennenzulernen.

Und zwar aus folgendem Grund:

Bis jetzt bin ich Künstler gewesen, das heißt, ich bin ein manipulierter Mensch gewesen. Es ist in der Tat unbezweifelbar, daß Künstler gesellschaftlich gesehen Sklaven sind.

Ich bin allerdings der Meinung, daß das anders werden muß.

Es gab eine Zeit, da war der Künstler ein Weiser, das heißt ein gebildeter Mensch, der gleichzeitig Wundertäter, Magier, Therapeut und sogar Gymnasiarch war; all das, was man in der Sprache der Jahrmarktsleute einen »Tausendsassa« oder »Proteus« nennt. Der Künstler vereinigte in sich alle Fähigkeiten und alles Wissen. Dann kam die Zeit der Spezialisierung, somit die Zeit des Verfalls. Das ist unbestreitbar. Eine Gesellschaft, die das Wissen in ein Konglomerat einzelner Wissenschaften auflöst, ist eine verfallende Gesellschaft.

In den Polarzonen gibt es eine Krankheit, die eine erhebliche Veränderung der Gewebe bewirkt: diese Krankheit heißt Skorbut. Die Zellen des Organismus trocknen aus, weil ihnen ein wesentliches Lebenselement fehlt. Und es gibt nicht nur Krankheiten der Individuen, es gibt auch Krankheiten der Massen. So hat im Organismus Europas das Umsichgreifen industrieller Ernten eine kollektive Form von Skorbut hervorgerufen.

Das ist der Preis, den der Fortschritt hat zahlen müssen.

Das heutige Mexiko, das sich über die Fehler der europäischen Zivilisation Rechenschaft abgelegt hat, ist es sich schuldig, diesen falschen Fortschrittsglauben zu bekämpfen.

Und da die Politiker bei der Lenkung des Gemeinwesens

an die Stelle der Künstler getreten sind, ist das ihre Aufgabe, nicht diejenige der Künstler.

Man kann sagen, daß das heutige Mexiko mit einem grandiosen Problem konfrontiert wird; und ich bin nach Mexiko gekommen, um an Ort und Stelle die Lösungen zu studieren, die sich hier anbieten.

Es geht in der Tat um nichts Geringeres als darum, mit dem Geist einer ganzen Welt zu brechen und eine Zivilisation durch eine andere zu ersetzen.

Alexis Carrell, der die Fehler der mechanisierten europäischen Zivilisation gleichfalls erkennt, erklärt in seinem Buch *L'Homme, cet inconnu* eine Revolution denn auch als unumgänglich, und er gibt sogar Anweisungen für ihre erfolgreiche Durchführung.

Mexiko, das zwei oder drei Revolutionen in einem Jahrhundert gemacht hat, sollte vor einer weiteren nicht zurückschrecken; und wenn die nächste stattfindet, wird sie ganz sicher von außerordentlicher Bedeutung sein, weil sie diesmal grundlegende Probleme lösen muß.

Bei dieser kommenden mexikanischen Revolution handelt es sich – und das wird das Besondere an ihr sein – allerdings nicht um eine brudermörderische Revolution, denn da es um das Schicksal der Zivilisation geht, ist das heutige Mexiko von einem einzigen Gedanken beseelt. Diese hinreißende Einmütigkeit habe ich miterleben wollen.

Das Problem ist im Grunde folgendes:

Die heutige europäische Zivilisation hat Bankrott gemacht. Das dualistische Europa hat der Welt nur noch ein unwahrscheinliches Konglomerat verschiedener Kulturen zu bieten. Aus diesem Konglomerat verschiedener Kulturen muß eine neue Einheit geformt werden.

Der Orient befindet sich seinerseits in offenkundigem Verfall. Indien versinkt im Traum einer Befreiung, die erst nach dem Tod etwas einbringt.

China führt Krieg. Die Japaner scheinen heute die Faschisten des Fernen Ostens zu sein. China ist für Japan ein großes Äthiopien.

Die Vereinigten Staaten haben den Verfall und die Laster Europas nur unendlich vervielfacht.

Bleibt Mexiko mit seiner subtilen politischen Struktur, die sich im Grunde seit Montezumas Zeiten nicht verändert hat.

Mexiko, dieser Niederschlag zahlloser Rassen, tritt als Diffusor der Geschichte in Erscheinung. Gerade aus diesem Niederschlag und aus dieser Rassenmischung muß es eine einheitliche Grundsubstanz gewinnen.

Doch um eine einheitliche Seele auszubilden, braucht man eine einheitliche Kultur, und an diesem Punkt wird das Problem spannend.

Es gibt einerseits die Kultur, andererseits die Zivilisation, und sowohl Zivilisation wie Kultur sind in Gefahr, diametral entgegengesetzte Richtungen einzuschlagen. Es gibt zwar hundert Kulturen in Europa, dafür gibt es aber nur eine einzige Zivilisation. Eine Zivilisation, die ihre Gesetze hat. Wer nicht über Maschinen, Kanonen, Flugzeuge, Bomben und Giftgase verfügt, fällt zwangsläufig seinen Nachbarn oder dem besser gerüsteten Feind zum Opfer: das sieht man im Falle von Äthiopien.

Das moderne Mexiko wäre nicht imstande, sich dieser Zwangsläufigkeit und diesem Gesetz zu entziehen. Aber Mexiko besitzt darüber hinaus ein Kulturgeheimnis, das ihm die alten Mexikaner hinterlassen haben. Im Gegensatz zur modernen europäischen Kultur, die bei einer sinnlosen Aufspaltung von Formen und Aspekten angelangt ist, hat Mexikos ewige Kultur einen einheitlichen Aspekt. Darauf wollte ich hinaus: jede Kultur, die eine Synthese darstellt, hat ein Geheimnis. Im Laufe der Zeit und unter dem äußeren Einfluß der europäischen Zivilisation ist in Mexiko sowohl die Kenntnis als auch die Anwendung dieses Geheimnisses verlorengegangen, aber – und das ist das sensationelle Ereignis unserer Zeit – wir haben erlebt, wie sich in Mexiko eine Bewegung durchsetzt, die dieses Geheimnis wiedererobern will.

Wenn aber Mexiko seine wahre Kultur wirklich wiedererobert und wiedererweckt hat, werden weder Kanonen noch Flugzeuge dagegen ankommen.

Man sollte dem, was ich jetzt sage, Aufmerksamkeit schenken, es handelt sich nämlich nicht um Phrasen eines Feuilletonromanes. Diese Versicherung enthält, so kindisch sie wirken mag, eine grundlegende Wahrheit.

Ausgangspunkt jeder wichtigen kulturellen Veränderung ist eine neue Auffassung des Menschen, sie geht Hand in Hand mit einer neuen humanistischen Tendenz. Man beschäftigt sich plötzlich damit, den Menschen zu kultivieren, wie man einen fruchtbaren Garten kultiviert.

Ich bin nach Mexiko gekommen, weil ich eine neue Auffassung des Menschen suche.

Einen Menschen, der sich den Erfindungen, den Wissenschaften, den Entdeckungen stellt, aber so, wie nur Mexiko ihn noch hervorbringen kann, ich meine, mit dieser offenen Rüstung, aber tief in seinem Innersten Träger der alten animistischen Beziehungen des Menschen zur Natur, welche von den alten Tolteken, den alten Mayas und im Grunde von allen Rassen unterhalten wurden, die jahrhundertelang den Ruhm des mexikanischen Bodens ausgemacht haben.

Mexiko kann bei Gefahr seines Lebens nicht auf die aktuellen Eroberungen der Wissenschaft verzichten, aber es verfügt noch über ein altes Wissen, das demjenigen der Laboratorien und Gelehrten unendlich überlegen ist.

Mexiko hat sein eigenes Wissen und seine eigene Kultur; dieses Wissen und diese Kultur zu entwickeln, ist eine Pflicht des modernen Mexiko, und gerade in dieser Pflicht besteht die hinreißende Besonderheit dieses Landes.

Angesichts der heute degenerierten Überreste der alten Roten Kultur, auf die man bei den letzten Eingeborenenrassen stoßen kann, und der genauso degenerierten und fragmentarischen Kultur des modernen Europa muß Mexiko zu einer ursprünglichen Kulturform finden, die sein Beitrag zur Zivilisation unserer Zeit sein wird.

Die Aufgabe, die in dieser Hinsicht erfüllt werden muß, ist ungeheuer, und ich bin jetzt in Mexiko, weil ich gespürt habe, daß das moderne Mexiko dabei ist, diese ungeheure Aufgabe – fürchten wir uns nicht vor großen Worten – diese Aufgabe von epischen Ausmaßen zu erfüllen.

Tiefer als die Erträge der modernen Wissenschaft, die Tag für Tag Kräfte freilegt, liegen andere, unbekannte Kräfte, andere subtile Kräfte, die noch nicht in den Bereich der Wissenschaft fallen, aber eines Tages in ihn eingehen könnten. Diese Kräfte gehören zum animistischen Bereich einer Natur, wie man sie in heidnischer Zeit verstand. Der abergläubische menschliche Geist hat diesen tiefen Erkenntnissen, die den Menschen, wenn man sich so ausdrücken darf, zum »Katalysator des Weltalls« gemacht haben, religiöse Form verliehen.

Nun bestehen aber die Eroberung des modernen Mexiko und dieser Beitrag von entscheidender Wichtigkeit, den es heute leisten kann, gerade in der Entdeckung der *analogen Kräfte*, dank derer der menschliche Organismus im Einklang mit dem Organismus der Natur arbeitet und diesen lenkt. Und im Maße, in dem Wissenschaft und Poesie ein und dasselbe sind, ist das nicht nur Sache der Gelehrten, sondern auch der Dichter und Künstler, wie man schon zu Popol-Vuhs Zeit hat erleben können.

Aber diesmal wird eine solche Wiederentdeckung frei von Aberglauben, frei von jeder, auch der geringsten religiösen Bedeutung sein.

Kurz, es handelt sich darum, die alte sakrale Vorstellung, die große Vorstellung des heidnischen Pantheismus wiederzuerwecken, und zwar in einer Form, die nicht mehr religiös, sondern wissenschaftlich sein soll. Wahrer Pantheismus ist kein philosophisches System, er ist einfach ein Mittel *dynamischer Erforschung* des Weltalls.

Das ist die Lektion, die uns das moderne Mexiko erteilen kann. Es bemächtigt sich der Formen der mechanistischen europäischen Zivilisation und paßt sie seinem eigenen Geist an. Was tut's, wenn diese Formen dann gerade von diesem Geist zerstört werden!

Er zerstört sie im Laufe der Zeit, wenn er selbst bereits

mit eigener Kraft gewappnet ist, wenn dieser Geist der alten umfassenden Kultur der Tolteken, der Mayas wieder soweit erstarkt ist, daß es sich Mexiko leisten kann, die europäische Zivilisation aufzugeben, ohne dabei Schaden zu nehmen. Noch einmal, das ist keine Utopie, sondern wissenschaftliche Realität, die nicht geleugnet werden kann. Wenn man von der Vorstellung ausgeht, der Mensch sei der Katalysator des Weltalls, läßt sich daraus folgern, daß die geistigen Kräfte des Menschen im Einklang mit den Kräften des Weltalls vibrieren, mit diesen Kräften, die den Lehren der großen monistischen Philosophie zufolge weder körperlich noch geistig sind, sondern je nach der Richtung, in welcher man sie einsetzen möchte, einen geistigen oder körperlichen Aspekt annehmen.

Im Kreuz von Palenque ist das auf Synthese angelegte Bild einer solchen doppelten Wirkungskraft enthalten.

Da finden wir, in Stein gehauen, die hieroglyphische Darstellung einer einheitlichen Energie, die über das Kreuz des Raumes, das heißt auf dem Weg über die vier Himmelsrichtungen, vom Menschen zum Tier und zu den Pflanzen führt.

Mexikos ewige Kultur

Ich bin nach Mexiko gekommen, um mit der roten Erde Kontakt aufzunehmen. Mehr als alles andere interessiert mich Mexikos abgesonderte Seele, seine ursprüngliche Seele, doch bevor ich mich ihr stelle und um sicher zu gehen, daß ich ihr Innerstes berühre, will ich Mexikos wirkliches Leben in allen seinen Äußerungen studieren.

Ich bin reinen Geistes hier eingetroffen, was nicht heißen will, ich hätte keine vorgefaßten Meinungen gehabt. Doch vorgefaßte Meinungen fallen in den Bereich der Einbildung; und deshalb mißtraue ich ihnen.

Ich habe zwar durchaus meine Vorstellungen hinsichtlich dessen, was einmal die wahre mexikanische Kultur gewesen ist, aber ich unterscheide grundsätzlich zwischen Zivilisation und Kultur. Man kann die Erscheinungsformen der Kunst einer ganzen Anzahl von Zivilisationen zuordnen, ihre Verschiedenartigkeit läßt das tiefe Wesen einer Kultur unberührt; und in Mexiko verbirgt sich hinter vielfältigen äußeren Erscheinungen, zwischen denen einzig die Kunst Unterschiede macht, eine einheitliche Ausrichtung der Kultur: die kupferrote Kultur der Sonne.

Mir ist fast alles bekannt, was die Geschichte über die verschiedenen mexikanischen Rassen berichtet, und ich gestehe, daß ich mir herausgenommen habe, als Dichter von dem zu träumen, was sie nicht berichtet.

Zwischen den bekannten historischen Tatsachen und dem wirklichen Leben der mexikanischen Seele liegt ein ungeheurer Spielraum, in dem die Phantasie – und ich möchte sogar sagen, die persönliche Intuition – sich freien Lauf lassen kann.

Ich habe also eine ganz bestimmte Vorstellung von der Maya-Kultur, von der toltekischen Kultur, von der zapotekischen Kultur; und mir ist jetzt daran gelegen, im gegenwärtigen Mexiko die verlorengegangene Seele dieser Kulturen und das, was von ihnen in der Lebensweise der Völker und ihrer Regierung überlebt hat, wiederzufinden.

Mexiko ist auf der Bahn der Sonne, und auf dieser Bahn müssen wir das Geheimnis dieser Lichtkraft verfolgen, die die Pyramiden auf ihrem Sockel drehte, bis sie sich schließlich auf der Linie magnetischer Anziehung durch die Sonne befinden. Das ist alles andere als ein Schwindel.

Meine Auffassung hat nichts mit unfruchtbarer poetischer Sehnsucht nach einer toten Vergangenheit zu tun, wohl aber mit Bedauern über den Verlust eines Wissens, einer tiefgründigen Ausrichtung des menschlichen Geistes, und ich halte es für lebenswichtig, diese wiederzufinden.

So gewiß ich eine Vorstellung von Mexikos ewiger Kultur habe, so gewiß ist es auch, daß ich über die gegenwärtige mexikanische Politik weder ein Urteil abgeben noch eine Meinung äußern möchte. Dafür bin ich nicht zuständig, das betrifft mich nicht. Ich bin als Zuschauer, ja ich möchte sogar sagen, als Schüler hier. Ich bin nach Mexiko gekommen, um etwas zu lernen, und ich will in Europa berichten, was es hier zu lernen gibt. Aus diesem Grund kann ich mich bei meinen Ermittlungen nur mit jenem Aspekt des mexikanischen Wesens befassen, der von allen Einflüssen des europäischen Geistes unberührt geblieben ist. Ich suche hier nicht die europäische Kultur, sondern die ursprüngliche mexikanische Kultur und Zivilisation; in diese Schule möchte ich gehen, aus dieser Ursprünglichkeit will ich meine Lehren ziehen.

Man spricht von Mexikos lateinischem Geist. Und ich habe mich zuallererst gefragt, inwieweit der europäische Geist in seiner lateinischen Ausprägung für die heutige mexikanische Seele noch bestimmend ist.

Lateinischer Geist steht für rationale Kultur, für Vorherrschaft der Vernunft. Man muß sich jetzt unbedingt gegen diesen Wahnsinn der Erfindungen wenden, gegen diesen Wahnsinn, der im übrigen die chemische Industrie der Ernten, die Labormedizin, das Maschinelle in allen seinen Erscheinungsformen usw. hervorgebracht hat. Das Maschinelle macht jeden Einsatz fruchtlos und bewirkt letztlich, daß der menschliche Einsatz vermindert, der Wettstreit der Menschen gedämpft und jede auf Qualität zielende Anstrengung überflüssig und unerwünscht wird. Die Labormedizin ihrerseits ist unfähig, das subtile, flüchtige Wesen der Krankheiten zu durchschauen, und geht mit dem lebendigen Menschen um, als ob er ein Leichnam wäre.

Dem lateinischen Geist verdanken wir überdies die demokratischen Ideen Europas, den Nationalismus, nicht den naturgegebenen Nationalismus, sondern eine bestimmte Form von egoistischem Nationalismus, an dem das heutige Mexiko nicht krankt.

Es gibt nämlich einen Kulturnationalismus, der die Eigenheit einer Nation und ihrer Werke, durch die sie sich von anderen unterscheidet, zum Ausdruck bringt; gegen einen solchen Nationalismus ist nichts einzuwenden; und es gibt den Nationalismus, den man als staatsbürgerlich bezeichnen könnte, der in seiner egoistischen Ausprägung in Chauvinismus übergeht und sich in Zollkämpfen und Wirtschaftskriegen oder sogar in totalem Krieg äußert.

Was zum Beispiel das Gebiet der Labormedizin angeht, muß man wissen, daß es in Europa, ganz besonders aber in Frankreich eine Bewegung gibt, die sich gegen eine solche Medizin richtet, da diese fast ausschließlich auf Erfahrung und auf Experimenten beruht und ihre Schlüsse aus Erkenntnissen zieht, die sie sich mit Hilfe des Mikroskopes, durch Zergliederung toter Materie usw. verschafft.

Ich muß hier auf eine Rückwendung zum Empirismus hinweisen, welcher in seiner elementaren Form Heilkundige und Heilpraktiker hervorbringt und in seiner transzendenten Form die Grundlage eines grandiosen Rezeptes, der Homöopathie, darstellt.

Die Homöopathie ist durch ihr Ähnlichkeitsprinzip eng mit der Pflanzenheilkunde verbunden. Ich möchte also ausfindig machen, ob es in Mexiko Spuren einer alten Pflanzenheilkunde gibt, die etwa dem vergleichbar wäre, was in

Europa spagirische Medizin heißt, deren bedeutendster Theoretiker, Paracelsus, im ausgehenden Mittelalter lebte.

Es geht jetzt nicht darum, einen Schluß aus der Tatsache zu ziehen, daß es in Mexiko offenbar zwei unterschiedliche Strömungen gibt: eine, die die europäische Kultur und Zivilisation assimilieren möchte, indem sie ihr ein mexikanisches Äußeres verleiht, und eine andere, die die alte Tradition weiterführt und sich beharrlich gegen jeden Fortschritt wehrt. Wie schwach diese zweite Strömung auch sein mag, in ihr ist Mexikos ganze Kraft, gerade in ihr werde ich den lebendigen Traditionen einer Naturmedizin der Mayas und Tolteken begegnen, der wahren mexikanischen Poesie, die sich nicht aufs Gedichteschreiben beschränkt, sondern auch eine Bestätigung dafür ist, daß der poetische Rhythmus mit dem menschlichen Atem und, über den Atem, mit den reinen Bewegungen des Raumes, des Wassers, der Luft, des Lichtes, des Windes zusammenhängt.

Mexikos unergründliche Kultur kommt von weither. Sie umfaßt die Tradition der Rassen, mit denen die Zivilisation einst begonnen hatte.

Angesichts des unbestreitbaren Verfalls der gegenwärtigen europäischen Zivilisation möchte ich mir Klarheit darüber verschaffen, wie Mexiko seine überlieferte Kultur stärken will und ob es, ohne eine Wiedererweckung abgelebter Formen zu versuchen, ins Auge faßt, die Kontinuität eines Geistes unter Beweis zu stellen, der ihm innewohnt und den ich von meinem Standpunkt aus, demjenigen des Dichters, magisch nennen möchte; eines Geistes, der von einem streng wissenschaftlichen Standpunkt aus Kundgebung einer echten psychologischen Energie werden kann.

Dank dieser in der Natur unendlich verteilten Energie bekam der Mensch früherer Zeiten die Ereignisse gewissermaßen in den Griff. Es ist zum Beispiel bekannt, daß für die Mayas das Schicksal nicht existierte. Die Natur hat nur auf Grund unserer Unwissenheit und uralten Blindheit Macht über uns.

Aber zu einem Zeitpunkt, wo man aufs neue und fast überall von Humanismus spricht, ist es naheliegend, auf die tatsächlichen Kräfte, die mächtige Herrschergewalt des Menschen hinzuweisen, die ihn zum Herrn der Ereignisse macht.

Eine Kultur, für die das Weltall eine Gesamtheit ist, weiß auch, daß jeder Teil unwillkürlich auf das Ganze einwirkt. Man muß nur das Gesetzmäßige daran erkennen.

Das Schicksal erkennen bedeutet letztlich, das Schicksal beherrschen, da gegenwärtig wie künftig die Außenwelt der Herrschaft des Verstandes unterworfen ist.

Mittels sehr präziser astrologischer Daten, die einer transzendenten Algebra entnommen werden, kann man Ereignisse voraussehen und beeinflussen. Die alten Mayas haben in bezug auf solche Daten und in der Beherrschung dieser Wissenschaft ein seltenes Maß an Vollkommenheit erreicht.

Aus diesen Tatsachen schließe ich, daß der wahren Sonnenkultur ein geheimer Sinn zugrunde liegt, und ich will versuchen, ihn zu bestimmen.

Die Sonne, um die alte Sprache der Symbole zu verwenden, erscheint als Erhalter des Lebens. Sie ist nicht nur das befruchtende Element, sie fordert nicht nur selbstherrlich die Keimung heraus, sie ist all das zusammen, sie läßt alles Existierende reifen, aber das ist gewissermaßen noch die geringste ihrer Kräfte. Sie versengt, sie verbrennt, sie löscht aus, aber sie zerstört nicht alles, was sie unterdrückt. Unter einem Haufen zerstörter Dinge und gerade dank dieser Zerstörung erhält sie die Ewigkeit der Kräfte, durch die das Leben sich bewahrt.

Kurz – und darin besteht das eigentliche Geheimnis –, die Sonne ist ein Todesprinzip, kein Lebensprinzip. Der tiefe Sinn der alten Sonnenkultur ist gerade, daß die Oberhoheit des Todes herausgestellt wurde.

Es gibt in Indien Anhänger Schiwas, des »Zerstörers«, und Anhänger Wischnus, des »Bewahrers«. Aber Zerstörung bewirkt Verwandlung. Das Leben erhält seine Kontinuität durch Verwandlung der Erscheinungsformen des Seins.

Das Emblem der Anhänger Schiwas aber ist der Geist des Feuers, der große formenverschlingende Strom, etwas wie eine Triebkraft, die die kupferroten Menschen des alten Mexiko zu entschlossenen Erhaltern des Todes machte. Das ist keine paradoxe Formulierung.

Eine Verwirklichung der Oberhoheit des Todes ist nicht dasselbe wie ein Verzicht auf gegenwärtiges Leben. Sie bedeutet, daß man dem gegenwärtigen Leben seinen Platz anweist; man läßt es gleichzeitig auf verschiedene Ebenen ineinandergreifen; man spürt, wie tragfähig diese Ebenen sind, die die lebendige Welt zu einer großen, im Gleichgewicht befindlichen Kraft machen; sie bedeutet letztlich die Wiederherstellung einer umfassenden Harmonie.

Ich will hier im modernen Mexiko lebendige Spuren dieser Begriffe suchen oder auf ihre Wiedererweckung warten.

Die falsche Überlegenheit der Eliten

Statt die Eliten auszurotten, sollte man sie zuerst einmal verstehen, und damit sie verständlich sind, müssen sie definiert werden.

Die moderne Welt, die in geistiger Hinsicht völlig zerrüttet ist, und zwar um so mehr, als sie ausgerechnet das Geistige überhaupt haßt, kann nur zur Ruhe kommen, wenn sie das Gleichgewicht zwischen den beiden grundsätzlichen Bewegungen wiederherstellt, vermittels derer man, egal ob mit dem Kopf oder mit den Händen, einer Aktivität und einem Dynamismus Ausdruck verleiht, die wesensgleich sind und durch deren Austarierung ein Mensch erst zu einem Ganzen wird.

In unserer gegenwärtigen Welt herrscht eine furchtbare Uneinigkeit zwischen den einander entgegengesetzten Eigenschaften des Geistes und der Materie, und es gibt auch einen entsprechenden Wettstreit oder vielmehr eine Rivalität zwischen Handwerk und Kopfarbeit. Die Eliten haben in der heutigen Gesellschaft unbestreitbar keinen Kredit. Die große Masse macht sich nichts aus geistiger Arbeit, und es ist keine Übertreibung, wenn man behauptet, daß jetzt diejenigen ausgehungert werden, die sich mit einer Uneigennützigkeit, die in früheren Zeiten mehr gewürdigt wurde, dazu bekennen, daß sie sich ausschließlich geistiger Arbeit widmen.

Aber bevor die Gesellschaft die Intellektuellen aushungert, bevor sie die Eliten zerschlägt, die den Ruhm einer Gesellschaft ausmachen und ihr vor allem auch Dauer verleihen, sollte sich die Gesellschaft zumindest bemühen, diesen Eliten näherzukommen, das heißt, sie zu verstehen.

Ein berühmter Mann, bei dem ich mich über die trostlose Lage beklagte, in welche die französischen Künstler geraten sind, hat mir geantwortet:

»Was wollen Sie denn? In unserer Welt sind die Künstler eben dazu da, auf einem Haufen Stroh oder sogar auf einem Strohsack im Knast zu verrecken.«

Ich antwortete ihm, es habe Zeiten gegeben, in denen den Künstlern der Platz eingeräumt wurde, der ihnen zukomme, nämlich der erste, und in denen die Gesellschaft dafür sorgte, daß sie ein Auskommen hatten, welches sogar über das Notwendigste hinausging.

Daß das Geld geworden ist, was es heute ist – eine Art höhere Gewalt und gewissermaßen ein Prüfstein des Lebens –, gut, das ist zwar eine Tatsache, aber kein augenscheinliches Gesetz. Und es besteht keine Veranlassung, die Verhältnisse zu akzeptieren, weil sie nun einmal so sind. Es gibt viele Gründe, und zwar sehr schwerwiegende, um eine Veränderung einzuleiten.

Wozu werden eigentlich Revolutionen gemacht, wenn nicht zur Wiederherstellung des sozialen Gleichgewichtes und um der Ungerechtigkeit des Lebens eine Spritze Gerechtigkeit zu verpassen? Dieser Rivalität, diesem Kampf zwischen den antagonistischen Kräften des Geistes und der Materie liegt eine irrtümliche Auffassung zugrunde, die für die moderne Welt charakteristisch ist: ich meine damit, daß sie anderen Jahrhunderten unbekannt war.

Diese in der modernen kapitalistischen Welt, welche das Geld über alles stellt, unbestreitbar charakteristische Geringschätzung der Eliten, welche ihrerseits den Haß verbirgt, den jede echte Überlegenheit hervorruft, beruht doch einfach darauf, daß die moderne Welt den Eliten eine Wirklichkeit, eine Existenz unterstellt, die sie gar nicht haben.

Wer mit den Händen arbeitet, hat vergessen, daß er einen Kopf hat; wer mit dem Kopf arbeitet, ist im allgemeinen verstimmt, wenn er mit den Händen arbeiten muß, weil er sich dadurch erniedrigt fühlt.

Unter diesen Umständen ist die Verachtung verständlich, die die kommunistischen Massen den zweckfreien Aktivitäten des Geistes entgegenbringen. Gerade weil die moderne Welt die geistige Arbeit verachtet, ist sie so durch und durch zerrüttet; man kann sogar behaupten, daß sie keinen Geist mehr hat; und der Geist ist seinerseits unnütz geworden, weil er vom Leben abgetrennt ist. Würden doch die Eliten mit ihrem Glauben an ihre Überlegenheit aufräumen, würden sie sich doch zu einer heilsamen Demut bequemen, würden sie doch den Geist wieder in seine überkommene Funktion als Organ einsetzen, würden sie doch das, was der Verstand leistet, unter einem Aspekt zeigen, der im guten Sinne materiell ist, so würde wie durch ein Wunder dieser idiotische Krieg zwischen den aufwendigen Raffinessen des Geistes und dem Handwerk, das jeden Sinn verliert, wenn es nicht durch die Logik des Kopfes gelenkt wird, ein Ende nehmen.

Ob man es wahrhaben will oder nicht, die Eliten sind dieser Ballast, dieses unfehlbare Gegengewicht, das dem Leben ermöglicht, sich aufrechtzuhalten.

Die Intellektuellen werden in der Gesellschaft den Platz einnehmen, der ihnen zukommt, sobald diese Gesellschaft urteilsfähig genug ist, um zu begreifen, daß zwischen den Kräften des Körpers und denjenigen des Verstandes absolute Identität besteht und daß der Geist das Sieb des Lebens ist. Ich behaupte nicht, der Geist sei genauso nützlich wie der Körper, ich behaupte, daß es weder Körper noch Geist, wohl aber Modalitäten einer einzigen Kraft und einer einzigen Aktion gibt. Und die Frage eines Wettstreites dieser beiden Modalitäten braucht überhaupt nicht gestellt zu werden.

Es ist Sache der Intellektuellen, ihre geistige Kraft nützlichen Aufgaben zu widmen, die wie das Salz des Lebens selbst sind, nicht aber geistigen Spekulationen, die angeblich uneigennützig und zweckfrei, in Wirklichkeit aber so uneigennützig, so zweckfrei sind, daß sie zu nichts und von niemandem gebraucht werden. Das will nicht heißen, die Intellektuellen sollten sich handwerklichen Arbeiten zuwenden, aber sie sollten endlich Verständnis aufbringen für die zweckbestimmte Nützlichkeit des Geistes.

Wenn Körper und Geist eine einzige Bewegung sind, müssen die Intellektuellen mit ihren Bemühungen dort ansetzen, wo der Geist die Rhythmen des kranken Lebens berührt, und wie zu den Zeiten, wo die große unitarische Kultur geherrscht hat, aus der alle Zivilisationen hervorgegangen sind, müssen sie wieder Heilkundige, Therapeuten der erhabenen Funktionen des Lebens im Innern des Menschen werden, denn im ungeordneten Organismus des heutigen Menschen spiegelt sich der ungeordnete Organismus des Weltalls.

Männlich, weiblich. Die alten Gesellschaften haben den ewigen Antagonismus zwischen den Kräften des Geistes, die männlich sind, und den Kräften des Körpers oder der Materie, deren passive Schwere ausgesprochen weiblich ist, in berühmten Worten festgehalten.

Es hätte etwas von einem magischen Trick, wenn man heute diese alten Begriffe, ohne die das Leben unverständlich ist, wiedererwecken würde.

Wir verfügen dazu allerdings über ein magisches Organ, über eine Waffe, mit deren Hilfe wir das Leben darstellen können.

Diese außerordentlich mächtige und unerschöpflich fruchtbare Waffe ist das Theater. Doch die moderne Gesellschaft hat die therapeutischen Kräfte des Theaters vergessen, und sie würde uns auslachen, wenn wir ihr sagten, das Theater sei früher als außerordentliche Möglichkeit zur Wiederherstellung des verlorenen Kräfteausgleichs betrachtet worden und Musik und Tänze zu Heilzwecken seien Bestandteile des antiken Theaters.

Man hat vergessen, daß das Theater eine sakrale Handlung ist, die sowohl denjenigen bindet, der ihr zusieht, als auch denjenigen, der sie vollzieht, und daß dem Theater folgende psychologische Idee zugrundeliegt: eine wahrgenommene Gebärde, die der Geist bildhaft rekonstruiert, hat genausoviel Gewicht wie eine vollzogene Gebärde.

Aus diesem Grunde gibt es kein besseres Instrument der Revolution als das Theater; und gerade durch das Theater, durch diese zersetzende, furchtbare Waffe lenkt und festigt jede weitblickende revolutionäre Regierung ihre Revolution.

Eine Revolution ohne Integration der Eliten in die Massen, die dadurch ein hohes geistiges Niveau erreichen, ist unmöglich.

Mexiko mit seinen primitiven Eingeborenenrassen, die noch über eine Fülle von Musik und Tänzen zu Heilzwecken verfügen, ist in der Lage, den Sinn einer solchen Revolution zu erfassen; und das Beste an dieser Eingeborenenmusik wartet auf den Augenblick, wo es seinen Platz wieder einnehmen kann bei der werktätigen Masse.

PS. – Es spricht tatsächlich nichts gegen eine Eingliederung der indianischen Volkskunst in die Elite. Wer das Leben der Folklore und die Vorstöße der großen mexikanischen Schriftsteller auf ein und dieselbe kulturelle Ebene stellt, macht auf raffinierte Weise mit den Antagonismen Schluß, die zwischen Elite und Masse, Volkskunst und bürgerlicher Kunst, intellektuellem Leben und instinktivem Leben, zwischen den Ergüssen des reinen Denkens und den – gleichfalls intellektuellen – Harmonien des organhaften Lebens der Indianer bestehen.

PS. – Ich suche Doktor José Miguel Mendoza, der ein Kenner der alten okkulten Medizin der Tolteken ist. Sollte er diese Zeilen lesen, bitte ich ihn, mir zu schreiben, mir seine Anschrift mitzuteilen und mir zu sagen, wo und wann ich ihn treffen kann.

Ewige Geheimnisse der Kultur

Jede echte Kultur hat ihre Geheimnisse.

Bevor man von den universalen Grundlagen der Kultur spricht, müßte man über die ewigen Geheimnisse der Kultur sprechen, Geheimnisse, die noch keiner ergründet hat.

Die Kultur ist ein raffinierter Erguß des Lebens im wachen Organismus des Menschen. Und das Leben, noch nie hat jemand sagen können, was das ist. Wenn man also versichert, im Menschen blühe ein ewiger Geist der Kultur, läuft das auf die Feststellung hinaus, der Mensch wisse nichts von den Quellen seines wahren Lebens.

Gerade diese Demut bildet die Grundlage des Wissens. Mehr noch als Wissen stachelt Nichtwissen an, denn es legt eindringlicher als alles andere nahe, sich vor Täuschungen in acht zu nehmen.

Das Nichtwissen, aber ein erleuchtetes und bewußtes Nichtwissen, ist der Zement der Wahrheit.

Dank seinem Bewußtsein, das ihm als Schranke dient, weiß der Mensch, der auf festem Boden bauen möchte, auch sofort, *wo er nicht hintreten darf*.

Der Ursprung all dessen, was existiert, ist ohne Zweifel dunkel, und ein umsichtiger Mensch hält sich – wenn er am Anfang seines Wissens steht – an einen Weg, einen Ort, in einer Zone, wo die universale Dunkelheit in Erscheinung treten könnte.

Denn so seltsam es ist, der Mensch, der doch nicht weiß, woher er stammt, kann sich gerade seines Nichtwissens, dieses gleichsam *ursprünglichen* Nichtwissens bedienen, um in Erfahrung zu bringen, wohin er gehen muß.

Dabei unterstützt ihn der Empirismus; der Empirismus, das heißt der hypothetische Geist; das heißt die heilsame, fruchtbare Anwendung seiner unermüdlichen Phantasie.

Er wendet seinen Blick hilfesuchend in die *Vergangen-*

heit, er kostet die Früchte dieser uralten tastenden Gangart der Menschen, die mit Hilfe ihrer überströmenden Phantasie und unzähliger Hypothesen der Natur ihre Geheimnisse entrissen haben.

Das eigentliche Geheimnis wird jedoch nicht offenbar werden, denn es hat am Unsagbaren teil. Jede echte Kultur beruht auf Geheimnissen, die zwangsläufig unsagbar sind, da sie aus jener Leerzone stammen, in der unsere ewige Unwissenheit den Ursprung der Wahrheit ansiedeln muß.

Es gibt keine rationalere Zivilisation oder Kultur als die Zivilisation und Kultur Chinas, die der *Natur* eine absolute Herrschaft einräumen, aber einzig und allein in der Absicht, ihre Dunkelheit zu löschen. Keine Spur von Okkultismus oder gar Mystik in den rationalen chinesischen Konzeptionen; alles an ihnen ist wirklich, und das Wirkliche ist in diesem Falle konkret. Doch Laotses *Tao te King* zufolge ist in der Mitte aller Dinge, des universalen Ganzen, die Leere. Das bedeutet, daß es eine Leere gibt, die das Wissen nie füllen wird; indessen kann uns die Poesie, wenn man sie als brauchbare, rationale Möglichkeit der Prophetie auffaßt, bei der Sicherung der Grundlagen, auf denen wir aufbauen können, behilflich sein.

Das alte Mexiko hat zum Aufbau dieses geheimen Schatzes, von dem die ewige Menschheit zehrt, einen entscheidenden Beitrag geleistet.

Wir verdanken ihm psychologische Entdeckungen ersten Ranges, die gleichen Entdeckungen, die das europäische Mittelalter in der Allegorie von Makrokosmos und Mikrokosmos verbildlicht hat, welche dem Menschen wie einem kleinen Universum dort seinen Platz anweist, wo alle kosmischen Kräfte konvergieren.

Der als kleines Universum aufgefaßte Mensch *konnte also nicht verzweifeln*. Die Verzweiflung – die übrigens *die Krankheit des Jahrhunderts* genannt worden ist und in Frankreich furchtbar gewütet hat, was in der surrealistischen Ära durch mehrere aufsehenerregende Selbstmorde zum Ausdruck kam –, diese Verzweiflung wurde nämlich automatisch aufgesaugt, da alle Kräfte der Welt an diesem Aufsaugen beteiligt waren.

Der Mensch war damals im Gleichgewicht mit der Welt, er atmete mit dem Leben der Welt und verfügte über Mittel, von denen bekannt war, daß sie das Seelenleben *durch die Welt* heilten.

Das dunkle Leben der Welt wecken und in ihm nach geheimem Einverständnis suchen, das war eine Möglichkeit, gegen gewisse Verbrechen zu kämpfen, gegen eine gewisse Kategorie unerklärlicher Verbrechen.

Die Erziehung war nicht wie heute eine simple *Mnemotechnik*, sie war ein materielles Herbeizitieren von Kräften, und ich würde, wenn ich mich so ausdrücken darf, sogar sagen, daß der menschliche Organismus durch die Erziehung *massiert wurde*, bis die Kräfte in ihm zusammenströmten.

Das war der Sinn des Theaters, das war der Sinn der gewaltigen sakralen Feste mit ihren funkelnden, tönenden Rufen, ihrem rhythmischen Wiederholen von Bildern, die ins Unbewußte des Menschen tauchten.

Der Totemismus war übrigens keine plumpe Magie, kein Aberglaube aus der Kindheit des Menschengeschlechtes, er war offensichtlich eine angewandte Wissenschaft. Denn woraus sind wir eigentlich gemacht? Ist der Mensch etwa der Meinung, er sei allein, ohne Verbindung zum Leben der Arten – der Blumen, Pflanzen, Früchte – oder zum Leben einer Stadt, eines Flusses, einer Landschaft, eines Waldes?

Der Geist der Materie ist überall derselbe. Die heutigen religiösen Riten traten damals dank dem Theater frei von allem abergläubischen Klimbim in Erscheinung. Das Theater war eine gesellschaftliche Kraft, die *über* das Bewußtsein der durch Religion fanatisierten Völker *hinweg* zu wirken vermochte, indem sie sich ritueller, wissenschaftlicher Mittel bediente.

Wir haben Anteil an allen möglichen Formen des Lebens. Auf unserem menschlichen Unbewußten ruht schwer ein uralter Atavismus. Und es ist absurd, das Leben zu begrenzen. Eine Spur dessen, was wir gewesen sind, und vor allem dessen, was wir sein sollen, ruht beharrlich in den Steinen, in den Pflanzen, in den Tieren, in den Landschaften und in den Wäldern.

Partikel unseres vergangenen oder künftigen *Ich* irren in der Natur herum, und sehr präzise Weltgesetze wirken darauf hin, sie zu vereinigen. Und wir suchten tatsächlich Antworten, aktive, kraftvolle, sogar flüssige Antworten in allen diesen aufgelösten Elementen.

Sich all dessen bewußt sein, was uns materiell mit dem Leben insgesamt verbindet, ist eine wissenschaftliche Haltung, gegen die die heutige Wissenschaft nichts einwenden kann, da sie die Welt durch ihre neuesten physikalischen Entdeckungen auf bloße Energie reduziert und uns anhand ihrer neuesten psychologischen Entdeckungen auch darauf hinweist, daß der Mensch keine erstarrte Wesenheit ist, sondern durch die unterirdischen Bereiche seines Bewußtseins genauso an der Zukunft wie an der Vergangenheit teilhat.

Mehr oder weniger ausgeprägt und je nach der Kraft seines eigenen Genies besitzt das Unbewußte jedes menschlichen Wesens einen Schatz archaischer Bilder, die die alten mexikanischen Rassen in einen Mantel undurchdringlicher Allegorien gehüllt hatten. Wir alle erwarten parallel zur *unerläßlichen* sozialen und ökonomischen Revolution eine Revolution des Bewußtseins, die heiles Leben ermöglichen soll.

Dem modernen Mexiko kommt es zu, diese Revolution anzufachen.

Mexikos okkulte Kräfte

Ich habe diese Art von Halluzination, die in französischen Intellektuellenkreisen hinsichtlich der Indianerpolitik des heutigen Mexiko herrscht, bereits erwähnt.

Ich muß mich aber genauer ausdrücken.

Für Frankreich ist die *Revolution* des modernen Mexiko eine Revolution des Menschen. Ich meine, eine Revolution, deren Ziel die innere Verfassung des Menschen, nicht nur die Verfassung der Gesellschaft ist.

Es ist eine *Revolution* gegen den Fortschritt, gegen die Ideen der modernen Welt, gegen die heutige wissenschaftliche Zivilisation.

Mexikos Hinwendung zum Indianischen, die Indianerpolitik der gegenwärtigen mexikanischen Regierung, das Erwachen des indianischen Geistes sind zur Sprache gekommen. Und die ganze französische Jugend, die von einem ungeheuren Verlangen nach Universalität beseelt ist, hat gezittert bei der Vorstellung, daß ein Volk zu den Ursprüngen seiner Kultur zurückkehrte, zu den Quellen des primitiven Geistes zurückfand.

Nun, das sind offensichtlich Gerüchte. Im Grunde gibt es ein solches Erwachen des indianischen Geistes in Mexiko nicht, und die *Revolution* auf mexikanischem Boden ist nicht so, wie man sie sich in Frankreich vorstellt.

Wenn diese Gerüchte aber auch nicht zutreffen, wenn sie nicht von Mexiko ausgegangen sind, so denke ich doch, daß es ganz entscheidend wäre, sich klarzumachen, woher sie kommen.

Denn obwohl die Mexikanische Revolution nicht in einem so ausschließlichen Sinn auf die Indianer ausgerichtet ist, wie es sich die jungen französischen Intellektuellen vorstellen, versucht sie doch auch, die Prinzipien, die Formen der Kultur vor Cortez wiederzuerwecken; das Denken der französischen Jugend, und insofern ist es wirklich ein universales Denken, will die Rückkehr zu den Quellen, es ist mit Träumen des primitiven Unbewußten gesättigt und will diese Träume verwirklichen. Deshalb sieht es in Mexikos begrabenen Traditionen eine Möglichkeit zur Bewahrung des Lebens.

Es gibt ein deutsches Buch, das zur Zeit in den Kreisen der intellektuellen französischen Jugend großen Erfolg hat. Dieses Buch heißt: *Die Quellen magischer Inspiration des Geistes primitiver Völker.**

Die französische Jugend will das Leben und die ursprünglichen Kräfte des Lebens erfassen, sie möchte die grundsätzliche Vibration des Lebens völlig durchdringen.

Diese Jugend glaubt, daß die mexikanischen Intellektuellen sich an die Spitze einer ähnlichen Bewegung gestellt haben, damit die inspirierte Seele, die magische Seele der alten mexikanischen Völker wiederauflebt.

Und das ist kein Hirngespinst, das möchte ich betonen. Es gibt Lebenskräfte, die in der Erde ruhen, und die Moderne ist in einer so katastrophalen Lage, weil sie den Sinn für universales Leben verloren hat. Es gibt aber materielle Möglichkeiten, die auf Synthese zielenden Kräfte des Lebens in den Griff zu bekommen.

Die jungen Intellektuellen in Frankreich sind der Meinung gewesen, Mexiko sei, ohne auf die Eroberung der modernen Welt zu verzichten, auf frisches Blut versessen, und bei diesem frischen Blut handelt es sich, so paradox es erscheinen mag, gerade um das feurige Blut der alten Rassen, deren ewige Kraft in neuen Formen wiederaufleben kann.

Die französische Jugend hat gemerkt, daß der Geist der modernen Welt zutiefst erschöpft ist; der Geist dieser Welt, die ihre Kraft eingebüßt hat am Tage, wo der Mensch sich

* Auf welches Buch Artaud hier anspielt, ist ungeklärt. *Anm. d. Übers.*

in sich selbst zurückzog und seine Kräfte nicht mehr im zerstreuten Leben des Universums suchte.

Es geht im Grunde einfach um magische Quellen des primitiven Geistes; dieses primitiven Geistes, in dessen Innerem sich zwischen Mensch und Universalem ein ununterbrochener Kräfteaustausch vollzieht.

Der wache Mensch, der mit seiner gesamten Umgebung Kontakt hat, zieht Kräfte aus seiner gesamten Umgebung, das heißt aus dem universalen Leben, das ihn völlig überflutet.

Nun hat es in der europäischen Kultur eine solche Besitzergreifung der Naturkräfte durch den Menschen eigentlich nie gegeben, im alten Mexiko hingegen hat es das allerdings gegeben. Deshalb blickt die französische Jugend nach Mexiko wie nach einem Land der Auferstehung. Und sie glaubt, daß die Mexikanische Revolution auf der Suche nach einer angemessenen Vorstellung vom Menschen die alten Prinzipien der Kultur wieder zur Geltung bringen möchte.

Durch die einseitige Entwicklung des Fortschritts haben die Menschen eine wesentliche Idee aus den Augen verloren. In Europa empfindet der Mensch Überdruß und hat für diesen Verlust der Lebensfreude keine Erklärung. Es will ihm nicht eingehen, daß er das Leben schließlich mit simplen toten Äußerlichkeiten verwechselt, weil er es so oft ausschließlich unter seinem materiellen Aspekt betrachtet hat.

Man könnte nun einwenden, ein Blick genüge, und die Welt der toten Äußerlichkeiten löse sich auf.

Spanien steht in Flammen, die Feuersbrunst in Äthiopien ist kaum gelöscht. Auf dem Boden des riesigen China droht jeden Augenblick ein neuer Krieg auszubrechen; Deutschland und Italien sind Beute einer merkwürdigen Ordnung, die im Grunde legalisierte, organisierte Unordnung ist. Und diese Ordnung bedroht ihrerseits die Ordnung und den Frieden ihrer Nachbarn, daß heißt die Ordnung und den Frieden ganz Europas. Was Frankreich angeht, kann man sagen, daß es sich virtuell im Zustand der Revolution befindet.

Wir stehen gleichsam unmittelbar vor einer neuen Sprachverwirrung. Der moderne Mensch ist sich bereits unverständlich. Die Menschheit braucht ein Verjüngungsbad. Es müssen reine Lebensquellen gefunden werden. Und Mexikos ewige Kultur verfügt über diese Lebensquellen, die durch nichts zu trüben sind.

Die mexikanische Seele hat in ihrem Innersten den Kontakt mit der Erde, mit den tellurischen Kräften des Bodens nie verloren.

So gering mein Beitrag auch sein mag, ich habe nur den Wunsch, daß es mir vergönnt ist, bei dieser Suche nach frischen Quellen mitzuwirken, bei einer Suche, die sich eines Tages in Auferstehung verwandeln wird.

Wo immer diese Kulturquellen auf mexikanischem Boden zutage treten, wünsche ich mir, es möge mir vergönnt sein, sie zu entdecken, sie aufsprudeln zu lassen. Ich bin nicht aus Neugier nach Mexiko gekommen, ich will arbeiten. Ich glaube, daß ich den wunderbaren Sinn der gegenwärtigen Mexikanischen Revolution verstehe. Diese *Revolution* zugunsten der Mexikaner weckt bei der ganzen französischen Jugend das Bedürfnis nach dem Idealen. Die französische Regierung kann sich aber nicht offiziell dafür interessieren. Gerade deshalb erlaube ich mir, die mexikanische Regierung um die Mittel zu bitten, die mir meine eigene Regierung nicht zur Verfügung stellen kann.

Bis jetzt hat niemand daran gedacht, die verborgenen Kräfte der mexikanischen Seele faßbar zu machen, sie *aufzuzählen* und methodisch zu sammeln. Ich weiß, wie diese psychologischen Kräfte heißen, und möchte ein Buch über sie schreiben, doch mir fehlen Unterlagen, die man nur an Ort und Stelle erhält: die Riten, Religionen, Feste, Gebräuche der unverfälschten Eingeborenenstämme. Ich werde auf der Grundlage dieser Ermittlungen ein Buch schreiben, und dieses Buch wird für Mexiko Propaganda machen.

Ich bitte die mexikanische Regierung, mir diese Arbeit zu bewilligen, denn es wäre sehr traurig für mich und sehr traurig für die jungen französischen Intellektuellen, wenn die Mexikanische Revolution unsere Hoffnungen nicht erfüllen würde. Ich will nichts weiter als zum Ruhm des Landes beitragen, dessen Gast ich heute bin.

Die gesellschaftliche Anarchie der Kunst

Die gesellschaftliche Aufgabe der Kunst besteht darin, daß sie den Ängsten ihrer Zeit einen Ausweg schafft. Ein Künstler, der im Innersten seines Herzens nicht das Herz seiner Zeit verwahrt, ein Künstler, der sich nicht klarmacht, daß er ein *Sündenbock* ist, daß er die Aufgabe hat, die umherirrende Wut seiner Zeit wie ein Magnet anzuziehen und sich auf die Schultern zu laden, damit die Zeit ihr psychologisches Unbehagen los wird, das ist überhaupt kein Künstler.

Zeiten haben wie Menschen ein Unbewußtes. Und *diese düsteren Stellen des Schattens*, die Shakespeare erwähnt, haben auch ein Leben für sich, ein Eigenleben, *das ausgelöscht werden muß*.

Dazu haben wir die Kunstwerke.

Beim heutigen Materialismus handelt es sich in Wirklichkeit um eine spiritualistische Haltung, denn damit er die Werte, die nicht mit den Sinnen zu erfassen sind, leichter vernichten kann, hindert er uns, an ihre Substanz heranzukommen. Diese Werte nennt der Materialismus »geistig«, und er verachtet sie: worauf sie das Unbewußte der Zeit vergiften. Geistig ist indessen nichts, was in Reichweite der Vernunft oder des Verstandes liegt.

Wir verfügen über Kampfmittel, aber weil unsere Zeit vergißt, sie einzusetzen, ist sie im Begriff, zugrunde zu gehen.

Die Russische Revolution hat zu Beginn ein handfestes Gemetzel unter den Künstlern angerichtet, und diese Mißachtung geistiger Werte, die die Hinrichtungen zur Zeit der Russischen Revolution scheinbar darstellten, ist überall auf Widerstand gestoßen.

Wenn man aber genauer hinsieht, was für eine geistige Bedeutung hatten jene Künstler, die während der Russischen Revolution erschossen wurden? Inwiefern waren ihre geschriebenen oder gemalten Werke Zeugen des Krisengeistes der Zeit?

Die Künstler sind, und heute mehr denn je, für die Auflösung der Gesellschaft ihrer Zeit verantwortlich, und die Russische Revolution hätte sie nicht erschossen, wenn sie wirklich Sinn für ihre Zeit gehabt hätten.

Denn in jeder echten menschlichen Empfindung ruht eine seltene Kraft, die allen Achtung einflößt.

Während der ersten Französischen Revolution hat man das Verbrechen begangen, André Chénier zu guillotinieren. Doch in einer Zeit der Schießereien, des Hungers, des Todes, der Verzweiflung, des Blutes, im Augenblick, wo nichts Geringeres als das Gleichgewicht der Welt auf dem Spiel stand, hat André Chénier, der sich auf unnützen, reaktionären Boden verirrte, ohne Schaden für die Poesie und seine Zeit verschwinden können.

Und sofern André Chénier überhaupt universale, ewige Empfindungen gehabt hat, waren sie nicht so universal oder so ewig, daß sie seine Existenz in einer Zeit hätten rechtfertigen können, wo das Ewige hinter ein Besonderes mit zahllosen Problemen zurücktrat. Die Kunst muß sich gerade dieser besonderen Probleme bemächtigen und sie auf das Niveau eines Gefühls erheben, das die Zeit zu beherrschen vermag.

Doch es sind nicht alle Künstler in der Lage, diese Art magische Identifikation eigener Empfindungen mit kollektiven menschlichen Wutausbrüchen herbeizuführen.

Und es sind nicht alle Zeiten in der Lage, die Bedeutung des Künstlers und die Schutzfunktion, die er zur Förderung des kollektiven Wohles übernimmt, zu würdigen.

Die Verachtung geistiger Werte bildet die Grundlage der modernen Welt. Im Grunde steckt hinter dieser Verachtung eine krasse Unkenntnis hinsichtlich der Qualität solcher Werte. Doch wir können unsere Kräfte nicht damit verzetteln, dies einer Zeit einzuhämmern, die Scharen von Intellektuellen und Künstlern zu Verrätern gemacht und im Volk eine Kollektivität, eine Masse herangezüchtet hat, die nichts davon wissen will, daß der Geist, das heißt der Verstand, der Zeit den Weg weisen muß.

Der kapitalistische Liberalismus der Moderne hat die geistigen Werte ganz in den Hintergrund gedrängt, und der moderne Mensch handelt angesichts dieser paar grundlegenden Wahrheiten, die ich gerade genannt habe, wie ein Tier oder ein Primitiver ohne Sinn und Verstand. Er setzt sich mit diesen Wahrheiten erst auseinander, wenn sie in Handlung übergehen, wenn sie durch Erdbeben, Epidemien, Hungersnöte, Kriege, das heißt, mit Kanonendonner in Erscheinung treten.

Ortiz Monasterio

Maria Izquierdo

Ein Techniker der Arbeit in Stein: Monasterio

Die mexikanischen Künstler mögen mir verzeihen: es gibt in Mexiko keine mexikanische Kunst. Nirgends bin ich diesem verblüffenden Prankenschlag, diesem unverwechselbaren Aufsprühen begegnet, welches die Werke einer Rasse auszeichnet und den Geist eines Kontinentes prägt, wo es doch schließlich Zeit wäre, daß die Mexikaner nach vierhundert Jahren europäischem Einfluß – ich sollte sagen, *bannender europäischer Herrschaft* – allmählich zu sich selbst finden.

Sinnvoll ist die Revolution von 1910 nicht nur, weil sie die von der kapitalistischen Macht unterdrückten Klassen befreit hat – einer Macht, die übrigens noch nicht gebrochen ist –, sondern auch weil sie das in Vergessenheit geratene Unbewußte der Rasse zutage gefördert hat; doch wieviele moderne Mexikaner haben diese notwendige Befreiung ihres Unbewußten überhaupt verstanden?

Der junge Bildhauer Monasterio zeigt durch die Bearbeitung seiner Steine, daß er Mexikos intellektuelle Unterdrückung empfunden hat, und man spürt allerdings, daß sein Stein mit etwas schwanger geht, obwohl *die Form* noch von den plastischen Spekulationen der modischen Pariser Bildhauerei beeinträchtigt ist.

Die Pariser Schule weiß aber besser als jede andere, daß die Kraft der weißen Welt versiegt ist, und sie sucht in der Kunst der Vergangenheit nach neuen Quellen.

Monasterios Technik leistet viel. Mit mächtigen Schlägen läßt er den Stein hochschnellen, entdeckt er unter dem Stein abgerundetes Leben, füllige Körper mit einer gewissen natürlichen, kreisförmigen Strahlkraft. Diese großzügige, kühne, weit mehr willensmäßige als spontane Technik ist mir von der Pariser Bildhauerei her bereits bekannt. Die moderne französische Bildhauerei hat den Einfluß der Negerskulptur und vor allem gewisser hethitischer oder assyrischer Flachreliefs bis zur offensichtlichen sklavischen Nachahmung getrieben.

Durch diese Nachahmung dieser Stilisierung ahmte Monasterio auf dem Umweg über die Pariser Bildhauerei die Formen der assyrischen Stilisierung nach: es handelt sich um eine Stilisierung zweiten Grades. Mexikos gesamte moderne Malerei und seine gesamte moderne Bildhauerei sind von dieser Stilisierung zweiten Grades geprägt.

Man muß aber zugeben, daß sie das schicksalhafte Glück haben, im eigenen Land die Urquellen aller Stilisierungen zu besitzen. Mit demselben Geist großzügiger Abtötung der Formen haben früher die Bildhauer der Tolteken, Mayas und Totonaken gearbeitet; wenn Monasterio die Pariser Stilisierung nachahmt, die willkürlich ist, geht ihm über sein altes, der Rasse eigenes Unbewußtes die wiedererweckte *Notwendigkeit* gerade dieser Stilisierung auf, woraus folgt, daß Monasterios Stilisierungen, die auf den ersten Blick scheinbar Ergebnis eines technischen Kunstgriffes sind, bei näherer Prüfung aus der Kraft einer atavistischen Inspiration heraus leben, die sie in gewisser Hinsicht rechtfertigt.

In Monasterio steckt zweifellos ein geschickter Techniker, ein Mensch, der die Schwierigkeiten der Bildhauerei kennt und durch seine Werke der Empfindung, diese Schwierigkeiten überwunden zu haben, hinreißend Ausdruck verleiht: man spürt seinen Arbeiten das menschliche *Ach!* an, das Keuchen dessen, der nach großer Mühe und Arbeit die Natur schließlich beherrschte, dann aber jede Spur seiner Qual verwischen und uns eine gewandte, leichte, ausgewogene und runde Arbeit präsentieren wollte. Die Skulptur läßt sich wie die Flügel eines uralten Tryptichons öffnen und zeigt uns abgeplattete, vergröberte Formen, die Formen einer kompakten, üppigen Menschheit, die sich in die Horizontale ausdehnen möchte. Die Körper sind schwer, mächtig und gleichsam kaum gelöst, kaum zu unterscheiden von der Masse einer Natur, die ihnen ihre gesamte

Kraft mitteilt, aber mit Hilfe von Formen, die unmenschlich genannt werden könnten, da sie weder Muskeln noch Nerven haben: sie wirken wie versteinerte Entwürfe einer Gestalt, die auf das Menschliche hin *unterwegs* ist, Entwürfe, die der Seele Halt verleihen wollen; aber gerade die wirre, stoffliche, grob behauene Seele dieser Körper beweist, daß der geschickte Techniker noch auf der Suche nach einer Inspiration ist.

Ja, man kann ihn im Augenblick nur als *raffinierten Handwerker* der Bildhauerei betrachten, und ich warte noch auf den Dichter in ihm.

Wenn Monasterio uns einen Menschen zeigt, der ausgezogen unter einem Fabrikrohr liegt, das ihn zermalmt, bewundere ich, daß mich die Gestalt dieses ausgezogenen Menschen an jene fast göttliche Menschheit erinnert, von der es in den Umrissen, in den Flachreliefs und auf der Fassade einiger alter Maya-Tempel, auf den Überresten toltekischer oder totonakischer Architektur wimmelt. Dieser Einfluß der Rasse setzt sich bei den mexikanischen Künstlern nachhaltig durch, und wenn ich ihnen einen Vorwurf zu machen habe, dann den, daß sie das Besondere dieser Inspiration nicht nachdrücklich, hartnäckig, ja sogar gewaltsam, mit unermüdlicher Beharrlichkeit verfolgen.

Sieht man aber von der Stilisierung ab, bleibt das Fabrikrohr, das sektiererische Symbol, die Ideologie einer *vorgefaßten Meinung*, die nichts mit der Skulptur selbst zu tun hat: es genügt, daß der Mensch, der da liegt, Proletarier ist und daß seine Füße mit Ketten gefesselt sind.

Das Problem dabei ist meiner Meinung nach nicht, daß die Füße des Proletariers mit Ketten gefesselt sind – mit Ketten, die gesprengt werden müssen –, sondern daß der moderne Mensch Opfer einer Zivilisation geworden ist, die er selbst geschaffen hat.

Eine andere Skulptur von Monasterio zeigt uns die in eine Maschine verwandelte Venus. Schlimm daran finde ich, daß er dem Problem einer mechanisch gewordenen Liebe ausgewichen ist. Bei diesem Problem hätte er bleiben, auf ihm hätte er beharren sollen. Monasterio hat einen Körper gestaltet, der zu einem großen Teil durch Rohre ersetzt ist, das ist vom rein menschlichen Standpunkt her eine furchtbare Qual, aber er hat vergessen, diese Qual *auf einer höheren Ebene* darzustellen.

Monasterio nennt das eine surrealistische Skulptur, wobei er außer acht läßt, daß der Surrealismus die Maschine nie verherrlicht hat. Der Surrealismus hat das Auftauchen der Maschinen im Zusammenhang mit all den äußeren Erscheinungen einer Welt gesehen, die seiner Meinung nach besser nicht existierte. Der Surrealismus sucht eine höhere Realität und zerstört, um sie zu erreichen, Formen, vergängliche Formen, auf der Suche nach dem, was in der Sprache der alten Weden das *Nicht-in-Erscheinung-Getretene* heißt.

Monasterios Venus macht den Eindruck, als habe sie sich prächtig mit den Maschinen abgefunden, doch hier muß wohl daran erinnert werden, daß es sich bei der Kunst, die die Eroberung der Maschine, die Schnelligkeit, die moderne Welt und alle ihre Bequemlichkeiten verherrlicht, um den Futurismus handelt, dessen wahnwitziges, unnützes, prikkelndes, irres Kaleidoskop der Surrealismus dann umgedreht hat.

Der Futurismus kann mit keinem einzigen Gedanken aufwarten; man findet bei ihm nur hektische Darstellungen von Formen, während sich der Surrealismus *in Erscheinung getretener* Formen bemächtigt, um das *Nicht-in-Erscheinung-Getretene* aus ihnen herauszuholen.

Irgendwelche Idioten haben behauptet, die surrealistische Bewegung sei destruktiv. Wahrscheinlich zerstört sie jede vergängliche, unvollkommene Form, aber nur deshalb, weil sie über die Formen hinweg die okkulte, magische Gegenwart einer faszinierenden Irrealität sucht.

Gerade diese absolute Realität fehlt Monasterios verbindlicher Kunst, aber es wäre wirklich angemessen, wenn Monasterio – der über eine glänzende Technik verfügt – seine unentschiedene Kunst, seine hochschwangere Kunst zu einer eindeutigen, inspirierten und starken Kunst entwickelte, wie es ja auch der heute noch gestaltlosen, unpersönlichen mexikanischen Kunst angemessen wäre, wenn sie die alte Sonneninspiration der großen Künstler der Vergangenheit wiederfände.

PS. – Wenn ich vom Unpersönlichen der mexikanischen Kunst spreche, weiß ich natürlich, daß man mir eins entgegenhalten kann: Diego Rivera. Ja, in Diego Riveras Fresken ist ein Keim von Persönlichkeit enthalten. Man möge mir verzeihen, aber dieser Keim ist noch schwach. Andererseits hat Diego Rivera in Paris gearbeitet, und das sieht man. Wir sind weit entfernt vom kraftvollen Sonnengefunkel der ursprünglichen mexikanischen Kunst.

Außerdem ist Diego Rivera Materialist, und das sieht man auch. Wenn man – in der Malerei oder in einer andern Kunst – keinen Sinn hat für eine transzendente Kraft, tritt das dadurch in Erscheinung, daß die Inspiration irgendwie *blockiert* ist, daß den Formen etwas Opakes innewohnt.

So geschlossen Monasterios Formen sind, opak sind sie nicht. Man spürt in ihnen etwas wie die Hoffnung, den Aufruf, das Echo eines höheren Lichtes, welches im übrigen nichts zu tun hat mit dem Licht, das von den unergründlichen Mysterien der Natur ausgeht, diesen Mysterien, die die alten mexikanischen Künstler offenbar eingehend studiert haben.

Maria Izquierdos Malerei

Ich bin nach Mexiko gekommen, weil ich Eingeborenenkunst suche, nicht eine Nachahmung der europäischen Kunst. Während aber Nachahmungen europäischer Kunst in allen ihren Erscheinungsformen im Überfluß vorhanden sind, findet man hier keine eigentlich mexikanische Kunst.

Nur Maria Izquierdos Malerei zeugt von wirklich indianischer Inspiration. Das heißt, unter den Mischformen der gegenwärtigen mexikanischen Malerei ist Maria Izquierdos ehrliche, spontane, primitive, aufregende Malerei für mich eine Art Offenbarung gewesen.

Doch ich muß das erläutern: diese Malerei ist spontan, aber sie ist nicht ganz rein; man kann da und dort, in gewissen Werken, einen unmittelbaren Einfluß der modernen europäischen Kunst erkennen. Das ist aber gerade die Gefahr: man könnte sagen, im Maße, wie sich Maria Izquierdos malerische Aktivität entwickelt, wird sie immer stärker von modernen europäischen Techniken und auf gewissen Bildern sogar von europäischem Geist beeinflußt. Und das ist noch bedauerlicher.

Der indianische Geist geht verloren, und ich befürchte wirklich, daß ich hier den Untergang einer alten Welt miterlebe, während ich bei meiner Ankunft doch des Glaubens war, ich könnte Zeuge ihrer Erneuerung sein.

Um so mehr hat es mich berührt, als ich auf Maria Izquierdos Gouachen Eingeborene nackt zwischen Ruinen umhertaumeln sah. Sie führen da etwas wie einen Gespenstertanz auf: Gespenster eines verlorenen Lebens.

Und nicht nur eine europäische Technik schimmert so oft in Maria Izquierdos Kunst durch, sondern auch Europas mechanistische Zivilisation; doch sie macht von den europäischen Maschinen und Flugzeugen einen ganz eigenartigen Gebrauch. Die indianische Bilderschrift verfährt bekanntlich so, daß vor den Mund eines Redners oder Sängers das Zeichen gesetzt wird, welches der Vorstellung Stimme, Rede entspricht. Es sieht aus wie ein umgekehrtes Schnekkenhaus, ein Knoten kreisförmiger Linien. Nun gibt es ein Ölbild von Maria Izquierdo, auf dem eine nackte Indianerin am offenen Fenster singt; und der Rauch einer nahen Fabrik, der sich spiralförmig in die Luft erhebt, scheint gleichsam vor dem Mund der Indianerin zu kreisen. Die Voluten auf diesem Bild stellen die Atmung, den lebendigen Atem der Sängerin dar. Doch das Bild enthält den Keim einer zwiefachen Idee: Maria Izquierdo geht mit dem europäischen Rauch um, als wollte sie ihn tilgen. Das alles sieht sie nicht klar, doch der Geist der indianischen Rasse spricht so stark in ihr, daß sie sogar unbewußt seine Stimme wiederholt.

Was mich angeht, muß ich sagen, daß ich jenen Bildern bei weitem den Vorzug gebe, in denen keine Spur des europäischen Geistes auftritt.

Man kann Maria Izquierdos Bilder in unzählige Untergruppen einteilen, den Einflüssen entsprechend, die die Malerin bei der Entstehung ihres schon sehr bedeutenden Œuvres erfahren hat.

Es gibt Bilder wie das gerade genannte, wo der Geist der Rasse sich verteidigt; sie stellen Mischformen dar.

Es gibt auch Bilder, bei denen die Technik der modernen europäischen Kunst deutlich sichtbar ist und wo die Ticks von Derain, Picasso, Kisling, Kubin und Kremegne sich unterschwellig durchdrücken.

Ich erinnere mich an einen sehr schönen Akt auf einem Stuhl. Da finden sich Anklänge an jene willkürlichen Deformationen, die für die Pariser Malerei typisch sind, vor allem bei einem Teil des Rückens und beim rechten Arm. Doch während die Pariser Deformationen ganz willkürlich sind und der Wirklichkeit überhaupt nicht entsprechen, stößt Maria Izquierdo wieder zur »Notwendigkeit« der Deformation vor. Mit dieser Deformation ist etwas von dem gequälten, unruhigen, ja ich möchte sogar sagen metaphysisch unruhigen Geist der taraskischen Rasse verbunden. Ich möchte keine bombastischen Ausdrücke verwenden, aber dieser Arm und dieser Rücken, die sich scheinbar bewegen, die in einzelnen Partien wirken, als vibrierten sie und bildeten Arm und Rücken eines richtigen Menschen, führen uns geradenwegs zu einem wesentlichen geometrischen Problem. Wir werden zwangsläufig auf die Architektur des Menschen verwiesen. Und gerade das ist der Zweck der Malerei, der Kunst, wenn man sie vom Innern der Malerei her sieht, der Kunst, wenn man sie in ihrer Reinheit betrachtet: uns jedesmal vor ein Lebensproblem zu stellen und uns *unausweichlich*, *dynamisch* darauf hinzuführen.

Etwas sehr Schönes, überaus Kostbares auf diesem Bild ist die Hand. Eine Hand, frei von Deformationen, mit eigentümlicher Struktur; sie sieht aus, als spräche sie, gleichsam eine Feuerzunge. Grün, wie der düstere Fleck einer Flamme, alle Unruhen des Lebens in sich beschließend. Eine Hand, die liebkost und grazile Bewegungen macht. Die wie etwas Klares im roten Schatten der Leinwand lebt. Denn das ganze Bild ist von der Farbe des mexikanischen Kolonialgesteins, einer düsteren Feuerfarbe. Maria Izquierdos gesamte Malerei entwickelt sich in dieser Farbe erkalteter Lava, in diesem Vulkanhalbdunkel. Das verleiht ihr dieses Aufwühlende, das in der mexikanischen Malerei einzigartig ist; sie zeigt den Widerschein einer werdenden Welt; einer noch im geschmolzenen Zustand befindlichen Welt. Ihre Ruinen beschwören nicht eine Ruinenwelt, sie beschwören eine Welt, die gerade wiederersteht.

Wahrscheinlich wird man Maria Izquierdo den Vorwurf des Ästhetizismus machen; es gibt bei ihr da und dort genügend ausgezogene Jungfrauen, die vor einem Kruzifix lamentieren. Dabei handelt es sich um eine Mischform der gegenwärtigen mexikanischen Zivilisation: eine Art heidnischen Katholizismus, der hinter dem lateinischen Kreuz Christi das Kreuz mit den gleichlangen Armen der alten, geometrischen Paläste von Uxmal, Mitla, Palenque oder Copan wiederentdecken möchte.

Sofern Maria Izquierdo ihre eigenen Kräfte richtig einzuschätzen weiß, hat sie das Zeug dazu, angesichts einer Schar nackter Indianer mit rotem Antlitz das natürliche Kreuz, das wissenschaftliche Kreuz der alten Sonnenkultur aufzuerwecken, welche ihre Götter wie Standarten trägt.

PS. – Der indianische Geist hat seine auf Synthese zielenden Gesetze. Seine allegorische Kraft ist so mächtig, daß sie überall und woher immer sie spricht unbewußt ein ganzes Welt- und Lebenssystem hinter sich läßt.

Maria Izquierdo steht zweifellos in Verbindung mit den ursprünglichen Kräften der indianischen Seele. Ihre Tragödie liegt in ihr selbst, und diese Tragödie besteht darin, daß sie ihre Quellen verkennt. Sie muß sich, was die Reinheit angeht, gewaltig anstrengen, um ihre Persönlichkeit zu bewahren, und diese Anstrengung wird unverzüglich belohnt werden. Denn ein Pferd von Maria Izquierdo beschwört augenblicklich alle Pferde, die zur Zeit der *Conquista* den Geist der alten Mexikaner beeindruckten. Maria Izquierdos Malerei enthält Totemismus. Ihre Wildpferde kann man mit bösen Erdgeistern verwechseln. Und dieser Totemismus erzeugt eine Art uralten Animismus; ihn finde ich auch auf einem andern dieser Bilder, die mir bekannt sind und an die ich mich im Augenblick erinnere: ein paar Tiere, die über die Leinwand galoppieren und auf ihr kreisen, und in der Mitte glänzt wie ein Ochsenauge in einer Wand der Mond. Seit an die zehntausend Jahren aber wird im Gebiet Ostsibiriens zwischen Rußland und der Mongolei die Religion des Ochsenauges in der Wand von einer Sekte von dreißigtausend Leuten praktiziert. Ohne es zu wissen, hat Maria Izquierdo mit diesem Bild das innerste Wesen einer uralten menschlichen Konzeption wiedergefunden.

Maria Izquierdo

Inspiration, dieser mächtige Atavismus der Rasse, ist in Maria Izquierdos Kunst im Überfluß vorhanden. Formen und Farben werden unter ihrem Pinsel mit einer Art innerer Lebendigkeit geboren, die für ihre Auserwähltheit spricht. Personen treten da in der Gestalt auf, in der sie früher gelebt hatten; die Farben vereinigen sich auf eine Weise mit der Vibration des Sonnenspektrums, daß sie sich in einer mehr als seltsamen Harmonie entsprechen; ein Rot und ein Blau vollbringen dieses Wunder, sich wechselseitig ihr Geheimnis zukommen zu lassen, das aus der Farbe geborene Geheimnis.

Zwei Anmerkungen

Maria Izquierdos Malerei beweist, daß der rote Geist nicht tot ist, daß sein Saft mit einer Intensität aufwallt, die gerade durch die langanhaltende Arbeit des Wartens, der Inkubation, der Kasteiung verstärkt wird.

*

Die rote Seele ist konkret, und sie spricht. Man kann sogar ohne Übertreibung sagen, daß sie *brüllt.* Von den zeitgenössischen mexikanischen Malern hat Maria Izquierdo als einzige diese feurige, wirbelnde, hitzige Seite der ursprünglichen mexikanischen Seele empfunden, die mühelos und gleichsam spielerisch Löwen bändigt. Maria Izquierdos Malerei versetzt uns wieder in mythische Zeiten, wo innerhalb der Mauern einer heiligen Stadt Löwen umherschweiften, die lebendiger, verständiger, klüger waren als menschliche Wesen.

MEXIKO UND DER PRIMITIVE GEIST: MARIA IZQUIERDO

An den Gegenständen erkennt man das *Wahrnehmbare*, im Traum erkennt man die Gegenstände. Im Wachzustand ist alles Existierende tot; und die Gegenstände verhüllen ihr Antlitz. Erst wenn man schläft, beginnen sie zu sprechen. Es hat allerdings eine Zeit gegeben, in der die Dinge sprachen, ohne daß man sie umwarb, und nur ein Mensch der Gegenwart kann auf die Idee verfallen, eine solche Zeit gehöre der Vergangenheit an.

Man bezeichnet jenen Geist als primitiv, der das Seiende nicht wahrzunehmen vermag, denn in Wirklichkeit existiert ja nichts, der aber mit Pinsel oder Feder wiedergibt, was für ihn wahr ist; und was für ihn wahr ist, entspricht immer seiner unbegrenzten Phantasie. Nun ist aber Phantasie mit Erkenntnis verbunden, und Erkenntnis mit *Einheit*. Eine Phantasie, die das *Wahrnehmbare* unter seinen vielfältigen Aspekten herbeizitiert, ist nicht groß, wohl aber diejenige, die sich mit einer Art alchimistischen Kraft, welche den Zustand des Schlafes eigen ist, inmitten des *Wahrnehmbaren* bewegt.

Wer die Bilder des Schlafes und sein seltsames Wirken zu nutzen weiß, wird von ihm wieder in die Zeit versetzt, in der die Dinge zwangsläufig sprachen, weil das menschliche Bewußtsein im Wachzustand gleichsam ein Tier mit Maulkorb war.

Der Primitive, der zwischen sich selbst und dem Seienden nicht unterscheidet, kann nicht glauben, daß etwas außerhalb seiner selbst lebt, und die Empfindung, daß es charakteristische Eigenschaften gibt, ist ihm fremd; und die seienden Dinge ihrerseits können charakteristische Eigenschaften, über die wirklich nur sie verfügen, gar nicht aufweisen, da sie an allem Seienden teilhaben; so führt uns das Gefühl des ewigen Altruismus der Dinge in einer Art alchimistischen Verwandlung wieder zum Gefühl der Einheit zurück.

Wer aber Einheit sagt, sagt Erkenntnis, da »erkennen« »wiederauferstehen mit« bedeutet; und im Schlaf haben die Erscheinungsformen der Gegenstände, die in Bewegung sind, neben ihren besonderen Eigenschaften die Eigenschaften aller anderen Gegenstände. Denn das Wirkliche besteht zwar nicht aus den Gegenständen, doch sie sind im Wirklichen unterwegs; und im Traum sind die Eigenschaften der Gegenstände unterwegs; und indem sie ihre Kräfte untereinander austauschen, machen sie uns mit der gesamten Wirklichkeit bekannt.

So machen uns also die Gegenstände durch Verlust ihrer besonderen Eigenschaften mit der Wirklichkeit bekannt; und das Bewußtsein, das uns das Seiende zeigt, tötet nur die sprechenden Dinge; denn ein Gegenstand darf nicht mehr er selbst sein, wenn er uns damit bekannt machen soll, was er *in Wirklichkeit* ist. Die absurden Worte des Traumes sind die Worte einer Wirklichkeit, die unterwegs ist, der Wirklichkeit, die gerade zu sprechen begonnen hat.

Sich selbst opfern heißt, in die murmelnde Wirklichkeit eingehen; heißt allen Gegenständen des *Wahrnehmbaren* ermöglichen, von ihren Eigenschaften echten Gebrauch zu machen. Durch Verzicht auf eine besondere Eigenschaft geht man wirklich in alle anderen ein. Und mit diesem Altruismus der Primitiven, der in grenzenloser Hingabe des eigenen Ichs besteht, gewinnt man Schätze, deren Eigenschaften das dürftige Bewußtsein des modernen Menschen nicht ermessen kann.

Nichts anderes tut der Traum; er nimmt dem sprechenden Ohr die Eigenschaft, etwas zu empfangen, was die Geräusche der Welt ihm vermitteln, damit er seinerseits stimmige Töne ausstrahlen kann.

Wenn eine Farbe, die dem Geist die Halluzination einer vorrückenden Armee verschafft, zu erklären vermag, wie der Geist in den Träumen arbeitet, erklärt sie auch, daß uns die extreme Besonderheit der Dinge gerade durch ihr Besonderes der Einheit des Seienden näherbringen kann.

So fielen vor dem Primitiven die Schranken, die uns heute von der Erkenntnis der Dinge trennen.

Da alles in allem enthalten ist, hat allein der primitive Geist dem menschlichen Bewußtsein ermöglicht, durch die Metamorphose eines Gegenstandes in die Vielfalt der Gegenstände einzugehen.

Und der Traum durchquert die Zeiten und bringt uns jene Zeit zurück, wo unter dem Schock der menschlichen Spontaneität die ganze *Natur* verzaubert wurde.

Man sieht jetzt, wie der sogenannte primitive oder sakrale Geist durch einen Mechanismus natürlicher Zauberei allem, was er berührt, eine Welt grenzenloser und widersprüchlicher Eigenschaften eingehaucht hat; und wie nichts von all dem, was er uns darbietet, in Wirklichkeit so erscheint, wie es ist.

»Dieser Löwe glaubt, er sei ein Mensch«, sagt Rimbaud so ungefähr, »aber ich bringe ihm bei, daß er nur ein Mops ist.«*

Im Gegensatz dazu sind Maria Izquierdos Löwen gleichsam die Erscheinung des Vulkankraters, auf dem sie geboren wurden.

Es gibt in Mexiko eine Urpflanze, die uns Streifzüge in der Wirklichkeit ermöglicht. Durch sie löst sich eine unendlich ausgedehnte Farbe zu jener Musik auf, aus der sie hervorgegangen ist; und diese Musik lockt Tiere an, die mit der Klangfülle gehämmerten Metalls brüllen.

Es ist begreiflich, daß gewisse mexikanische Indianerstämme den Peyotl verehren, der nicht unsere Augen entzückt, wie man es uns in Europa einreden will, sondern die

* Paraphrase folgender Stelle aus *Alchimie des Worts* in *Eine Zeit in der Hölle:* »Jedem Wesen kamen, wie mir schien, mehrere *andere* Leben zu. Dieser Herr da weiß nicht, was er tut: er ist ein Engel. Diese Familie ist ein Wurf von Hunden. In Gegenwart mehrerer Menschen unterhielt ich mich laut mit einem Augenblick aus einem ihrer anderen Leben. – Auf diese Weise habe ich ein Schwein geliebt.« *Anm. d. Hrsg.*

seltsame alchimistische Eigenschaft besitzt, die Wirklichkeit zu verwandeln, uns senkrecht fallen zu lassen bis zum Punkt, wo alles sich aufgibt in der Gewißheit des Neubeginns. Durch den Peyotl überspringt man die Zeit, die Jahrtausende braucht, um aus einer Farbe einen Gegenstand zu machen, die Formen auf ihre Musik, den Geist wieder auf seine Quellen zurückzuführen und das scheinbar Getrennte zu vereinen.

Ich habe den Eindruck gehabt, Maria Izquierdos Gouachen hätten zumindest in einem gewissen Maße an diesem Geist teil; deshalb habe ich sie mitgenommen. Gewiß, dieser Geist ist nicht rein, und wenn es in Mexiko noch seltsame Herde eines sakralen Geistes gibt, darf man nicht in den Städten danach suchen, denn dieser alte Geist ist indianisch, und die mexikanischen Mestizen tun heute alles, was in ihrer Macht steht, um ihn auszulöschen. Denn die Mestizen in den Städten, die zwischen zwei Arten von Blut hin- und hergerissen werden, können ihr rotes Blut zwar nicht abtöten, sind aber erpicht darauf, alle Spuren des roten Geistes zu tilgen. Und das in einer krankhaften Angst, nicht auf der Höhe ihrer Zeit zu sein.

Maria Izquierdo lebt in Mexiko-Stadt, obwohl sie rein taraskischer Abstammung ist. Und bekanntlich erscheint den Mexikanern alle Eingeborenenkultur, dieses ganze System eines konkreten Austausches zwischen dem Menschen einerseits mit seinen in sich gekehrten Sinnen und einer Welt andererseits, die prall ist von überall durch sie hindurchströmenden Kräften – bekanntlich erscheint das, was für einige von uns Teil einer wirksamen Magie ist, die uns zu regenerieren vermag, den Mestizen in den Städten als etwas so Überholtes wie die Mythen des alten Griechenland oder die Zauberkünste eines alten babylonischen Priesters.

Und dieser Kampf der Einflüsse kommt in Maria Izquierdos Kunst zum Ausdruck.

Mit Derain, Masson, Salvador Dalí, Chirico, Matisse brandet die moderne Malerei nach Mexiko-Stadt; und obwohl Maria Izquierdo Indianerin ist, verfolgt sie gespannt, was diese ihr bringen könnte.

Auf ihren Gouachen gibt es einsame Architekturen, Statuen auf leblosem Untergrund, Steine in einem Höhlenlicht, die etwas von menschlichen Organen haben.

Doch ab und zu setzt sich ihre inspirierte Rasse durch. Sie weiß, welcher gewagte Zauber hinter der modernen Malerei steckt und daß dieser Zauber Krankheit, nicht Gesundheit beschwört. Denn lassen die genannten Maler nicht einfach blindlings jene Formen wiederaufleben, die aus ihrem verstörten *Unbewußten* aufsteigen?

Gewiß, wir haben hier in Europa alle das unbestimmte Gefühl, die äußere Welt sei am Ende und es sei nun Zeit, wieder auf etwas anderes zu kommen. Was wir in der wachen Welt nicht mehr finden, suchen wir jetzt im Traum. Die heutigen Künstler schöpfen aus dem Leben der Träume, in welchem ihre eigene Psychologie verschwindet, und lassen diese Gestalten, diese zeichenhaften Formen, die mit primitiven Schöpfungen so seltsam verwandt sind, wiederaufleben.

Sie haben den alten Geist wiederentdeckt, der die Wirklichkeit erfundenen Denkformen unterordnet. Und der Mensch erfindet diese Formen auf magischem Wege. Und die Welt ist das, wozu er sie macht. Diese Künstler haben auf eine Kunst verzichtet, die zu nichts dient. Aber sie sind die ersten, die behaupten, daß sie selbst nicht verstehen, was sie finden.

Weil die heutige Inspirationskunst eine Kunst ist, die kein Wissen mehr hat. Wenn der alte Künstler malte, malte er, wie man Geister beschwört; und durch Überlieferung kannte er die Gebärden, die das Seiende zersetzen konnten. Mit der *Kunst* war eine Jagd eröffnet, deren Verlauf man gespannt verfolgte. Denn jedesmal, wenn ein Künstler am Werk war, blieb die Welt, das spürt man, nicht unbeteiligt; und etwas vom kollektiven Leben wurde dabei immer aufgerührt.

Wenn das Leben sich auch verändert hat, scheint es jetzt

doch, als ob wir in jene Bereiche des Bewußtseins zurückgekehrt wären, wo der Geist unmittelbar Formen erfand, um die Wirklichkeit durch sie zu erneuern. Mit den Formen der Vergangenheit konnten die Künstler wahrscheinlich aber alles lenken, was in Bewegung ist, während heute die gleichen, vom kollektiven Unbewußten wiedererweckten Formen uns vielleicht zwar faszinieren, aber einfach deshalb, weil sie es jetzt sind, die uns lenken, und weil wir sie nicht mehr zu lenken vermögen.

Wenn sogar in Mexiko der primitive Geist untergeht, ist es ganz klar, daß ein indianischer Künstler nur er selbst sein kann, wenn er wirklich von diesem Geist inspiriert ist, statt wie Maria Izquierdo ab und zu europäische Bilder nachzuahmen, die nur Erinnerung an die reinen Formen sind, die in ihrem eigenen Unbewußten kreisen.

Sofern der indianische Geist überlebt, wird er weiterhin beharrlich diese Symbole, diese zeichenhaften Formen hervorbringen, die uns so in Erstaunen versetzen.

Ich habe erlebt, wie bei magischen Tänzen Frauen mit ihrem Kind auf dem Arm eine Gebärde machten, als umarmten sie die Sonne; und ihr Atavismus lehrte sie die Chiffre, die diese Umarmung wirksam macht.

Uralte Riten und uralte Kräfte ruhen im mexikanischen Gebirge; und der Mensch versengt da systematisch die Bäume, bis sie die Form gewisser Zeichen haben; und diese Zeichen, die auch diejenigen aller überlieferten Magie sind, gibt die *Natur* mit beharrlicher, mathematischer Strenge in den Formen ihrer Felsen wieder, als ob sie dem immer verzweifelteren Ruf der Menschen antworten möchte.

Man sieht also, daß Mexiko, wenn es sich selbst treu bleibt, von niemandem zu nehmen braucht, sondern im Gegenteil alles zu geben hat.

Die indianische Seele hat diese verstreuten Bruchstücke einer Wirklichkeit, in der der Geist der Gegenwart verzweifelt die Spur von etwas anderem sucht, nicht nötig; denn sie weiß um die Bedeutung geheimer Legierungen. Wenn Maria Izquierdo aus dem Unbewußten ihrer Rasse schöpft und dabei ihre Löwen hervorholt, ist es recht und billig, daß der menschliche Geist sie verehrt, weil sie an allen *vier Reichen* teilhaben, in denen die *Natur* sich gespiegelt hat.

Ein Mensch, ein Pferd, eine Farbe, ein Krater – mit jener Art von farbiger Vibration, die ihre ungewöhnlichen Gestalten einhüllt, erklärt uns Maria Izquierdos Malerei, warum diese Gegenstände zusammengehören. Und gerade durch ihr Besonderes ziehen die charakteristischen Eigenschaften der Gegenstände sich an; und sie sind nur künstlich getrennt.

Wenn die mexikanischen Indianer heute nicht mehr abschätzen können, was ihnen der Geist der charakteristischen Eigenschaft einbringt, wenn sie die dualistische Liebe nicht kennen, wenn sie nicht mehr sehen, wovon sie getrennt sind, dann doch weil sie diesen unvergleichlichen Geist, der die Welt auf eine einzige Bewegung zurückführt, nie verloren haben, weil sie immer noch über diesen Geist des Todes verfügen, der das Leben des Alten Mexiko ausgemacht hat; und weil der Indianer, aller Zufälle, aller vergänglichen Aspekte des *Wahrnehmbaren* ledig, töten kann, was vergeht, und zum Leben im umfassenden Sinne zurückfindet.

Briefe

An Doktor Allendy und Colette Nel-Dumouchel

Antwerpen, den 10. Januar 1936

Liebe Freunde,

diese paar Zeilen von Antwerpen, wo ich vierundzwanzig Stunden länger Aufenthalt habe als vorgesehen. Mein Schiff hat nämlich etwas Verspätung.

Ich fahre mit einem sehr großen Frachter der Transat, einem Schiff von 9–10 000 Tonnen, ganz modern, das sehr imposant wirkt, gedrungen, massiv, mit einem hohen, breiten Schornstein. Der Schornstein ist für mich bei Schiffen sehr wichtig.

Ich habe es vor meiner Abreise nicht mehr geschafft, Sie anzurufen. Sie können sich gar nicht vorstellen, was für eine Unmenge von Besorgungen zu erledigen sind und welche Verpflichtungen man bis zum letzten Augenblick hat, wenn man eine so bedeutende Reise unternimmt, zumal unter den Umständen, in denen ich sie unternommen habe. Aber ich benutze diese vierundzwanzig Stunden Aufenthalt in Antwerpen, um Ihnen zu schreiben. Es ist für mich, und gerade das gefällt mir übrigens daran, ein richtiges Abenteuer, weil ich mit sehr beschränkten Mitteln losfahre. Und weil ich, um durchzukommen, ganz und gar auf das setzen muß, was sich mir dort anbietet. Und das Schicksal, so scheint mir, kann nicht schweigen. Sie würden mir eine ungeheure Freude bereiten, und ich bitte Sie damit um einen Dienst, der mir äußerst nützlich wäre, wenn sie meinen Himmel befragen und meinem Horoskop ein paar genaue, detaillierte Angaben in bezug auf das, was drüben auf mich zukommen wird, entnehmen könnten. Denn Ihre Prophezeiungen sind zum Teil schon eingetroffen. Ich glaube, das sollte Ihnen einen wertvollen Hinweis darauf geben, wie das übrige zu deuten ist. Wenn Sie ein bemerkenswertes Ereignis für so gut wie sicher halten, wäre ich natürlich froh, wenn Sie es mir mitteilten, aber Sie wissen ja, wie ich die Astrologie im allgemeinen betrachte: nicht als Hilfsmittel für eine gewöhnliche analytische und objektive Weissagung. Sondern als eine Folge von inneren Hinweisen. Von affektiven Abläufen und Veränderungen. Als synthetische Ausrichtung der Gestirne mit ihren Eigenschaften. Von diesen Bewegungen, die mich betreffen, möchte ich im Hinblick auf die bereits stattgefundene Abreise etwas erfahren. Ich werde um den 8. Februar in Mexiko sein. Und Sie können mir sofort an die französische Botschaft in Mexiko-Stadt schreiben, wo ich meine Post abholen werde, denn ich verfüge, wie Sie sehen, über gute Beziehungen zum französischen Botschafter. Und denken Sie im übrigen an mich, falls Sie gerade zu Geld kommen, denn die erste Zeit wird ganz bestimmt hart werden. Ich muß soviel Geld zusammenkratzen, daß ich 3 Monate durchhalten kann, und meins reicht nur für ein paar Wochen.

Ich umarme Colette und drücke Ihnen herzlich die Hand.

Antonin Artaud

An Balthus

Havanna, 31. Januar 1936

gestern in Havanna eingetroffen, habe ich an einer Menge Zeichen erleben können, daß eine neue, andere Welt ihre Ausbrüche bis hierher schickt.

Wenn die Dinge sich weiter so zeigen, wie sie anscheinend auch sind, werde ich diesmal sagen können, daß ich mir keine falschen Hoffnungen gemacht habe: im Gegenteil. Alles an diesem Abenteuer hat offenbar etwas Wunderbares. Ein dunkler Punkt ist indessen dabei, der übrigens letztlich keiner sein müßte, es aber zur Zeit ist: das Geld. Unerwartete Gebühren, stark erhöhte Reisekosten werden zur Folge haben, daß ich, was das angeht, wie eine erschöpfte Welle in Mexiko strande. Ich muß unbedingt noch Geld auftreiben, um mich über Wasser zu halten. Ich habe bereits zwei, drei Leuten geschrieben, die aber viel getan hatten. Falls Sie noch weitere sehen, dann so rasch als möglich und auf schnellstem Wege, damit ich mein Schicksal nicht versäume. Ich habe auf See oft an Sie und an die Skizze* zu meinem Porträt gedacht. Ihr schreckliches Unbewußtes hat es verstanden, mir mit der Mattigkeit und dem Überdruß des weiblichen Profils links, das eine abscheuliche Vergangenheit hinter mir läßt, und mit der feurigen, wachen, spähenden Seite des Profils rechts, das gerade meine Zukunft verschlingen will, genau meinen Platz anzuweisen. Es ist sehr schön und darüber hinaus von einer überraschenden, heimlichen Ähnlichkeit, die gleichzeitig innerlich und plastisch ist.

Ich danke Ihnen und drücke Ihnen herzlich die Hände.

Antonin Artaud

An Jean-Louis Barrault

Havanna, 31. Januar 1936

Mein lieber Barrault,

kaum in Havanna eingetroffen, gerate ich in einen neuen Strom, so daß ich fast glauben möchte, daß es Illusionen überhaupt nicht gibt und daß man nur träumen kann, was existiert. Bis jetzt beweisen die Horoskope und mein innerer Glauben, die mich noch nie getäuscht haben, daß Mexiko gewähren wird, was es gewähren soll.

Ein einziger dunkler Punkt: ob ich es durchhalte? Unerwartete Gebühren, von denen es nur so hagelt, und ein Wechsel der Passagiersklasse, der unumgänglich war, weil ich sonst überhaupt nicht nach Mexiko käme, zwingen mich, Dich noch um etwas zu bitten, falls Du kannst, wenn

* *Antonin Artaud, par Balthus,* veröffentlicht in *La Bête noire* (Nr. 2, 1. Mai 1935). *Anm. d. Hrsg.*

es nur wenigstens 500 Francs wären. Schick sie gegebenenfalls sofort und auf schnellstem Wege an die französische Botschaft in Mexiko-Stadt, mit der ich dort ständig in Verbindung bin und bleiben werde. Wenn die Dinge weiter so laufen wie seit Anfang Januar, werde ich Ende März alles zurücksenden.

Ich danke Dir und umarme Dich.

Antonin Artaud

P.-S. – Ich will Dir von Mexiko aus ausführlicher und besser schreiben.

An Jean Paulhan

La Vera Cruz, 7. Februar 1936.*

Antonin Artaud

An Doktor Allendy

Freitag, 7. Februar 1936, Mexiko-Stadt

Sehr lieber Freund,

ich treffe an einem Freitag und an einem 7. in Mexiko-Stadt ein, und wir haben den Februar 1936. Ihr Brief verwirrt mich mit seiner aufmerksamen Freundschaft und seiner Hellsichtigkeit, was zu all dem Wunderbaren paßt, das mich zu meinem Erstaunen umgibt. Jedes einzelne Ihrer Worte bestätigt das, was mir geschieht.

Havanna ist ein Bereich der Riten afrikanischer Neger, und ein Mann hat mir da gesagt, was ich in meinem Leben

* Postkarte. *Anm. d. Übers.*

hören sollte, damit die Bilderwelt in mir sich in einer gewissen Richtung entscheidet, und Sie sagen, man solle die Vergangenheit sterben lassen. Ich kann Ihnen nicht mehr darüber sagen. Ich habe nicht das Recht, zu sprechen, aber lassen Sie sich gesagt sein, daß sich die Dinge nach namenlosen Foltern *von jetzt an* tatsächlich entscheiden.

Ich habe auf dem Schiff wieder eine Entziehungskur gemacht, und erst heute, nach einem Monat, lassen die gröbsten, wie grauenhafte Sonden von oben nach unten ziehenden Schmerzen nach und beginnt sich der schrecklich hart gewordene, von der Luft und vom Sonnenlicht braungebrannte Mensch zu zeigen.

Es hat den Anschein, als ob ich mich in materieller Hinsicht *nicht mehr* beunruhigen müßte, welche Schwierigkeiten mich auch immer überraschen. Ich kenne diese Schwierigkeiten und weiß, wie lange sie dauern werden.

Wir werden uns wiedersehen, und ich werde mich an die Hilfe, an die vielfache Unterstützung erinnern, die Sie mir so oft haben zukommen lassen. Ich möchte Ihnen sagen, daß Yvonne, Colette und Sie, daß wir verbunden sind. Und daß der Schmerz sich eines Tages auszahlt, und jeder von uns hat schrecklich gelitten.

Ich habe in der Nacht vor meiner Landung in Vera Cruz einen symbolischen Traum gehabt.

Eine Frau, für die ich im Alter von 18 Jahren ein vages Gefühl empfunden habe, ist mir als Witwe erschienen und hat sich mir angeboten, und ich hatte in meinem ganzen Leben und auch im Traum nie mehr an sie gedacht, aber im Augenblick, wo ich's tun wollte, ist der Ehemann von den Schatten wiedererstanden, und vorher hat noch ein Kind mit seinem Körper den Weg versperrt.

Umarmen Sie Colette für mich.

Ich bin von ganzem Herzen der Ihre.

Antonin Artaud

An Jean Paulhan

Mexiko-Stadt, 26. März 1936

Sehr lieber Freund,

dank für den Brief und den Scheck. Das Geld ist grade zur rechten Zeit eingetroffen; aber von nun an scheinen meine Angelegenheiten in Ordnung zu gehen. Ich stehe allmählich sehr gut mit der mexikanischen Regierung.

Ich bin als Abgeordneter zu einem kleinen Kongreß über das Kindertheater eingeladen worden. Meine Vorschläge und die Anregungen, die ich gegeben habe, haben bei der Schar oder vielmehr bei der Rotte der Lehrer eine Art Skandal hervorgerufen. Sie haben behauptet, ich würde ihnen Dinge erzählen, an die *sie nie in ihrem Leben gedacht hätten.* Und man hat einen Ausschuß von 5 Mitgliedern ernannt, um dieser gelehrten Versammlung meine Vorstellung vom Theater auseinanderzusetzen.

Ich nehme an, daß der Text meiner 3 Vorträge, die ich an der Universität von Mexiko-Stadt gehalten habe, bei Ihnen eingetroffen ist. Ich halte dieser Tage wieder einen* in der mexikanischen L.E.A.R.** Ich werde gegen den Marxismus und zugunsten der indianischen Revolution sprechen, an die hier kein Mensch mehr denkt. Dieses Volk von Weißen (Kreolen) und Mestizen möchte am liebsten nichts mehr von den Indianern hören. Sie sind in kultureller Hinsicht im Schlepptau Amerikas und Europas. Es geht einem nahe, wenn man nach Mexiko kommt und das erleben muß.

Aber *die Indianer existieren.* Meine Ideen haben in ganz verschiedenen Kreisen sensationell gewirkt. Aber unzählige Leute gelangen auf persönliche Weise zu ihnen, und

* Es handelt sich möglicherweise um den Vortrag *Erster Kontakt mit der mexikanischen Revolution*, S. 197. *Anm. d. Hrsg.*

** Liga de Escritores y Artistas Revolucionarios. *Anm. d. Hrsg.*

bald werde ich zu den Indianern gehen, dem Gros der Indianer, und ich hoffe, daß sie mich verstehen.

Ich fahre dieser Tage nach Cuernavaca, einer kleinen Stadt zwei Stunden von Mexiko entfernt.

Man schlägt da die berühmte *teponextli*, eine rituelle Trommel. Dann werde ich versuchen, die Leute zu sehen, die lebendige Stiere schinden und dabei vor Lachen platzen (die Yosqui-Indianer).

Ich habe in dem Unter-Staatssekretär für Auswärtige Angelegenheiten einen jungen Mann gefunden, der mich verstanden hat, und alle Türen der Regierung haben sich mir aufgetan.

Doch das ist die exoterische Seite. Es gibt eine gewisse *esoterische* Welt in Mexiko. Ich habe diese Welt *schon* in Havanna berührt. Man wird ja sehen.

Herzliche Grüße an Frau Paulhan.

Für Sie in aufrichtiger Freundschaft

Antonin Artaud

Ich schicke Ihnen den korrigierten Text des Théâtre de Séraphin* und der Athletik.** Schicken Sie mir postwendend Ihre Anmerkungen, damit dieser Text möglichst rasch erscheint und ich endlich von meiner literarischen Vergangenheit befreit bin.

Ich glaube, daß ich nur unter dieser Bedingung Erfolg habe.

Herzlich

A. A.

* Vgl. Das Theater und sein Double, Frankfurt a. M. 1969, S. 155. *Anm. d. Übers.*

** Ebda (Eine Gefühlsathletik) S. 139. *Anm. d. Übers.*

An René Thomas

Mexiko-Stadt, 2. April 1936

Mein lieber Thomas,

ich hoffe, daß ich bald aus Mexiko-Stadt heraus und ins Innere Mexikos komme. Ich mache mich auf die Suche nach dem Unmöglichen. Wir werden ja sehen, ob ich es vielleicht doch finde.

Sobald du weißt, worum es sich handelt und daß mir hier offizielle Kreise ernsthaft zugehört haben, als ich darlegte, was ich im Sinne hatte, wirst du den Eindruck haben, daß es *Götter* gibt und daß sie auf meiner Seite sind.

Es handelt sich um eine *Art* Expedition, aber ich bin weder auf der Suche nach einer Stadt noch nach einer Rasse. Von nun an ist meine finanzielle Situation hier offenbar gesichert, da nicht ich die Kosten der Expedition trage. Ich kann nicht darüber sprechen, aber laß Dir gesagt sein, daß mir besondere Hilfsmittel Unterstützung leihen und daß es wahrscheinlich nicht ungefährlich ist. Vielleicht werde ich erst in einem Monat aufbrechen, und ich hoffe, daß ich mit meiner Reise nach Mexiko meine Zeit nicht vertan habe.

Die hiesige Regierung hat mich aufgefordert, an einem Kongreß des Kindertheaters teilzunehmen. Die Regierung schickt Kasperletheatergruppen im ganzen Land herum. Die werden manchmal mit Schüssen empfangen. Man hat mich aufgefordert, über die Bewegung der Puppen zu arbeiten. Alle meine Anregungen haben Anklang gefunden und werden angewendet werden. Das scheint also zu klappen.

Nach der Expedition möchte ich wieder zurück nach Frankreich, um mich auszuruhen.

Ich umarme Dich,

und meine Freunde mögen an mich denken.

Antonin Artaud

An Jean-Louis Barrault

Mexiko-Stadt, 17. Juni 1936

Mein lieber Barrault,

nein. Vielmehr bedaure ich, daß ich gezwungen gewesen bin, von Dir noch etwas zu fordern. Aber das ist unwichtig. Wirklich.

Ich kämpfe seit vier Monaten mit unglaublichen finanziellen Schwierigkeiten. Ich schreibe Artikel für Zeitschriften und Zeitungen, das ist meine Art, mich zu verteidigen. Seit einem Monat bin ich ständiger Mitarbeiter des *Nacional Revolucionario*, einer Regierungszeitung. Aber all das wäre uninteressant, wenn ich mit diesen Artikeln nicht einen ausgefallenen Standpunkt hätte verteidigen und gerade die Ideen hätte *verbreiten* können, die ich hier darlegen wollte. Die wenigsten Leute haben den Zweck meiner Reise nach Mexiko tatsächlich begriffen. Es ging nicht darum, ein anderes Leben zu führen und mich aus Frankreich davonzumachen, wo für mich kein Platz mehr war. Ich kann Dir das nicht genau erklären, aber ich habe eines Abends, als ich von Sonia* kam, den eigentlichen Zweck meiner Reise nach Mexiko angedeutet. Und ich habe Dir gesagt, in Mexiko gebe es Höhlen.

Wichtig ist, daß gewisse Ideen ihren Weg gehen, und ich bin JETZT überzeugt, daß sie ihn gehen werden. Was ich sage und was ich schreibe, hat Hand und Fuß; das ist die Hauptsache. Ich bin hierher gekommen, um mir die Möglichkeiten zu schaffen, in Frankreich nach meiner Rückkehr in Ruhe leben zu können. Die Dinge müssen sich ändern, unbedingt. Ich bin also nach Mexiko gekommen, um die Kraft und die Kräfte zu suchen, die diese Veränderung bewirken. Ich sehe nicht ein, warum etwas vom Besten, was es in einem Land gibt, weiterhin gewissermaßen automatisch geopfert werden soll.

* Sonia Mossé, Schauspielerin und Malerin. *Anm. d. Hrsg.*

Ich schlage mich also, in erster Linie, um zu leben, und das tägliche Brot ist eine harte Sache; aber auch, um aus Mexiko herauszukommen und ein paar Indianerstämme zu besuchen, in deren Bräuche ich eingeweiht werden möchte. Ich gehe nicht auf gut Glück, sondern verfolge seit Kuba einen seltsamen Weg. Ich muß etwas Kostbares finden; wenn ich es in der Hand habe, werde ich automatisch das *wahre* Drama verwirklichen, das ich machen muß, diesmal mit der Gewißheit, daß es mir gelingt. Ich habe mich zu revanchieren an einer ganzen Anzahl von Leuten und an mancherlei. Es ist unmöglich, darauf zu verzichten. Du verstehst sicher, daß mir Vieles auf der Seele liegt und daß es Schweinereien gibt, die ich nicht vergessen kann. Ich bin nach Mexiko gekommen, um das Gleichgewicht wiederherzustellen und das Unglück zu durchbrechen. Denn darum geht's. Äußeres und inneres Unglück, und das äußere kommt auch aus mir.

Es handelt sich vielleicht nicht um Theater auf der Bühne.

Ich rechne übrigens mit baldiger Rückkehr, das heißt in 3 oder 4 Monaten, Ende September, Anfang Oktober.* Und ich hoffe, zu diesem Zeitpunkt endgültig gewappnet zu sein. Was das Angebot betrifft, das Du mir gemacht hast: ich lebe von der Hand in den Mund und habe auch nicht einen Pfennig in Aussicht. Doch meine Lage kann sich von einem Tag auf den andern ändern. Ich bemühe mich, einen Auftrag zu bekommen, der von der mexikanischen Regierung finanziert wird. Mach also, was Du für richtig hältst. Heute wären tausend Francs für mich ein Vermögen. Ich weiß nicht, was die Zukunft mir bringt. Auf jeden Fall würde die Rückkehr nach Frankreich für mich bedeuten, daß ich genügend Geld in der Hand habe. Ich werde also nach meiner Rückkehr zurückgeben können, was man mir vorgeschossen hat. Triff also im Hinblick auf das, was ich Dir eben gesagt habe, die Entscheidung, die Dir richtig erscheint.

* Artaud verläßt Mexiko am 31. Oktober 1936. *Anm. d. Hrsg.*

Ich drücke Dir freundschaftlich die Hände.

Antonin Artaud

Legacion de Francia
Lerma 35
Mexico D.F.
Mexiko

AN BALTHUS

Mexiko-Stadt, 18. Juni 1936

Mein lieber Balthus,

ich schicke Ihnen den Text Ihres Artikels, wie er auf Spanisch im *»Nacional«* von Mexiko-Stadt erschienen ist.*

Was halten Sie von einer Ausstellung moderner französischer Malerei mit Werken von Ihnen, Derain und anderen Malern, die Sie selbst auswählen könnten und von denen Sie mir eine Liste schicken würden? Das ließe sich bei einem Kunsthändler in Mexiko-Stadt organisieren und könnte einen großen *künstlerischen Erfolg und einen Verkaufserfolg* begründen. Es wäre der Mühe wert, einen Versuch zu wagen!!! Sprechen Sie darüber mit Derain.

Herzlich

Antonin Artaud

* Beigefügt war dem Brief der Zeitungsausschnitt mit dem Text *La Pintura francesa joven y la tradición* (vgl. S. 208). *Anm. d. Hrsg.*

An Jean-Louis Barrault

Antonin Artaud
Légation de France
Mexico
Lerma 35
Mexiko

Mexiko-Stadt, 10. Juli 1936

Mein alter Barrault,

seit meinem letzten Brief hat sich die Lage verändert.

Dieser Tage wird dem Präsidenten der Republik ein von den bekanntesten Intellektuellen und Künstlern in Mexiko-Stadt unterzeichnetes Gesuch eingereicht, das darüber hinaus von mehreren Ministern und Ministerien gegengezeichnet ist und mir die Mittel verschaffen soll, bei den alten Indianerrassen einen Auftrag auszuführen.

Es geht darum, die Spuren der alten Sonnenkultur wiederzuentdecken und wiederzuerwecken.

Doch ich muß mich über Wasser halten, bis alles soweit ist; und ich verbrenne wie Bernard Palissy die Möbel und lebe asketisch und wie ein Verzweifelter.

Meine Freunde in Paris müssen mir helfen.

Ich bitte Dich also, augenblicklich etwas zu unternehmen und zu schicken, was Du kannst. Ob Du es nun unter Freunden sammelst oder es mir direkt schickst. Ich schäme mich nicht mehr, Dich darum zu bitten, denn meine jetzige Lage ist kritisch, aber das Ergebnis dieser ganzen Wartezeit kann überwältigend sein. Man muß Vertrauen in mich haben in Paris, wie hier offizielle Kreise Vertrauen zu mir haben. Aber sie sind langsam. Ich bemühe mich verzweifelt. Bemüh Dich auch verzweifelt und vor allem schnell, ganz schnell, denn ich bin am Ende meiner Kräfte, meines Widerstandes, meiner Reserven. Ich kann nicht mehr und zähle auf Dich.

Antonin Artaud

An Jean Paulhan

Paris, 4. Februar 1937

Lieber Freund,

sobald ich tief ins Innere des Tarahumaragebirges vorgedrungen war, wurde ich von körperlichen Reminiszenzen gepackt, die so zwingend waren, daß sie mir unmittelbare, persönliche Erinnerungen wachzurufen schienen; alles: das Leben der Erde und der Pflanzenwelt, unten, die gezackten Ränder des Gebirges, die eigenartigen Formen der Felsen und vor allem das gestaffelt aufstäubende Licht in den unendlichen Perspektiven dieser übereinandergeschichteten Gipfel, immer ferner, in unvorstellbarer Tiefe, alles stellte meiner Meinung nach eine Erfahrung dar, die ich gemacht hatte, die bereits durch mich hindurchgegangen war, und nicht die Entdeckung einer seltsamen, aber neuen Welt. All das war nicht neu. Doch während der Eindruck des *déjà vu* unbestimmt ist, ich meine, *ohne Datum,* war meiner ganz klar lokalisierbar; denn diese Erfahrung, die ich mit meinen Organen gemacht hatte, erinnerte mich an eine andere, an die ich mich vielleicht mittelbar, aber doch durch materielle Fäden gebunden fühlte. Es waren historische Reminiszenzen, die sich mir mit jedem einzelnen Fels, jeder einzelnen Pflanze, jedem einzelnen Horizont näherten. Ich habe die Erscheinung der Heiligen drei Könige nicht erfunden: sie hat sich mir *bis in alle Einzelheiten* aufgedrängt durch eine wie gemalte Landschaften gegliederte Landschaft, und die entstehen ja nicht einfach aus nichts. Ich glaube nicht an die absolute Einbildungskraft, an die also, die aus nichts etwas macht, keine Vorstellung, die mir nicht als abgetrennter Teil eines Bildes erschiene, das irgendwo Handlung war und gelebt wurde. Und diese unermeßlichen, unbewohnten Bilder riefen ihrerseits wieder andere in mir wach, die einmal bevölkert gewesen waren, und ihr Leben schien sich auf einer recht eigenartigen Ebene einfach vor mir auszubreiten; schließlich habe nicht ich die Tradition der magischen Zeichen erfunden, und daß dieses Gebirge von ihnen heimgesucht war, ist eine Tatsache; ich habe sie in einem der Artikel, die ich Ihnen geschickt habe,* flüchtig aufgezählt, aber zuletzt, am Ende meiner Reise, ist mir gewesen, als hätte ich sie alle gesehen, Stein für Stein: vom / an, das zu // zerschnitten und in der Mitte durch einen Balken  gebrochen wird, dem wiederum dieser gerade Balken, der aus ihm hervorgegangen ist, gegenübersteht  ; ich kann nichts dafür, wenn diese H-Form, die daraus zu enstehen scheint, die zentrale Figur ist, die Platon zufolge den Bewohnern von Atlantis als Grundriß ihrer Städte diente, es ist kindisch, wenn man so will, aber das kommt im Tarahumaragebirge und bei Platon vor; ich habe einen Felsen gesehen, über den drei senkrechte Balken liefen, 3, und darüber einen anderen, kleineren Felsen, über den ein einziger Balken lief; ich habe den riesigen phallischen Zahn gesehen, von dem ich Ihnen schon erzählt habe, mit 3 Steinen drauf und 4 Löchern in der Außenfläche; ich habe in einem durchlöcherten Felsen einen runden, menschlichen Kopf gesehen, in den bei Sonnenaufgang die Scheibe der Sonne genau hineinpaßt, und darunter dehnte sich schattenhaft** der Körper des Menschen, der rechte Arm war ausgestreckt wie ein Lichtbalken und der linke genau wie dieser Balken, aber angewinkelt und *ebenfalls schattenhaft*; – ich habe die Gestalt des Todes gesehen, wie aus den Felsen rundherum herausgeschnitten; und er hielt, riesig, ein kleines Kind in der linken Hand; nicht zu reden von all den Bildern und Ähnlichkeiten, die ich gesehen habe, welche eine von der Natur vergessene Tierwelt entwarfen; die an uralte Mythen zu erinnern schienen, in denen der *gezähmte* Mensch mit den Vier Reichen, die ihn gebändigt haben, Zwiesprache hält; und wenn das Universum der Juden durch zwei Drei-

* Das Gebirge der Zeichen. *Anm. d. Übers.*

** Vgl. Das Gebirge der Zeichen, S. 37, Anmerkung. *Anm. d. Übers.*

ecke dargestellt wird, die sich gegenseitig durchdringen, so wird die Welt aller Rassen roten Ursprungs durch zwei sich gegenüberliegende Dreiecke abgebildet, welche durch die ideale Linie eines Baumes verbunden sind; hundertmal habe ich sie auf den Felsen gesehen, diese durch irgendeinen verblüffenden Zufall der Natur entstandene Welt; auf den Bäumen: eingeprägt sogar von Menschenhand; und überall, wo mir dieses berühmte  begegnet ist, alles in allem das H der Zeugung, habe ich Bäume gesehen, gerodet, gleichsam *ausgerissen*, die man von oben bis unten versengt hatte, um ihre Figur freizulegen, ich habe da, einander gegenüber, eine männliche und eine weibliche Figur gesehen, und die Rute des Mannes war erigiert; wie oft bin ich auch auf die Kleine Welt der Erde gestoßen, die durch einen Kreis dargestellt wurde, und um diesen Kreis herum war der viel größere des grenzenlosen Weltalls; wie oft bin ich dem Kreuz der Rosenkreuzertradition begegnet: 4 auf die vier Himmelsrichtungen ausgerichtete Dreiecke, die alle auf einen Punkt bezogen waren; ich habe dieses Zeichen gesehen! Was kann ich dafür, daß es mit dem der Rosenkreuzertradition übereinstimmt, daß die Rosenkreuzer, wie man uns hat wissen lassen, ihre Kreuze so bildeten; und dieses Symbol wiederholte sich unzählige Male, nicht nur in der freien Natur, sondern auch auf den Haustüren, die aus einem einzigen Brett bestanden; und auf den Mauern, unter den Dächern; ich habe Häuser gesehen, deren Fassaden mit Vierecken und Punkten aufeinander abgestimmt waren, und manchmal mit einer Art von übereinandergeschichteten Rechtecken, die sich aneinanderzureihen schienen; und hat man mir dort im Gebirge nicht gesagt, diese verstreuten geometrischen Figuren seien nicht verstreut, sondern *vereinigt* und bildeten die Zeichen einer Sprache, die unmittelbar auf der Form beruht, welche der Atem annimmt, wenn er zu Tonfülle ausströmt; die universale Magie geht kaum von einer größeren Anzahl elementarer Zeichen aus als all denen, die ich in der lebendigen Natur angetroffen habe, in einem Gebirge, das nicht nur diese Zeichen, sondern auch das Licht heimgesuchter Landschaften hat. Romanciers, Dichter haben bei geringerem Anlaß Mythen, die ihre bloße Einbildungskraft erfand, wiederentdeckt und ausgemalt; auch habe ich, als ich von meiner Reise berichtete, nicht die Absicht gehabt, eine Doktorarbeit zu schreiben, einer sicheren Tradition zu folgen und Beweise zu liefern, die sie bestätigen sollten; man kann letztlich aus diesen Begegnungen folgern, was man will, es ist mir egal; und ich lege wirklich keinen Wert auf die Meinung, die Heiligen drei Könige hätten auf ihrem Nachhauseweg einen Abstecher ins unbewohnte mexikanische Gebirge gemacht; aber ich weiß, daß ich da oben, über Landschaften, die sich kilometerlang fast endlos unter mir ausbreiteten, empfunden habe, wie ungewöhnliche Reminiszenzen und Bilder, von denen ich bei meinem Aufbruch keine Ahnung gehabt hatte, in mir aufbrodelten. Und als ich sah, daß es in diesem Gebirge inkrustierte Figuren gab, mehr Figuren, als die Mauern gewisser indischer Tempel Gottheiten tragen, als ich sah, wie Männer mit Binden vorbeigingen, Männer, die auch noch Umhänge trugen, die mit Dreiecken, Kreuzen, Punkten, Kreisen, Tränen und Blitzen bestickt waren: und diese Kreuze, diese Punkte, diese Kreise, diese Rechtecke, diese Tränen und Zebramuster aus Blitzen waren durchaus nicht in der Art von dekorativen Figuren verteilt, in einer Symmetrie, die ihnen Abbruch getan hätte, ja, ich habe nie 2 Umhänge mit denselben Zeichen gesehen, und jeder paßte zu dem Mann mit dem *ungebildeten* Gesicht, der ihn trug; als ich sah, wie diese Männer vorbeigingen und von den Symbolen, in denen ihr Leben offenbar aufging, anscheinend nichts wußten, da habe ich nicht mehr geglaubt, daß sie all das aus Berechnung oder um irgendeines bestimmten Zweckes willen taten, daß dahinter eine bewußte, klare Absicht steckte; sie taten das alles, sagten sie, weil ihre Vorfahren es getan hatten, und ich habe mich gefragt, worauf diese Bräuche der Väter zurückgehen könnten; selbst wer solchen Überlegungen abgeneigt ist, hätte sich gefragt, woher denn diese Überbleibsel stammen könnten und auf welche das Menschliche übersteigende Tradition ihr Vorhandensein letztlich hinweise.

Sind nicht sowohl Grün wie Gelb einander entgegengesetzte Farben des Todes; Grün auf Grund der Auferstehung, Gelb auf Grund der Auflösung, des Verfalls, und sofern es etwas besagen will, wenn Dinge zusammentreffen, werden Sie mir erlauben, zum Schluß auf etwas hinzuweisen, das ich ausführlich schildern möchte.

Ich bin in der Abenddämmerung in einem dieser Dörfer eingetroffen, über denen Phallusformen aufragen, diese von der Natur scheinbar ganz zufällig aufgerichteten Phallusformen mit Figuren, die aus dem Stein herausgehauen sind; irgend jemand, ich weiß nicht wer, pfiff die Melodie eines Tarahumara-Tanzes, 5 schrille Takte, die plötzlich und als antwortete eine Stimme aus den Niederungen hundert Stufen hinunterstürzten; ein Junge näherte sich uns, ganz allein, nackt unter einem grauen Umhang, mit einem buchstäblich von Eiter zerfressenen Gesicht: eine Art grünliches Netz im Stirnbein ersetzte offenbar eine Ader, die dort verläuft; er schlang die Lebensmittel, die wir ihm gaben, gierig hinunter, hielt sich aber immer in respektvoller Entfernung; mir war so, als hätte ich vorn auf dem Umhang ein rotes Dreieck bemerkt, dessen Spitze nach oben wies, und als er sich umdrehte, sah ich auf seinem Rücken eine Träne, eine riesige gestickte Träne, die die ganze Fläche einnahm; sie wies mit der Spitze nach oben und war nach links ausgebuchtet;

und ich zuckte die Achseln angesichts des Bildes, das sie in mir beschwor; ich bemühte mich gleich, meine immer prompte Imagination zu verdrängen; aber ich kann trotzdem nicht behaupten, ich hätte die Vorstellung nicht gehabt, die sich mir in diesem Augenblick aufdrängte; und ich will Ihnen erzählen, was ich mir da vorstellte, auf die Gefahr hin, daß Sie die Achseln zucken wie ich selbst; ich hatte ans FIAT LUX Gottes gedacht und an die Form, die Robert Fludd* in seinem *Theater der ewigen Weisheit* der ursprünglichen Schöpfungsbewegung gibt: diese Träne, diese ausgebuchtete Blase stellt bei ihm das Licht dar, das aus der Leere hervorgeht, sich allmählich krümmt und die Finsternis einkreist, an deren Stelle es dann tritt; die Träne allein wäre vielleicht nichts, aber die rote Träne und das rote Dreieck, das war schon eine recht eigenartige Zusammenstellung; dann vergingen mehrere Wochen, ich drang ins Innere des Gebirges vor, ich sah da und dort Peyotl-Priester, die nächtelang auf ihren Raspeln die Mischung der Prinzipien raspeln, und ich machte mich auf den Rückweg.

Ich kam wieder durch das Dorf mit dem Phallus und bat Schlag zwölf Uhr mittags in einem armseligen Haus um Unterkunft, aus dem gerade ein Indianer herauskam, der trotz der Hitze dieser sengenden Stunde in einen weiten Umhang gehüllt war. Ich hatte bereits überall im Gebirge seltsame Umhänge gesehen: aber auf diesem hier waren vier weiße, gleichsam zusammengedrückte Dreiecke, die die ganze Fläche einnahmen; auf der einen Seite waren die Ränder mit einer Linie grüner Kreuze, auf der andern Seite mit gelben Kreuzen gesäumt, welche aus den bereits geschilderten 4 Dreiecken zusammengesetzt waren; der Indianer grüßte uns wortlos, mit einem trägen, aber klugen Lächeln, und schon nahm sich die Frau unserer an. Während sie Mais und Kräuter zurechtmachte, fiel mir ein falscher Zopf auf, den sie in ihrem Haar festgesteckt hatte; in diesen Zopf war ein Wollfaden eingeflochten, der abwechselnd grün und gelb war, also die gleiche Farbe wie die Kreuze hatte; und sie trug darüber hinaus eine Halskette aus grünen Körnern, und an ihren Ohren baumelten gelbe Steine; drinnen

* (1575–1673); Artaud spielt auf eine schematische Darstellung der Weltschöpfung in Fludds Werk *Utriusque Cosmi majoris et minoris Historia* (1619) an. *Anm. d. Übers.*

im Haus balgten sich Kinder, die schrille Schreie ausstießen, und ich sah, wie ein ganz kleiner Junge mit einem riesigen Bauch herauskam, der um den Mund herum ein Geschwür hatte, und hinter ihm ein anderer, älterer Junge, den ich als das Kind in dem grauen, mit einem Dreieck und einer Träne bestickten Umhang wiedererkannte; ich sah im Innern des Hauses nichts Ungewöhnliches außer einem Kreuz in einer Ecke, dessen oberes Ende wie eine Lanzenspitze und dessen Arme wie ein Kleeblatt geformt waren. Der Indianer bewahrte, als er darüber befragt wurde, vollkommenes Stillschweigen.

Das wär's, lieber Freund, ich habe Ihnen erzählen wollen, was ich gesehen habe, ohne daraus irgendwelche Schlußfolgerungen zu ziehen, Sie werden sehen, daß Tatsachen und Dinge für sich selber sprechen und wahrscheinlich überzeugender, als ich sie hätte sprechen lassen, wenn auch ganz sicher im gleichen Sinne. Vielleicht macht es mir eines Tages Spaß, noch einmal davon zu erzählen, oder ich erzähle, selbst wenn es mir keinen Spaß macht, von dieser Welt, in die ich auf Grund all dieser Dinge einzutreten wünschte und in die meiner Meinung nach Vieles in unserer Zeit zu seinem eignen Vorteil eintreten sollte. Ich will bei der Schilderung dieser Reise nicht vom Pittoresken ausgehen, sondern von der Wirksamkeit.

Von ganzem Herzen Ihr

Antonin Artaud

Es wäre mir lieb gewesen, wenn Sie mir gesagt hätten, daß die Frage des Okkulten als solche Ihnen nicht zusagt; trotzdem stecken in dieser ganzen Dunkelheit, in die sich Poesie und Sprache heute hüllen, lange nicht soviele Ideen wie in all dem.

Ich lege gerade *großen* Wert auf diese Idee der Heiligen 3 Könige, die am Ursprung mehrerer bedeutender Geschichten und einer ganzen Tradition steht. Was ich geschrieben habe, ist nicht verwickelt: es ist schrecklich gedrängt und unvollständig in Anbetracht des gewaltigen

Themas, das ich habe anpacken wollen. Aber auf dieses Thema lege ich Wert: ich werde an anderer Stelle und auf andere Weise darauf zurückkommen; bleiben wir vorerst bei dieser Zusammenstellung, die Sie mir vorgeschlagen haben.*

Sehr herzlich Ihr

Antonin Artaud

An Jean Paulhan

[27. Februar 1937], Sonnabend

Lieber Freund,

ich schreibe Ihnen mitten in einem schrecklichen, aber *notwendigen* Sturm. Sie haben mich, alles in allem, GERETTET.** Ich *weiß* jetzt nicht nur intuitiv, sondern auf Grund genauer, ich möchte sagen mathematischer Verfahren, daß sich Unerhörtes vorbereitet, und diese Prüfung war der Anfang davon.

Ich hatte, bevor ich hier hereinkam, den *Peyotl-Tanz* zu schreiben begonnen: es ist mir unmöglich gewesen, ihn abzuschließen. Und erst JETZT *ahne* ich, was ich ausdrücken wollte und was ganz anders ist als das, was ich schrieb, bevor ich hierherkam; ———— was endlich *Ich* ist, während das übrige nur eine Karikatur von mir war, bis auf ein paar Lichtblicke!!! War ein Brief an Sie mit vielen Einzelheiten nicht wenigstens in einigen Partien ein solcher Lichtblick, und könnte man nicht einen Teil davon in die *Reise* aufnehmen? Vor allem den, wo ich das Kind mit den

* Es handelt sich um den Text *Das Land der Heiligen drei Könige*, der offenbar auf Vorschlag von Jean Paulhan nicht in die Veröffentlichung *Von einer Reise ins Land der Tarahumaras* (Nouvelle Revue Française, August 1937) einbezogen wurde. *Anm. d. Übers.*

** Artaud unterzog sich zu diesem Zeitpunkt einer Entziehungskur, deren Kosten Jean Paulhan übernommen hatte. *Anm. d. Übers.*

Pickeln beschreibe.* Mir scheint, das ginge. Was meinen Sie dazu?

Ich bitte Sie nicht darum, mir zu schreiben: ich werde bei Ihnen vorbeikommen, sobald ich entlassen werde.

Herzlich Ihr

Antonin Artaud

An Jean Paulhan

Sonnabend, 13. März 1937

Lieber Freund,

hier eine meiner ersten Arbeiten nach meiner Entlassung aus der Klinik.

Ich wollte schon lange einen *informativen* Artikel über Astrologie in der heutigen Zeit schreiben. Eine Mitteilung, die in dem Artikel zur Sprache kommt, lieferte mir den Anlaß (Für *l'air du mois?*), denn sie ist aktuell.

Ich hoffe sehr, daß Sie das im April bringen können.**

Sie werden sehen, daß es sich um einen seriösen Artikel mit Belegen handelt, in dem ich andrerseits, wie mir scheint, meinen persönlichen Ton WIEDERGEFUNDEN habe. Auch schicke ich Ihnen mit getrennter Post den ersten Teil des *Peyotl-Tanzes*.

Herzlich der Ihre

Antonin Artaud

* Vgl. Brief vom 4. Februar 1937 S. 277. *Anm. d. Übers.*

** Ein unbekannter, von Paulhan abgelehnter Text. *Anm. d. Übers.*

An Jean Paulhan

[Paris, den] 28. März 1937

Lieber Freund,

hier ENDLICH der letzte Teil des *Peyotl-Tanzes*.

Ich habe auch noch ein zusammenfassendes Schlußwort geschrieben, aber ich finde, daß für die Auswahl von Auszügen, die in der *Revue* erscheinen sollen, das hier genügt. Denn es sind ja die Auszüge »VON EINER REISE INS LAND DER TARAHUMARAS«.

Auch würde dann mein Text zu umfangreich, denn er ist schon jetzt doppelt so lange wie *Das Land der Heiligen drei Könige*, das ich weggelassen habe.

Sie haben nun ein Ganzes und können urteilen.

Dieser ganze *Peyotl-Tanz* ist *neu geschrieben*, im Geist und mit der Emotion, die bei den Korrekturen, die Ihnen so gefallen haben, und auch bei der umgearbeiteten Fassung von *Das Gebirge der Zeichen* zum Ausdruck gekommen sind. Ich hoffe und wünsche mir, daß dieser *Tanz* in seiner jetzigen Form Ihnen genauso zusagt. Schreiben Sie mir diesbezüglich auf jeden Fall möglichst bald, damit ich Gewißheit habe. Aber sagen Sie mir diesmal *offen*, was Sie davon halten.

Was mich angeht, habe ich in diesem Tanz genau das berichtet, was ich gesehen habe, und ich habe es Punkt für Punkt berichtet. Meine persönlichen Eindrücke habe ich gleichfalls Punkt für Punkt geschildert. Es gibt hier also keine Behauptung, die willkürlich oder vorweggenommen wäre, nichts Unbegründetes, aber etwas Geheimnisvolles, wobei das, was in Erscheinung tritt, gewissermaßen nur die bedeutsame Hülle eines Anderen bildet, das unendlich viel wichtiger und an sich *absolut* wichtig ist. Ich hatte den Eindruck, daß dieses Etwas bedeutungsschwer war, wesentlich war. Und das soll spürbar werden in meinem ganzen Buch über diese Reise, die zweifellos, lieber Jean Paulhan, und ich sage das in gutem Glauben und vollkommen überzeugt und aufrichtig, vom *Unsichtbaren* gelenkt worden ist, das heute, ich fühle es, mein ganzes Leben lenkt. Ich halte deshalb diese Auszüge für einen wichtigen Auftakt zu einer Aktion, die in Kürze stattfinden wird, sobald ich wieder voll über meine verborgensten Kräfte verfüge, und ich lege deshalb auch großen Wert darauf, daß sie ohne allzu langen Aufschub erscheinen, noch *im Frühjahr*, damit sie sein können, was sie tatsächlich sind, ein Durchbruch zu etwas Neuem.

Verzeihen Sie diese rätselhafte Sprache.

Sie können sich gar nicht vorstellen, wie sehr sie zutrifft und wie dankbar ich Ihnen bin, daß Sie dem, was daraus hervorgehen wird, durch Ihre zwiefache Unterstützung* gedient haben.

Ich bin herzlich der Ihre

Antonin Artaud

An Jean Paulhan

Sceaux, 13. April 1937

Lieber Freund,

keine Nachrichten von Ihnen. Ich gestehe, daß ich ungeduldig auf das Erscheinen der *Reise* warte. Haben Sie meinen letzten, langen Brief nicht erhalten, der ausführlich darlegt, in welchem Geist »Der Peyotl-Heiltanz« geschrieben worden ist? Ich hoffe sehr, daß dieser Text Ihnen ohne Einschränkung gefallen hat und daß klar wird, was ich habe ausdrücken wollen – und was für mich überaus wichtig ist.

Ich habe die Fahnen von »Das Theater und sein Double« erhalten. Ich lege großen Wert darauf, daß das Vorwort

* Vgl. Anm. zum Brief vom 27. 2. 37, S. 284. Paulhan hatte 1937 auch ein Unterstützungsgesuch bei der *Caisse des Lettres* befürwortet. *Anm. d. Übers.*

kursiv gesetzt wird. Ich werde es übrigens *umarbeiten*. Ob Sie die Änderungen zu gewissen Texten noch auftreiben könnten, die ich Ihnen brieflich mitgeteilt hatte und die in den Fahnen, die ich bekommen habe, nicht berücksichtigt sind?

Bis bald also,
und in großer Freundschaft Ihr

Antonin Artaud

AN JEAN PAULHAN

[Paris, den 27. oder 28. Mai 1937]

Lieber Freund,

sehen Sie einmal, unter welch seltsamem Stern mein *Schicksal* und mein ganzes Leben steht.

Die Heiratspläne sind im Eimer. Und mit Recht!

Ich bin für solche Kompromisse nicht geschaffen – welches immer die Tricks sein mögen, durch die ich sie vielleicht retten könnte. Das wär's.

Mein Schicksal ist grausam, weil es noch Grausameres vorhat, auf das es mich, *ich weiß es*, vorbereitet. Und ich werde BALD* vorbereitet sein.

Ihr Freund

Antonin Artaud

PS. – Ich habe beschlossen, die *Reise ins Land der Tara humaras* nicht zu zeichnen. Mein Name muß weg.

* Dieses Wort ist siebenmal unterstrichen. *Anm. d. Übers.*

An Jean Paulhan

[Paris, Anfang Juni 1937]

Lieber Freund,

auch Initialen sind nicht nötig. Denken Sie daran. Der Briefwechsel mit Rivière war mit 3 Sternchen erschienen,* und von allem, was ich geschrieben habe, bleibt vielleicht er allein. Nach 13 Jahren bin ich gewissermaßen wieder auf demselben Punkt, aber der Weg, den ich zurückgelegt habe, ist eine Spirale gewesen: er hat mich höher geführt.

Ein ähnliches Bekenntnis wie im *Peyotl-Tanz*, aber diesmal als *Bejahung*, die diese Marter für alle vollzieht. Sogar Initialen würden die Aktion einschränken. Das ist die letzte Genugtuung, die ich von Ihnen fordere, nämlich alles zu streichen, was an meinen Namen erinnern könnte. Viele sind furchtbar bewegt von dem, was ich jetzt tun will. Eine Erinnerung an meinen Namen würde sie enttäuschen und würde *mich* enttäuschen. In kurzer Zeit werde ich tot sein oder jedenfalls in einer Lage, wo ich keinen Namen mehr brauche. Ich verlasse mich also auf Sie, was die 3 *Sternchen* angeht.

Ihr Freund

Antonin Artaud

* In *La Nouvelle Revue Française* (Nr. 132 – September 1924). Tatsächlich standen anstelle der Autorennamen 3 Sternchen nur auf dem Umschlag der Zeitschrift. Die Briefe Jacques Rivières waren mit dessen Initialen, jene von Artaud mit seinem vollen Namen gezeichnet. *Anm. d. Hrsg.*

An Jean Paulhan

Paris. [Ende Juni 1937]

Lieber Freund,

wer mich kennt, wird mich wiedererkennen, aber wieviele sind das schon. Die erkennen mich auch, wenn sie mich sehen und ich mit ihnen spreche. Da ich noch hier bin.

Wichtig bei all dem ist die Bejahung der Anonymität und nicht etwa daß ich mich vor jemandem verberge der mich immer gesehen hat und es gibt auch welche die mich nie gesehen haben und die mich nie kennen werden und in zehn Jahren oder in sechs Monaten werden das vielleicht alle sein.

Ich will nicht mehr zeichnen um keinen Preis

und ich bin auf ewig Ihr, Ihrer beider Freund.

Antonin Artaud

An Henri Parisot

Rodez, 10. Dezember 1943

Lieber Herr Parisot,

ich habe eine »Reise in Mexiko« geschrieben, deren Hauptteil die »Reise ins Land der Tarahumaras« ist. Aber der Text der »Reise ins Land der Tarahumaras« ist so, wie er vorliegt, vollständig. Was diese »Reise in Mexiko« angeht, handelt es sich um ein Buch von mindestens 200 Seiten, das ich in acht Monaten geschrieben habe, vom November 1936, dem Datum meiner Rückkehr aus Mexiko, bis zum August 1937, dem Datum meiner Abreise nach Irland; es ist übrigens nicht ganz abgeschlossen.

Nur ist mir dann vom September 1937 bis zum heutigen Tag passiert, daß ich in Dublin festgenommen und eingelocht, nach Frankreich deportiert, in Le Havre in eine Anstalt gesteckt, von Le Havre nach Rouen, von Rouen nach Sainte-Anne in Paris, von Sainte-Anne nach Ville-

Évrard, von Ville-Évrard nach Chezal-Benoît und von Chezal-Benoît nach Rodez geschafft worden bin. Die Polizei hat mir alle meine Sachen abgenommen, und alle meine Papiere sind verlorengegangen. Ich habe nicht ein Stück mehr von dem, was ich besaß, nämlich eine Anzahl Manuskripte, eine Brieftasche und *vor allem* eine kleine, 12 Zentimeter lange, mit 3 Angelhaken befestigte Toledaner Klinge, die mir ein Neger in Kuba geschenkt hatte. Der Direktor des Gefängnisses in Dublin, Mr. de Soto, hat mir eigenhändig alle meine Sachen zurückgegeben. Sogar in Le Havre, wo ich ganz besonders mißhandelt worden bin, hat man mir diese Klinge mitsamt dem roten Lederfutteral, in dem sie steckte, zurückgegeben. Noch in Sainte-Anne hatte ich meine Brieftasche, eine Brieftasche aus braunem Krokodilleder mit meinen Initialen, und das kleine rote Lederfutteral mit der heiligen Klinge, einem Gegenstand, der allen Eingeweihten bekannt ist, aber seit Ville-Évrard weiß ich nicht mehr, was aus all dem geworden ist. Was meine persönlichen Papiere und Manuskripte angeht, verliere ich ihre Spur, seit ich wieder französischen Boden betrat. Und um diese *Reise in Mexiko* noch einmal zu schreiben und abzuschließen, brauchte ich jetzt fast ein Jahr. Übrigens ist die Atmosphäre in der Anstalt einer solchen Arbeit nicht gerade förderlich. Um schreiben zu können, muß man frei sein. – Ich will trotzdem versuchen, dieser »Reise ins Land der Tarahumaras« ein paar Seiten hinzuzufügen. Doktor Ferdière, der mir das nachdrücklich empfiehlt, wird mir dabei möglichst weitgehende Erleichterungen zubilligen. Er ist in meinen sechs Jahren als Interner der einzige Arzt, der versucht hat, mir das Eingesperrtsein zu erleichtern, soweit das in seiner Macht steht.

Eins weiß ich genau, nämlich daß mir in Chezal-Benoît das kleine rote Lederfutteral mit der Toledaner Klinge nicht zurückgegeben worden ist.

Was meine Manuskripte angeht, habe ich sie bei meiner *Entlassung* aus dem Gefängnis in Dublin zum letzten Mal gesehen. Von da an verliere ich ihre Spur.

Und dann leben wir in einer Zeit der Prüfungen und des Unglücks, und ich kann nicht arbeiten, wenn ich seit drei Jahren nicht mehr genügend Brot habe.

Doch wie gesagt, ich werde mich bemühen, alle diese Hindernisse zu überwinden, und ich werde, was das betrifft, besonders Jesus Christus darum bitten, denn um Ihn geht es in meiner ganzen *Reise in Mexiko*, und Ihn, das Wort Gottes, beten die Tarahumaras an, wie ich mich beim *Tutuguri*-Ritus, der unmittelbar bei Sonnenaufgang vollzogen wird, habe überzeugen können.

Und sie selbst haben ihn erkannt und haben es mir bestätigt, nachdem sie zwei Abdrücke des Antlitzes Christi gesehen hatten. Den vom Schweißtuch der heiligen Veronika und einen zweiten auf einem Bild, das einen anderen Augenblick Seiner Passion wiedergibt. – Und wo Sein wahres Antlitz deutlich erkennbar ist. Die Klasse der indianischen Sonnenpriester betrachtet sich als irdische Emanation der Tugend und Kraft der Sonne, und jeden Priester als eine Identifikation mit einem ihrer Strahlen. Und man muß erleben, mit was für einer wahnwitzigen Energie jeder Priester sich genau in dem Augenblick auf die Erde wirft, wo der Brennpunkt der Sonne, der von jeher frei gewesen ist, im Bewußtsein der Indianer das Gefängnis nächtlicher Finsternis sprengt. Man muß erleben, wie jeder Priester durch den Standort, den er einnimmt, zusammen mit den andern Priestern, seinen Brüdern, die ungewöhnliche Gliederung dieses Brennpunktes abbildet. Doch vor allem muß man die Worte hören, die sie sich gegenseitig zuwerfen, mit Zeichen, die wie unmittelbar aus dem Limbus der Ewigkeit hervorgeholt wirken und etwas tragen und sichtbar machen sollen, und dieses Etwas ist der Geist des Wortes, der wie ein Feuerball vor dem Mund Gottes, des Herrn, rollt, und die Tara-Humaras* erinnern sich, sagen sie, daß sie Sein Wille und Spiegelbild gewesen sind und noch sind.

* Schreibweise des Originals. Artaud hat *Tarahumaras* in zwei Elemente zerlegt; *Tara* erinnert an die berühmte historische, fast mythische Stätte von Tara in Irland, die Artaud kannte,

Doch da haben sie alle zu weinen angefangen, denn, haben sie gesagt: »Diesen Willen Gottes, dessen Engel, das heißt Strahlen wir alle waren, verkörpern wir heute nur noch schwach, weil das Böse zuviel Macht über uns gewonnen hat. Der Kampf zwischen dem Bösen und Gott ist noch nicht zu Ende, und damit das Reich Gottes auf Erden komme, muß man keusch sein. Wir sind möglichst keusch. Doch die Menschen überall auf der Erde sind es nicht im mindesten mehr. Und es ist jetzt Zeit, daß sie zu vollkommener Keuschheit zurückkehren. Denn die Dinge sind von der Sonne geschaffen und sind wie sie, und sie sind so geschaffen«, haben mir diese Priester gesagt und dabei mit den Armen und mit dem ganzen Körper Zeichen gebildet, die die ungewöhnlichsten Gebärden eines sakralen Tanzes sind, die ich je gesehen habe.

Unter diesen Zeichen war auch das Zeichen des Kreuzes, wie die Katholiken es machen, aber es gab unzählige andere.

Von all dem habe ich in meinen Manuskripten schon gesprochen, und ich will dieser Tage versuchen, es noch einmal aufzuschreiben.

In dieser Erwartung, und mit vorzüglicher Hochachtung

Antonin Artaud

Hôpital Psychiatrique,
*1, Rue Vieux-Sens,**
Rodez,
Aveyron.

P.-S. – Meine besten Grüße an Robert J. Godet, den all das ganz besonders interessiert.

und *Humaras* ans Futurum des Verbums *humer* (einsaugen), *humera*. Vielleicht auch Anspielung auf Sanskrit tara. *Anm. d. Übers.*

* In Wirklichkeit: rue Vieussens. Wird von Artaud in dieser Zeit auch *rue Vieux Saint* oder *rue Vieux Saints* geschrieben. *Anm. d. Übers.*

Anmerkungen

Textgrundlage aller in diesem Band versammelten Texte, Zeitungsartikel, Vorträge und Briefe von Antonin Artaud (mit Ausnahme des Textes *Und in Mexiko ...*) sind die Bände VII (Neuauflage 1974), VIII (2. Auflage 1973) und IX (1972) der *Œuvres Complètes* (Éditions Gallimard, Paris).

Für *Und in Mexiko ...* (Auszug aus einem Vortrag, der in den *Œuvres Complètes* bisher nicht vorliegt), dient als Textgrundlage die Erstausgabe der *Tarahumaras* (Édition »L'Arbalète«, Marc Barbezat, Décines, Isère, 1955).

Die *Anmerkungen* in diesem Band basieren zum größten Teil auf jenen in den obengenannten Bänden der *Œuvres Complètes.*

Die Tarahumaras

Die unter diesem Titel versammelten Texte wurden in einem Zeitraum von zwölf Jahren geschrieben; als erster *Das Gebirge der Zeichen,* in Mexiko Anfang Oktober 1936, als letzter *Tutuguri,* der vom 12. Februar 1948 datiert, knapp einen Monat vor Artauds Tod. 1947 schlug Artaud dem Verleger Marc Barbezat vor, die bisher verstreut erschienenen Texte *Das Gebirge der Zeichen, Tutuguri* (1. Fassung), *Der Peyotl-Tanz, Der Peyotl-Ritus bei den Tarahumaras* in Buchform zu veröffentlichen. Die etwas achronologische Anordnung der Texte traf Artaud selbst. *Die Tarahumaras* erschienen, um weitere Texte ergänzt, jedoch erst 1955 (Édition »L'Arbalète«, Marc Barbezat, Décines, Isère).

S. 9 Der Peyotl-Ritus der Tarahumaras

Nach Artauds eigenen Angaben (vgl. *Postskriptum,* S. 33) wurde dieser Text im ersten Jahr seines Aufenthaltes in der Anstalt von Rodez, somit 1943 geschrieben. Er erschien zuerst in der Zeitschrift »L'Arbalète« (Nr. 12, Frühjahr 1947).

S. 33 Postskriptum

Bei diesem *Postskriptum* handelt es sich in Wirklichkeit um Fragmente zweier Briefe an den Verleger Marc Barbezat.

S. 35 Von einer Reise ins Land der Tarahumaras

Unter diesem Haupttitel erschienen die Texte *Das Gebirge der Zeichen* und *Der Peyotl-Tanz* in der *Nouvelle Revue Française* (Nr. 287, 1. August 1937), kurz vor Artauds Abreise nach Irland. Auf seinen ausdrücklichen Wunsch hin wurde sein Name durch *** ersetzt (vgl. die Briefe an Jean Paulhan vom [27. oder 28. Mai 1937], von [Anfang Juni 1937] und von [Ende Juni 1937], S. 288 ff.).

S. 36 Das Gebirge der Zeichen

Der Text wurde in Mexiko geschrieben, höchstwahrscheinlich auf der Expedition zu den Tarahumaras, die von Ende August bis Anfang Oktober 1936 dauerte. Er erschien bald nach Artauds Rückkehr in Mexiko-Stadt in spanischer Übersetzung unter dem Titel *La Montaña de los signos* in der Regierungszeitung *El Nacional Revolucionario* (16. Oktober 1936).

S. 41 Der Peyotl-Tanz

Wie die Briefe an Jean Paulhan vom 27. Februar und vom 13. und 28. März 1937 (vgl. S. 285 f.) bezeugen, wurde der Text nach Artauds Rückkehr von Mexiko in Paris geschrieben.

S. 53 Brief an Henri Parisot

Dieser Brief erschien anstelle des von Artaud zurückgezogenen Textes *Ergänzung zur Reise* (s. S. 84) in der Collection *L'Age d'Or* (Éditions Fontaine, 1945).

S. 57 Tutuguri

Es handelt sich bei diesem Text um die zweite Fassung des Gedichts *Tutuguri, le rite du soleil noir*, das wesentlicher Bestandteil ist von *Pour en finir avec le jugement de dieu* (in *Œuvres Complètes*, Bd. XIII, Éditions Gallimard, Paris, 1974).

S. 63 DREI IN »EL NACIONAL« ERSCHIENENE TEXTE ÜBER DIE TARAHUMARAS

Artaud schrieb diese Texte gegen Ende seines Aufenthalts in Mexiko. Sie erschienen zuerst in spanischer Übersetzung in der Regierungszeitung *El Nacional Revolucionario* und wurden später aufgenommen in den von Luis Cardoza y Aragón besorgten Sammelband *México* (Universidad Nacional Autónoma de México, 1962).

S. 64 DAS LAND DER HEILIGEN DREI KÖNIGE

Erschien zuerst in spanischer Übersetzung in *El Nacional* (24. Oktober 1936) unter dem Titel *El païs de los »reyes magos«*. Die ursprüngliche französische Fassung wurde anhand des wiedergefundenen Manuskripts veröffentlicht in *Les Lettres nouvelles* (Nr. I, März 1953). Der Satz auf S. 68 fand sich auf der Rückseite einer der Manuskriptblätter.

S. 69 EINE URRASSE

Erschien zuerst in spanischer Übersetzung in *El Nacional* (17. Oktober 1936) unter dem Titel *Una raza-principio* nach Artauds Abreise aus Mexiko. Die ursprüngliche französische Fassung wurde anhand des wiedergefundenen Manuskripts veröffentlicht in *Les Lettres nouvelles* (Nr. I, März 1953).

S. 74 DER RITUS DER KÖNIGE VON ATLANTIS

Erschien zuerst in spanischer Übersetzung in *El Nacional* (9. November 1936) unter dem Titel *El rito de los reyes de la Atlántida*. Der original französische Text ist bis heute nicht wiedergefunden.

Textgrundlage der vorliegenden Übersetzung ist die Rückübersetzung aus dem Spanischen ins Französische von Marie Dézon und Philippe Sollers.

S. 79 EIN IN »VOILÀ« ERSCHIENENER TEXT
DIE RASSE DER AUSGESTORBENEN MENSCHEN

Veröffentlicht in *Voilà, l'hebdomadaire du reportage* (7. Jahrgang, Nr. 354, 31. Dezember 1937) unter dem Pseudonym John Forester, welcher von der Zeitschrift bisweilen für Artikel benutzt wurde, die ihre Autoren nicht zeichnen wollten. Der Text erschien mit dem redaktionellen Vermerk »Von unserem Sonderkorrespondenten in Nordamerika« und war illustriert mit Photographien einer »Photo-Reportage Voilà-Gautherot«, die jedoch nicht die Tarahumaras zeigen. Offensichtlich wurde Artauds Text von der Redaktion der Zeitschrift zusammengestrichen.

S. 85 ERGÄNZUNG ZUR REISE INS LAND
DER TARAHUMARAS

Dieser Text, geschrieben im Januar 1944, dessen Veröffentlichung Artaud in seinem Brief an Henri Parisot vom 7. September 1945 ablehnte (vgl. S. 53), soll nach Angaben von Marc Barbezat um 1952 in einer orientalisch-esoterischen Zeitschrift des Titels *Pralaya* erschienen sein, was bisher jedoch nicht nachgewiesen werden konnte. Der Text wurde veröffentlicht in der Erstausgabe der *Tarahumaras* (Édition »L'Arbalète«, Marc Barbezat, Décines, Isère, 1955).

S. 95 EINE BEMERKUNG ÜBER DEN PEYOTL

Verfaßt im Mai 1947, im Augenblick der Veröffentlichung des *Peyotl-Ritus bei den Tarahumaras* in der Zeitschrift *L'Arbalète* (Nr. 12, Frühjahr 1947).

S. 97 UND IN MEXIKO ...

Auszug aus dem »Tête-à-tête« betitelten Vortrag vom 13. Januar 1947 im Pariser Théâtre du Vieux-Colombier. Dieser Auszug wurde veröffentlicht in der Erstausgabe der *Tarahumaras* (Édition »L'Arbalète«, Marc Barbezat, Décines, Isère, 1955).

S. 113 MEXIKO UND DIE ZIVILISATION

Das Manuskript wurde 1950 von Serge Berna wiedergefunden und von ihm veröffentlicht in *Vie et Mort de Satan le Feu* (Arcanes, 1953). Später wurde der Text in die Erstausgabe der *Tarahumaras* (Édition »L'Arbalète«, Marc Barbezat, Décines, Isère, 1955) aufgenommen.

Die letzten Zeilen des Textes sind Stichworte, die von Artaud nicht mehr ausgearbeitet wurden.

S. 121 DIE EROBERUNG MEXIKOS

Der vollständige Text erschien zum erstenmal im *Almanach Surréaliste du Demi-Siècle – La Nef* – 1950. Für Artaud hatte dieses Szenario eine besondere Bedeutung.

S. 131 REVOLUTIONÄRE BOTSCHAFTEN

Unter diesem Titel, der auf Artaud selbst zurückgeht (vgl. Brief vom 21. Mai 1936 an Jean Paulhan, *Œuvres Complètes*, Bd. V, S. 284 ff.), werden vor allem Zeitungsartikel und Vorträge zusammengefaßt, die während Artauds Aufenthalt in Mexiko in spanischer Übersetzung erschienen. Ein Großteil dieser in spanischer Übersetzung verstreut erschienenen Texte wurde zum ersten Mal zusammengefaßt in dem von Luis Cardoza y Aragón besorgten Band *México* (Universidad Nacional Autónoma de México, 1962).

Da das französische Original der meisten dieser Texte nicht erhalten ist (Artaud sah bereits voraus, daß man diese *Botschaften* ins Französische rückübersetzen müsse; vgl. obengenannten Brief), konnte als Textgrundlage der deutschen Übersetzung nur die Rückübersetzung aus dem Spanischen ins Französische von Marie Dézon und Philippe Sollers dienen.

S. 133 | DER EWIGE VERRAT DER WEISSEN

Erschien in Kuba in spanischer Übersetzung in der Zeitschrift *Carteles* (1. November 1936) unter dem Titel *La Eterna Traición de los Blancos*. Es handelt sich um einen von mehreren Artikeln, die Artaud auf seiner Reise nach Mexiko bei einem Zwischenaufenthalt in Havanna (vom 30. Januar bis 7. Februar 1936) den kubanischen Zeitschriften *Carteles* und *Gropos* zur Veröffentlichung gegeben hatte, um seine Reisekasse aufzubessern.

Textgrundlage der deutschen Übersetzung ist die Rückübersetzung aus dem Spanischen ins Französische.

S. 139 DREI AN DER UNIVERSITÄT VON MEXIKO GEHALTENE VORTRÄGE

Diese drei Vorträge hielt Artaud bald nach seiner Ankunft in Mexiko (7. Februar 1936) am 26., 27. und 29. Februar 1936. Die französischen Originalmanuskripte sandte Artaud an Jean Paulhan (vgl. Brief vom 26. März 1936 an Jean Paulhan, S. 270).

S. 140 SURREALISMUS UND REVOLUTION

Zuerst veröffentlicht nach der Jean Paulhan übersandten Kopie des Typoskripts in *Œuvres Complètes*, Bd. XIII, 1971.

S. 152 DER MENSCH GEGEN DAS SCHICKSAL

Erschien zuerst in spanischer Übersetzung in *El Nacional* (26. April und 3., 10., 17. Mai 1936) unter dem Titel *El Hombre contra el destino*.

Der original französische Text wurde zuerst veröffentlicht nach der Jean Paulhan übersandten Kopie des Typoskripts in *Œuvres Complètes*, Bd. XIII, 1971.

S. 163 DAS THEATER UND DIE GÖTTER

Der erste Teil dieses Textes erschien in spanischer Übersetzung von José Ferrel unter dem Titel *El Teatro y los Dioses* in *El Nacional* (24. Mai 1936).

Der original französische Text wurde zuerst veröffentlicht nach der Jean Paulhan übersandten Kopie des Typoskripts in *Œuvres Complètes*, Bd. XIII, 1971.

Mexiko

Unter diesem Titel sind Artauds Texte, die in der mexikanischen Presse erschienen, vereint:

S. 173 Das pariser Theater der Nachkriegszeit

Text eines Vortrags, den Artaud am 18. März 1936 in der Alliance Française hielt. Veröffentlicht im Juni 1936 in spanischer Übersetzung unter dem Titel *El Teatro de postguerra en Paris* in *Revista de la Universidad Autónoma de México.*

Textgrundlage der deutschen Übersetzung ist die Rückübersetzung aus dem Spanischen ins Französische.

S. 190 Offener Brief an die Gouverneure der mexikanischen Staaten

Erschien in spanischer Übersetzung am 19. Mai 1936 in *El Nacional* unter dem Titel *Carta abierta a los Gobernadores de los Estados.*

Textgrundlage der deutschen Übersetzung ist die Rückübersetzung aus dem Spanischen ins Französische.

S. 193 Universale Grundlagen der Kultur

Erschien in spanischer Übersetzung am 28. Mai 1936 in *El Nacional* unter dem Titel *Bases universales de la cultura.*

Textgrundlage der deutschen Übersetzung ist die Rückübersetzung aus dem Spanischen ins Französische.

S. 197 Erster Kontakt mit der mexikanischen Revolution

Erschien in spanischer Übersetzung am 3. Juni 1936 in *El Nacional* unter dem Titel *Primer Contacto con la Revolución Mexicana.*

Es ist möglich, daß es sich bei diesem Text um den vor der Liga de Escritores y Artistas Revolucionarias gehaltenen Vortrag handelt (vgl. Brief vom 26. März 1936 an Jean Paulhan, S. 270).

Textgrundlage der deutschen Übersetzung ist die Rückübersetzung aus dem Spanischen ins Französische.

S. 203 Eine Medea ohne Feuer

Erschien in spanischer Übersetzung in *El Nacional* am 7. Juni 1936 unter dem Titel *Una Medea sin fuego* anläßlich der Aufführung von Senecas *Medea* in der Übertragung von Miguel de Unamuno durch die Theatergruppe Margarita Xirgu.

Textgrundlage der deutschen Übersetzung ist die Rückübersetzung aus dem Spanischen ins Französische.

S. 208 Die junge französische Malerei und die Tradition

Erschien in spanischer Übersetzung in *El Nacional* am 17. Juni 1936 unter dem Titel *La Pintura francesa joven y la tradición.*

Textgrundlage der deutschen Übersetzung ist die Rückübersetzung aus dem Spanischen ins Französische.

S. 213 Das französische Theater sucht einen Mythos

Erschien in spanischer Übersetzung in *El Nacional* am 28. Juni 1936 unter dem Titel *El teatro francés busca un mito.*

Textgrundlage der deutschen Übersetzung ist die Rückübersetzung aus dem Spanischen ins Französische.

S. 216 Warum ich nach Mexiko gekommen bin

Erschien in spanischer Übersetzung in *El Nacional* am 5. Juli 1936 unter dem Titel *Lo que vine a hacer a México.*

Textgrundlage der deutschen Übersetzung ist die Rückübersetzung aus dem Spanischen ins Französische.

S. 222 Mexikos ewige Kultur

Erschien in spanischer Übersetzung in *El Nacional* am 13. Juli 1936 unter dem Titel *La Cultura eterna de México.*

Textgrundlage der deutschen Übersetzung ist die Rückübersetzung aus dem Spanischen ins Französische.

S. 228 Die falsche Überlegenheit der Eliten

Erschien in spanischer Übersetzung in *El Nacional* am 25. Juli 1936 unter dem Titel *La Falsa Superioridad de las élites.*

Textgrundlage der deutschen Übersetzung ist die Rückübersetzung aus dem Spanischen ins Französische.

S. 233 Ewige Geheimnisse der Kultur

Erschien in spanischer Übersetzung in *El Nacional* am 1. August 1936 unter dem Titel *Secretos eternos de la cultura.*

Textgrundlage der deutschen Übersetzung ist die Rückübersetzung aus dem Spanischen ins Französische.

S. 237 Mexikos okkulte Kräfte

Erschien in spanischer Übersetzung in *El Nacional* am 9. August 1936 unter dem Titel *Las Fuerzas ocultas de México.*

Textgrundlage der deutschen Übersetzung ist die Rückübersetzung aus dem Spanischen ins Französische.

S. 242 Die gesellschaftliche Anarchie der Kunst

Erschien in spanischer Übersetzung in *El Nacional*, am 18. August 1936 unter dem Titel *La Anarquía social del arte.*

Textgrundlage der deutschen Übersetzung ist die Rückübersetzung aus dem Spanischen ins Französische.

S. 246 Ein Techniker der Arbeit in Stein: Monasterio

Artaud überließ diesen Text, den er während seines Aufenthalts in Mexiko schrieb, dem Bildhauer Ortiz Monasterio. Er erschien in spanischer Übersetzung erst 1968 in *Revista de la Universidad Nacional Autónoma de México* (Bd. XXII, Nr. 6, Februar 1968).

Textgrundlage der deutschen Übersetzung ist die Rückübersetzung aus dem Spanischen ins Französische.

S. 246 Maria Izquierdos Malerei

Geschrieben anläßlich einer Ausstellung von Maria Izquierdo am 10. August 1936 in Mexiko-Stadt. Erschienen in *Revista de las Revistas* (August 1936).

Textgrundlage der deutschen Übersetzung ist die Rückübersetzung aus dem Spanischen ins Französische.

S. 251 Maria Izquierdo

Wahrscheinlich anläßlich der Ausstellung von Maria Izquierdo am 10. August 1936 in einer der Tageszeitungen von Mexiko-Stadt erschienen. Es liegt nur eine Kopie des Typoskripts der spanischen Übersetzung vor.

Textgrundlage der deutschen Übersetzung ist die Rückübersetzung aus dem Spanischen ins Französische.

S. 255 Zwei Anmerkungen

1. Erschien in spanischer Übersetzung im Katalog der Ausstellung von Maria Izquierdo am 10. August 1936. Der original französische Text ist erhalten.

2. Von Artaud auf ein Streifband der Zeitung *El Nacional* geschrieben.

S. 256 MEXIKO UND DER PRIMITIVE GEIST: MARIA IZQUIERDO

Nach seiner Rückkehr aus Mexiko bemühte sich Artaud, eine Galerie zu finden, die eine Ausstellung von Maria Izquierdo machen wollte. Zur Unterstützung dieses Vorhabens schrieb er diesen Text, der, mit vier Reproduktionen von Gouachen der Malerin illustriert, in der Zeitschrift *L'Amour de l'art* erschien (Nr. 7, Oktober 1937).

BRIEFE

S. 277 Dieser Brief, eher ein Komplementärtext zur *Reise ins Land der Tarahumaras* als einfach ein Brief, wurde zum ersten Mal in *La Nouvelle Revue Française* (Nr. 95, 1. November 1960) veröffentlicht und später in die Neuauflage der *Tarahumaras* (Édition »L'Arbalète«, Marc Barbezat, Décines, Isère, 1963) aufgenommen.

Stephan Broser

Der Kentaur des Tutuguri

Or, ce septième homme
est un cheval,
un cheval avec un homme qui le mène

Tutuguri, Le Rite du Soleil Noir

Und die Heuschrecken sind gleich den Rossen, die zum Kriege bereitet sind; und auf ihrem Haupt wie Kronen dem Golde gleich, und ihre Antlitze gleich der Menschen Antlitze. Und aus ihrem Munde ging Feuer und Rauch und Schwefel.

Offenbarung Johannis

Et voici que le soleil a pris rang.
Il a pris forme au milieu du système céleste. Il s'est placé tout d'un coup comme au centre d'un formidable éclatement.
Car les corpuscules flamboyants comme les soldats d'une armée en guerre se sont jetés l'un sur l'autre, en éclatant

Tutuguri

Der auf der Suche nach dem Sonnentanz der Indios durch die Sierra Tarahumara ritt – er erscheint, in einer letzten Inszenierung dieses Tanzes, bei Sonnenaufgang im Galopp. Auf einem schwarzen Pferd, dem Stern eines Desasters.

Als der Geoffenbarte – *le Révélé* – hatte Artaud eine schmale, kurz vor seiner Reise nach Irland publizierte Broschüre signiert, die schon im Titel auf die Offenbarung Johannis verweist: *Les Nouvelles Révélations de l'Être.* Ein Text, in dem Artaud, passionierter Deuter des Tarot, die Karten dieses okkulten Spiels offenlegt, um wie in einem Horoskop eine kosmische Katastrophe zu prognostizieren. Krieg mit dem Antichristen, Destruktion durch das Feuer, Desaster der Endzeit – von der die Rede ist in einem Brief, der André Breton aus Irland erreicht:

Oui, mon cher Breton, les Temps sont venus, annoncés par l'apocalypse où le christ pour punir son Eglise va susciter un Enragé qui rasera TOUTES les Eglises et fera rentrer sous la terre le rite des Initiés.[1]

Doch dies kommende Ende ist, nicht zuletzt, das der christlichen Trinität selber. Erweckt kein anderer als der Heilige Geist den Widersacher – *Oui, c'est le Saint-Esprit qui va susciter l'ante-christ. Si incroyable que cela soit*[2] –, so wird mit diesem auch jener fallen, jener harmonisierende Dritte, der das Gleichgewicht wahren sollte. Das Triangel wird zerbrechen, die triadische Harmonie zunichte werden, die Trinität in einen Krieg mit sich selber eintreten. Die Tage des Sanctus Spiritus sind gezählt:

Or les temps du Saint-Esprit sont comptés car nous sommes au bout du monde. Les 3 forces-Dieu qui s'equilibraient vont se détruire, et pour se détruire entrer en guerre l'une contre l'autre et se dévorer.

[1] Antonin Artaud, Œuvres Complètes, tome VII, p. 289.
[2] ebd., p. 290

Ce sera la guerre, tout cela sera *la guerre du Fils contre le Saint-Esprit* et du christ contre l'ante-christ.[3]

Krieg des Sohnes gegen den versöhnenden Vermittler; offener Krieg also gegen den Vater, dessen Macht durch eben jene täuschende Taube des Friedens, die *hideuse colombe* des Heiligen Geistes, gewahrt wird:

Or il arrive que si dans les manifestations de cette force il y a ce que les Hindous appellent la Triade Brahma, Shiva, Vichnou, et ce que nous appellons la Trinité Père, Fils et Esprit, en réalité le Fils Shiva est CONTRE la Création-Manifestation du Père, MAINTENUE par le Saint-Esprit.[4]

In solch ketzerischer Wendung der Eschatologie führt dieser Brief Artauds, über die Kluft der Jahre seiner Internierung hinweg, zu den blasphemischen Invektiven, die er nach seiner Rückkehr aus dem Asyl formulieren wird.

Nach Rodez – nach den Erfahrungen mit der Allianz von Psychiatrie und Katholizismus – gilt es, im voraus dem Endgericht den Prozeß zu machen, mit dessen höchster Instanz selber ins Gericht zu gehen. *Pour en finir avec le Jugement de Dieu.*

Dies der Titel, unter dem Artaud einige Texte fürs Radio akustisch inszenierte – zum Mißfallen eines gewissen Monsieur Porché, der als Chef des Rundfunks Einspruch erhob. Für eben diese untersagte Sendung hatte Artaud auch eine erste Version[5] des Tutuguri intoniert: *C'est ainsi que vous allez entendre la danse du* TUTUGURI...[6]

Und zu hören – wenngleich auf einer anderen Wellenlänge als der des R.T.F. – ist dieser Tanz in seinen Rhyth-

[3] ebd., p. 292

[4] ebd., p. 287

[5] Diese erste, kurze Fassung des Tutuguri ist in die vorliegende Ausgabe nicht aufgenommen.

[6] Extrait de l'émission: ›Pour en finir avec le jugement de Dieu‹ 28 novembre 1947; zitiert nach: Antonin Artaud, Les Tarahumaras L'Arbalète, Décines 1963 (im folgenden zitiert als: Tarahumaras).

men wie in seiner Instrumentierung. Von Trommel, Gong, Glocke und Kanone über das Stampfen einer marschierenden Armee bis hin zu dem Hufschlag des galoppierenden Pferdes. Denn zu den bizarren Instrumenten des Tutuguri gehört auch dieses: ein gigantisches Hufeisen.

Auf dem Schauplatz des Sonnenfestes erscheint das Gestirn in Gestalt eines Zwitters. Sonnenkentaur, der bei Morgengrauen die Hürde des Horizontes nimmt:

Et l'on percoit à l'horizon des croix comme un cheval emporté
qui s'avance
avec un homme nu dessus
car le battement du rythme était 7 [7]

et les six croix à traverser par l'astre ne sont
là en réalité que pour lui barrer le chemin [8]

Sechs Kreuze – in Gestalt der sechs Tänzer, die jäh vom Boden aufschießen: *hommes des croix, jaillis du sol* [9] – versperren dem berittenen Siebten den Weg. Um im Tanzkreis des Horizontes zu erscheinen, muß der Sonnenball sie überspringen, im Sprung, als ein sengender Kugelblitz, verbrennen:

Car le soleil apparait vraiment au ras des croix mais comme la boule d'une foudre [10]

Das Kreuz ist Hürde und Hiatus zugleich; es verstellt dem Gestirn die Bahn – um eben so dem Rhythmus auf die Sprünge zu helfen, das Sonnenpferd in Galopp zu versetzen. Schlägt dieses mit seinen Hufen den Takt, so markieren die sechs Kreuze die rhythmischen Intervalle. Sechs Tempi phrasiert das kreisende Gestirn, bevor es in der Sieben an den Tag tritt:

[7] Tarahumaras, p. 93
[8] Tarahumaras, p. 89
[9] Tarahumaras, p. 91
[10] Tarahumaras, p. 90

Au Mexique la croix et le soleil vont de pair, et le soleil sautant est cette phrase tournante qui met six temps pour parvenir au jour [11]

So wird das Kreuz zu einem metrischen Zeichen, zur Leerstelle des Zeitmaßes, zu einem Nichts – wie es die Trommel des Tutuguri ins Spiel bringt: das Tympanon [12] in den Händen des Reiters. Ein seltsames Instrument, das die Figur des Kreuzes abwandelt: *un instrument de musique bizarre, fait de lamelles de bois additionnées, se surmontant l'une l'autre.* [13]

Artaud spielt die Musik des Tutuguri auf Instrumenten, die selber schon Bilder von dessen Musik sind, Zwittergebilde, Bastarde – wie die bizarre Kreuzung zwischen Trommel und Kruzifix. Rhythmisierendes Holz, *croix* als *temps creux:*

Or il n'y a que six croix.
Et dans le tympanon de bois du septième Tutuguri
toujours une introduction de néant,
toujours cette introduction de néant,
ce temps creux,
un temps creux,
une espèce de vide épuisant entre les lamelles du bois coupant,[14]

Dies schneidende Holz – mit einem Klang zwischen Glocke und Kanone – gibt das Zeichen zu einem Krieg, in

[11] Tarahumaras, p. 89 – Kruzifix und Sonnenball *vont de pair:* sie sind Figuren einundderselben – doch gedoppelten: differentiellen – rhythmischen Bewegung. Wie die sechs Tänzer der Kreuze ebenfalls als Sonnen erscheinen (»Et il y a six hommes/un pour chaque soleil«), so bringt der Sonnenreiter ein siebtes Kreuz (»une croix sur lui attachée à sa hanche«). Die erste Version des Tutuguri beschreibt in den »méandres circulaires« eine Bewegung, in der Kreuzform und Sonnenkreis sich verbinden.

[12] Das griechische *Tympanon* bezeichnet zugleich: die flache Rahmentrommel (zumeist mit einem doppelten Fell), das Trommelfell, sowie – auch diese Bedeutung ist bei Artaud im Spiel – architektonisch das Giebelfeld über dem Türsturz.

[13] Tarahumaras, p. 90

welchem der biblische der Endzeit, blasphemisch gewendet, wiederkehrt.

Der Klang des Tympanon kommt auf wie ein Wind, der einer ganzen Armee zum Boden wird. Wehender, bewegter Boden – gleich den *sols tournants* der ersten Version des Tutuguri, die den Gongschlägen der Trommel korrespondieren. Denn der Boden, auf dem der Tanz spielt, ist immer schon der eines Klangeffekts: Resonanzboden des Klangs und der Rhythmik des Textes selber – wie der Wind, auf dessen schwankem Grund die Soldateska[15] vorrückt, schon der Widerhall ihres skandierenden Schrittes:

Car le tympanon est un vent, il est devenu comme le sol d'un vent où une armée pourrait fort bien avancer.
Et en effet.
Il y a aux confins du bruit et du néant, car le bruit est, si fort qu'il n'appelle
en avant de lui
que le néant,
il y donc un intense piétinement. Rythme scandé
d'une armée en marche, ou galop d'une charge affolée.[16]

– oder einer im Galopp geführten Attacke. Der Sonnenkentaur – der im Finale seines Rittes, anstelle der Trommel, das gigantische Hufeisen schwingen wird – rückt heran wie ein ganzes Heer; galoppierender Komet mit einem Schweif glühender Korpuskeln, die Soldaten gleichen.

Denn der Tag des Tutuguri, *le Jour du Rite*, ist ein jüngster. Dies irae einer Armee, die sich losgesagt hat von dem Christus der Messe, der *als Gekreuzigter* auf den Altar niedersteigt:

Je renie le baptême et la messe.
Il n'y a pas d'acte humain
qui, sur le plan érotique interne

[14] Tarahumaras, p. 93

[15] *Sol, soldat, Soleil:* beide Versionen des Tutuguri spielen mit dieser Assonanz.

[16] Tarahumaras, p. 93

soit plus pernicieux que *la descente*
du soi-disant Jésus-Christ
sur les autels...[17]

– einer Armee von Menschen, die wie von einer Krücke herabgestiegen sind von dem Kreuz, um gegen den zu Felde zu ziehen, der sie daran genagelt glaubte:

alors qu'*une armée d'hommes*
descendue d'une croix
où dieu croyait l'avoir depuis longtemps cloué
s'est revoltée
et bardée de fer,
de sang,
de feu et d'ossements,
avance, invectivant l'Invisible
afin d'y finir le JUGEMENT DE DIEU.[18]

Tag der Auferstehung – der Revoltierenden, die sich mit Eisen und Gebeinen bewaffnen, um in einer Invektive gegen den Unsichtbaren vorzurücken. Sie ist ein Echo der höhnenden Rede, die dem Gekreuzigten gilt: »Hilf dir nun selber und steig herab vom Kreuz.« [19]

Und auch der Kentaur des Tutuguri, Vorreiter dieser Armee, ist von dem seinen herabgestiegen: dem Hufeisen; einem gigantischen Hufeisen,[20] an das er genagelt war – und das er nunmehr, herangaloppierend, in seiner Hand schwingt. Als Waffe noch – und schon als Trophäe,[21] als

[17] Antonin Artaud, Pour en finir avec le Jugement de Dieu, K. éditeur Paris 1952, p. 24.

[18] ebd.

[19] Matthäus, 27,40

[20] Eben dies Ausmaß des eisernen Bogens – der den ganzen Körper des Reiters umspannt, um ihm eine Wunde zu schlagen – läßt ihn als ein Zeichen der Passion erscheinen.

[21] Das Hufeisen gilt ja, in Frankreich wie anderswo, als ein signe de chance. Doch wie ein jedes Glückszeichen, wendet auch dieses – man vergleiche, was in dem Wörterbuch des deutschen Aberglaubens über die Symbolik des Hufeisens verzeichnet steht – das Unheil zum Glück. Von eben solcher Ambivalenz ist der *fer à cheval* des Tutuguri: Zeichen des Glücks wie der Marter, Siegestrophäe und Waffe.

Zeichen eines Sieges: des Sprungs über die Hürde der Kreuze.

Wie Mensch und Pferd zur Gestalt des Zwitters, so verdichten sich Kreuz und Hufeisen zum Bilde eines Marterwerkzeugs, dessen Nägel in den Leib dringen[22]. Und zugleich sind, in seinem Zeichen, Leidensgeschichte und Endgericht wie in eins gesehen. Vom Kreuz herabgestiegen: über dessen Hürde im Sprung hinwegsetzend – so kehrt der Gemarterte wieder als ein rächender, ein apokalyptischer Reiter. Solch einer doppelten Verdichtung verdankt das traumgleiche Bild des siebten Tutuguri seine Kraft; und die Wucht, mit der es eine Wende in der Eschatologie herbeiführt.

In dem peitschenden, wie aus Grüften – *monté des caveaux* – aufsteigenden Wind des Tympanon zeigt eine Menschheit ihr hohnlächelndes und unbarmherziges Gesicht. Die Trommel öffnet sich, klaffend, als Gehenna:

mais on se sent comme flagellé par une bouffée de
nuit, par un souffle monté des caveaux d'une humanité
abolie et qui viendrait montrer sa face ici,
une face peinte,
une figure ricanante et sans merci
Sans merci parce que la justice qu'elle apporte n'est
pas de ce monde-ci
Sois pur et chaste,
semble-t-elle dire
Sois vierge aussi
Ou je t'entr'ouvre ma géhenne.
Et la géhenne s'entr'ouvre aussi.
Le tympanon du septième Tutuguri a pris un lancinement atroce:
c'est le cratère d'un volcan au comble de son éruption.[23]

[22] Wie das Hufeisen – an ein Holz, und nicht von ungefähr ein *fer* de *bois*, geheftet – die Figur des Kreuzes abwandelt, so erscheint dieses ex negativo:
un homme nu et qui brandit
non pas une croix
mais un bâton de bois de fer

wie ein anderes Tympanon – das Giebelfeld der Kirchenportale, das zumeist eine Darstellung des jüngsten Tages zeigte – sich als Höllenschlund auftat.

Ist in den Händen des Reiters das Musikinstrument zugleich Kreuz und Krater des Gerichtes, so spannt der *immense fer à cheval* den Bogen von der Passion zur Apokalypse.

In der ersten Version des Tanzes erscheint der siebte Tutuguri, aus einer offenen Wunde blutend, im Galopp, während die sechs Tänzer die Kreuze umkreisen – um sie sodann (zum Zeichen einer *abolition*, welche die *absolution* travestiert) umzupflanzen:

Or, le ton majeur du Rite est justement
L'ABOLITION DE LA CROIX.
Ayant achever de tourner
ils déplantent
les croix de terre
et l'homme nu
sur le cheval
arbore
un immense fer à cheval
qu'il a trempé dans une coupure de son sang.[24]

An ihrer Stelle richtet der Siebte das immense Eisen auf, das er zuvor in seine Wunde wie in einen Kelch[25] getaucht hat – um es so zu einem Zeichen der Passion zu verwandeln.

Das Kreuz wird also nicht sowohl abgeschafft als vielmehr abgewandelt. Umgepflanzt. An anderer Stelle, zum Hufeisen entstellt, wieder aufgerichtet.

attaché d'un gigantesque fer à cheval
où son corps tout entier passe.

[23] Tarahumaras, p. 91

[24] Tarahumaras, p. 87

[25] *coupure de sang* evoziert *coupe de sang:* Kelch des Blutes, Abendmahlskelch mit dem Blut Christi in Gestalt des Weins. Von dem Tutuguri als einer Travestie der Kommunion, dem Rite du Soleil Noir als einer schwarzen Messe, wird in der zweiten Version des Tanzes die Rede sein.

Eben diese gedoppelte Bewegung – Wiederauferstehung des Kreuzes im Ritus seiner Abschaffung – beschreibt die zweite Version des Tutuguri-Tanzes. In ihr kehrt das Zeichen der Passion, skandierend und stigmatisierend, auf Schritt und Tritt wieder. Und so heftet es sich noch an den Reiter, der in foudroyantem Galopp die sechs Kreuze verbrennt – um ein siebtes zu bringen:

Et il y a un septième homme debout et qui porte une
croix sur lui attachée à sa hanche

– geheftet an seine Hüfte: Gelenk, an dem Pferd und Reiter zum Zwitter sich verbinden.

Verbrannt, läßt das Kreuz sich nicht auslöschen; Leerstelle, kehrt es noch in der Negation wieder; zurückgewiesen, weist es voraus auf ein anderes Kreuz:

un homme nu et qui brandit
non pas une croix
mais un bâton de bois de fer
attachée d'un gigantesque fer à cheval

– um im Text eine metrische Zäsur, das Intervall einer Hebung, zu markieren: *non pas une croix / mais ...*

Der *Tutuguri* – nicht allein zu lesen als Beschreibung eines Tanzes – ist zu hören als rhythmisierte Schrift, Tanz eines Textes in freien Rhythmen. Wie denn Artauds späte Texte in Diktat und Intonation als Klanggebilde konzipiert wurden. Wird das rhythmische Intervall – als *croix*, *tympanon*, *fer à cheval* – zu einer Folge von Bildern, so ist diese ihrerseits rhythmisch skandiert: in solchem Wechselspiel von Rhythmus und Bild, solcher Interferenz von Metrum und Metaphorik, gewinnt der Tutuguri Gestalt.

So ruft das schneidende Holz des Tympanon das Bild des Reiters herauf:

une espèce de vide épuisant entre les lamelles du bois coupant,
néant qui appelle le tronc de l'homme,
le corps pris en tronçon de l'homme [26]

[26] ebd., p. 93/94

– dessen Körper als ein von Zäsuren zerschnittener Klangkörper erscheint, ein verstümmelter Rumpf, ein akustischer Torso – der nur ineins mit dem Pferd, als Zwitter, sich zu bewegen vermag:

en bref le cheval avancant porte sur lui le tronc d'un homme [27]

Schneidend, zeichnet der Rhythmus sich ab als eine Wunde. *Coupure de son sang*, in welche der Reiter der ersten Version des *Tutuguri* das Hufeisen taucht. Eine Wunde, die dieses, genagelt, schlug; und, als Waffe geschwungen, nochmals schlägt.

In der zweiten Version des Tanzes schwingt der Reiter den gewaltigen Bogen des Eisens derart, daß ihn sein Körper ganz – doch eben als Torso – passiert:

un homme nu et qui brandit
non pas une croix
mais un bâton de bois de fer
attaché d'un gigantesque fer à cheval
où son corps tout entier passe,
son corps taillé d'une balafre de sang,
et le fer à cheval est là,
comme les mâchoires d'un carcan [28]

– wie ein Halseisen, das ihn, mitten im Galopp, an einen Pranger geheftet erscheinen läßt. In solcher Wendung – des geschwungenen Hufeisens zu heftenden Halseisen – kehrt die Passion wieder, als deren Stigma die *balafre de sang* klafft. Eben dort zeichnet das Hufeisen sich ab als ein Wundmal, das sich ins Fleisch gräbt: *et le fer à cheval est là / comme les machoires d'un carcan.*

So wendet sich das Eisen in seinem Bogen zurück gegen den Reiter. Der vom Kreuz Herabgestiegene, von Wundmalen gezeichnet – er stigmatisiert im Ritt gegen das Gericht sich selber. Sein stigmatisierter Körper wird zum corpus delicti in dem Prozeß gegen die höchste Instanz:

[27] ebd., p. 94
[28] ebd., p. 94

DIEU QU'AS TU FAIT DE MON CORPS? [29] Wie die revoltierende apokalyptische Armee mit Eisen und Blut sich bewaffnet: *bardée de fer / de sang*, so fügt sich der siebte Tutuguri eine Wunde zu, um diese, als Waffe, ins Feld zu führen.

Die Lippen der Wunde klaffen, wo die Kiefer des Halseisens sie geschlagen haben: an der Kehle. Wo die Stimmbänder sich spannen, die Sprache sich bildet, die an ihrem äußersten Punkt – der Spitze der Zunge – das Kreuz berührt. Sie salbt es mit ihrem Speichel zu einem heiligen, um es als ein heiliges zu bespucken:

la croix est un signe abject et qu'il faut que la matière brûle,
pourquoi abject,
parce que la langue qui en salive le signe est abjecte,
et pourquoi en salive-t-elle le signe?
Pour l'oindre
Il n'y a pas de signe saint ou sacré s'il n'est pas oint.
Or la langue au moment de l'oindre n'est-elle pas elle-meme
en pointe?
ne se place-t-elle pas entre les quatre points cardinaux? [30]

Doppeldeutiger Punkt – *p/oint* – einer Salbung, die einer Schändung gleichkommt. Das Kreuz ist ein verworfenes Zeichen, sofern die es salbende Zunge, die heiligsprechende Sprache, schon verworfen: eine *langue abjecte* ist. Nicht rein – als Logos, Wort, Sohn Gottes – ist sie von jener metaphorischen Kontagion, deren Bewegung sie beschreibt, selber schon befleckt; die Sprache schon Speichel; und das Kreuz, Zeichen der Passion des Sohnes, ein Auswurf:

Car on ne sait pas assez, on ne sait pas du tout ici en
Europe combien la croix est un signe noir,
on ne sait pas assez la »puissance salivaire de la croix«,
et combien la croix est une éjection de salive mise sur
les mots de la pensée: [31]

[29] Text Artauds, geschrieben November 1947, zitiert nach: 84, Paris 1948, p. 107

[30] Tarahumaras, p. 89/90

[31] ebd., p. 89

Ejakulat, Interjektion, Intervall: so skandiert es, als ein schwarzes Zeichen, die blasphemische Invektive.

Diese gilt nicht sowohl dem stigmatisierten Christus als vielmehr dem Christus der Messe, dessen Leib zum reinen Zeichen der Hostie sublimiert und spiritualisiert scheint. Ihn – den körperlosen Sohn, in dessen Namen die Versöhnung in der Kommunion gefeiert wird – transfiguriert Artaud zu dem revoltierenden, der vom Kreuz herabsteigt und seine Stigmata zeigt – um die Trinität an ihrer verwundbarsten Stelle zu treffen.

Im Auswurf – des Speichels, in dem die Hostie sich dem Leib anverwandelt – wird die weiße Messe verworfen, wird sie zu der verworfenen schwarzen, die sie immer schon war:

on parle de messe noire, mais
c'est le principe et la raison d'être même de la
messe d'être noire
et il n'y a pas de messe blanche

Keine Messe, die nicht, gleich der Sonne des Tutuguri, eine schwarze wäre. Ihr Ritus, *le Rite du Soleil Noir*, will auch als deren Travestie gelesen werden.

Die Sonne – sengende Zunge, welche die Kreuze verbrennt, um sie eben so zu schwarzen Zeichen zu machen – läßt die sechs Tänzer erschöpft und geifernd zurück:

La boule en feu a brulé les six croix; les six hommes
les mains en avant et qui ont vu venir la chose sont
tout les six épuisés et bavants.

Artaud: Lebensdaten

1896 Antonin Artaud wird am 4. September in Marseille geboren. Seine Mutter stammt aus Smyrna und ist griechischer Abkunft. Die Familie des Vaters kommt aus der Provence und befaßt sich seit über 150 Jahren mit Schiffsmontage.
Artaud ist 5 Jahre alt, als sein Bruder Robert (3 Tage alt) stirbt, und als Neunjähriger ist er Zeuge vom Tod seiner Schwester Germaine, die nur 7 Monate am Leben war.
Artaud besucht das Collège du Sacré-Cœur in Marseille.

1915 Wegen starker Neuralgien und schwerer psychischer Störungen muß Artaud seine Studien abbrechen. Mehrmonatiger Krankenhausaufenthalt.

1916 Artaud wird zum Militär einberufen, doch nach neun Monaten wegen erneut auftretender starker Neuralgien entlassen.

1917–1919 Aufenthalt in verschiedenen Erholungsheimen, zuletzt, an die zwei Jahre, in Chanet bei Neuchatêl. Artaud beginnt Drogen zu nehmen. Er zeichnet und schreibt.

1920 Artaud geht nach Paris. Er steht in Villejuif unter der ärztlichen Aufsicht von Doktor Toulouse, der ihn zum Redaktionssekretär seiner Zeitschrift *Demain* macht.

1921 Artaud wird Mitglied der Truppe des von Charles Dullin gegründeten Théâtre de l'Atelier und tritt in den folgenden Jahren in ungefähr zwanzig Stücken auf.
Freundschaft mit der Schauspielerin Génica Athanasiou.

1922 Artaud wird auch Filmschauspieler und spielt bis 1935 in zwanzig Filmen.

1923 *Tric trac du ciel*, eine Sammlung von 8 Gedichten, erscheint.
Artaud gibt zwei Nummern einer kleinen Zeitschrift *Bilboquet* heraus, in der ausschließlich eigene Texte erscheinen.

1924 Veröffentlichung der *Correspondance avec Jacques Rivière*. Artaud tritt der surrealistischen Gruppe bei.

1925 Artaud wird Leiter der Centrale surréaliste und Mitarbeiter der Zeitschrift *La Revolution surréaliste. L'Ombilic des Limbes; Le Pèse-Nerfs.*

1926 Artaud gründet mit Robert Aron und Roger Vitrac das Théâtre Alfred Jarry. (Von Juni 1927 bis Januar 1929 acht Inszenierungen.)

1927 Szenario: *La Coquille et le Clergyman.*

1928 Bruch mit den Surrealisten.

1929 *L'Art et la Mort* (Sammlung von Texten aus der Surrealisten-Periode).

1931 Auf der Kolonialausstellung entdeckt Artaud das balinesische Theater, das seine eigenen Vorstellungen vom Theater bestätigt. In diesem und in den folgenden Jahren hält Artaud die Vorträge und schreibt die Essays über das Theater, welche 1938 unter dem Titel *Le Theatre et son Double* als Buch erscheinen.

1934 *Héliogabale ou l'anarchiste couronné.*

1935 Mai: Aufführung von *Les Cenci,* Tragödie in vier Akten und zehn Bildern nach Shelley und Stendhal.

1936 10. Januar: Reise nach Mexiko. Zwischenaufenthalt in Kuba. Zeitungsartikel und Vorträge in Mexiko-City. Von Ende August bis Anfang Oktober Expedition zu dem Indianerstamm der Tarahumaras. Mitte November ist Artaud wieder in Paris.

1937 Verlobung mit der Belgierin Cécile Schramm; die Heiratspläne scheitern jedoch

Ihr seid Zufall, Nichts
Scheiße
die sich zum Gesetz aufwerfen will
und vor nichts soviel Angst hat wie vor Unordnung,
Zufall, Scheiße und Nichts,
das heißt, Bourgeoisie.

Anonyme Veröffentlichung von *D'un voyage au Pays des Tarahumaras. Les Nouvelles révélations de l'être* (signiert: »le Révélé«).

Anfang August reist Artaud nach Irland. Anscheinend einem religiösen Wahn verfallen, wird er unter dramatischen Umständen zwangsrepatriiert.

1938 Anfang des Jahres wird Artaud von Le Havre nach Sotteville-lès-Rouen, im April nach Sainte-Anne überführt.

1939 Ende Februar kommt Artaud in die Irrenanstalt von Ville-Évrard. Sein Gesundheitszustand verschlechtert sich mehr und mehr.

1942 Im November erreicht Robert Desnos bei Doktor Ferdière, daß Artaud in die Anstalt von Rodez überführt wird, das in der »zone libre« liegt.
Ein Gedicht aus Rodez, das er schrieb, als man ihn mit Elektroschocks behandelte:

Der Bardo ist die Todesangst, in der das Ich zur Pfütze wird,
und es gibt beim Elektroschock einen Pfützenzustand,
der jedem, der ihn durchmacht, zum Trauma wird,
und der ihm nicht einmal in diesem Augenblick gestattet, zu erkennen, wohl aber, grauenhaft
und hoffnungslos, zu verkennen, was er war, als er Ich war,
als er was, Gesetz, ich, König, du, Quatsch und ES war.
Ich habe das durchgemacht und werde nicht vergessen.

Artaud beginnt wieder zu zeichnen und kontinuierlich zu schreiben.

1945 Artauds Freunde bemühen sich um seine Entlassung aus der Anstalt.

1946 Um seinen Lebensunterhalt sicherzustellen, wird im Theater Sarah-Bernhardt ein Galaabend veranstaltet, an dem Breton, Barrault, Jouvet, Dullin, Vilar u. a. teilnehmen, sowie eine Versteigerung von Bildern und Manuskripten, zu der Braque, Picasso, Giacometti, Bataille, Leiris, Sartre, Simone de Beauvoir u. a. beitragen. André Bretons Rede ›Antonin Artaud zu Ehren‹ schließt mit dem Satz: ›Im Namen alles dessen, was mir mehr als jemals am Herzen liegt, feiere ich Antonin Artauds Rückkehr zur Freiheit, in einer Welt zwar, in der die Freiheit selbst erst noch zu schaffen ist; jenseits aller prosaischen Einwendungen setze ich all meinen Glauben auf Antonin Artaud, den Mann der Wunder; ich grüße in Antonin Artaud das leidenschaftliche, heroische Nein zu all dem, woran wir sterben, wenn wir es leben‹.
Artaud zieht nach Ivry-sur-Seine, wo er unter medizinischer Aufsicht des Doktors A. Delmas steht.
Lettres de Rodez.
Gallimard macht Artaud das Angebot, seine »Œuvres complètes« zu veröffentlichen. Artaud arbeitet intensiv.
Freundschaft mit Paule Thévenin.

Das Leiden bricht erneut aus und Artaud muß wieder Chloral, Laudanum oder Opium nehmen.

1947 13. Januar: Vortrag unter dem Titel »Tête-à-tête« im Pariser Théâtre du Vieux-Colombier.
Ausstellung von Artauds Zeichnungen und Porträts in der Galerie Pierre.
Van Gogh, le suicidé de la societé.
Artaud le Mômo.

1948 *Ci-gît*, précédé de *la Culture indienne.*
Pour en finir avec le jugement de Dieu (Text einer Radiosendung, die kurz vor ihrer Ausstrahlung verboten wurde.)
Acht Tage vor seinem Tod schreibt Artaud an Paule Thévenin:

Ich werde mich nie wieder mit dem Radio befassen
und mich von nun an ausschließlich dem Theater widmen
wie ich es verstehe
ein blutrünstiges Theater
ein Theater, wo bei jeder Aufführung
sowohl derjenige, der spielt,
als auch derjenige, der zusieht, wie gespielt wird,
körperlich
etwas davon hat
übrigens
spielt man nicht
man bewirkt
das Theater ist im Grunde das Werden der Schöpfung.

4. März: Im Alter von 52 Jahren stirbt Artaud in Ivry-sur-Seine an Darmkrebs.

1956 Beginn des Erscheinens der *Œuvres complètes.*

Inhaltsverzeichnis

Artaud in der Zeit der surrealistischen Zentrale

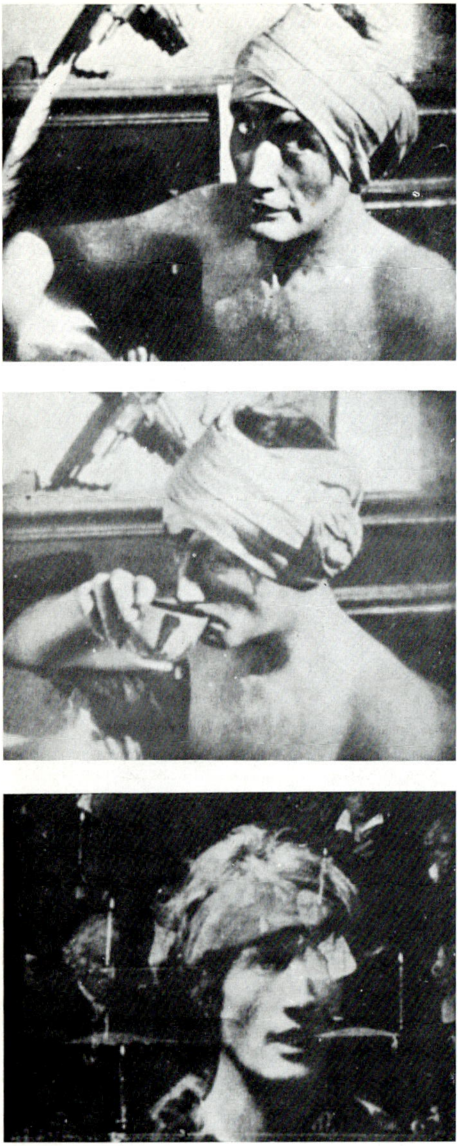

Artaud als Marat im Napoleon-Film (1925–1927) von Abel Gance

Man Ray: Artaud um 1930

Artaud in Ivry